SET 1

중국어

청해

독해

청해

지금부터 중국어 청해력 시험을 시작하겠습니다. 이 시험은 객관식이며 문항수는 50개이고 네 부분으로 구성되어 있습니다. 먼저 각 부분의 시험방식을 우리말로 두 번 들려 드리고 각 문항의 문제는 두 번, 선택지는 한 번 들려 드립니다. 즉, 두 번 들려 드리는 문제를 잘 듣고 난 후 a, b, c, d의 선택지 중에 정답을 골라 답안지에 표시하십시오. 그러면 지금부터 문제를 들려 드리겠습니다. 답안 작성을 시작하십시오.

(1-15) 다음 문장을 듣고 자연스러운 대화를 이룰 수 있는 가장 적절한 응답을 고르세요.

01. 답안지에 정답을 표시하시오. (a) (b) (c) (d)

02. 답안지에 정답을 표시하시오. (a) (b) (c) (d)

03. 답안지에 정답을 표시하시오. (a) (b) (c) (d)

04. 답안지에 정답을 표시하시오. (a) (b) (c) (d)

05. 답안지에 정답을 표시하시오. (a) (b) (c) (d)

06. 답안지에 정답을 표시하시오. (a) (b) (c) (d)

07. 답안지에 정답을 표시하시오. (a) (b) (c) (d)

08. 답안지에 정답을 표시하시오. (a) (b) (c) (d)

09. 답안지에 정답을 표시하시오. (a) (b) (c) (d)

10. 답안지에 정답을 표시하시오. (a) (b) (c) (d)

11. 답안지에 정답을 표시하시오. (a) (b) (c) (d)

12. 답안지에 정답을 표시하시오. (a) (b) (c) (d)

13. 답안지에 정답을 표시하시오. (a) (b) (c) (d)

14. 답안지에 정답을 표시하시오. (a) (b) (c) (d)

15. 답안지에 정답을 표시하시오. (a) (b) (c) (d)

(16-30) 다음 대화를 잘 듣고 자연스러운 대화를 이룰 수 있는 가장 적절한 응답을 고르세요.

16. 답안지에 정답을 표시하시오. (a) (b) (c) (d)

17. 답안지에 정답을 표시하시오. (a) (b) (c) (d)

18. 답안지에 정답을 표시하시오. (a) (b) (c) (d)

19. 답안지에 정답을 표시하시오. (a) (b) (c) (d)

20. 답안지에 정답을 표시하시오. (a) (b) (c) (d)

21. 답안지에 정답을 표시하시오. (a) (b) (c) (d)

22. 답안지에 정답을 표시하시오. (a) (b) (c) (d)

23. 답안지에 정답을 표시하시오. (a) (b) (c) (d)

24. 답안지에 정답을 표시하시오. (a) (b) (c) (d)

25. 답안지에 정답을 표시하시오. (a) (b) (c) (d)

26. 답안지에 정답을 표시하시오. (a) (b) (c) (d)

27. 답안지에 정답을 표시하시오. (a) (b) (c) (d)

28. 답안지에 정답을 표시하시오. (a) (b) (c) (d)

29. 답안지에 정답을 표시하시오. (a) (b) (c) (d)

30. 답안지에 정답을 표시하시오. (a) (b) (c) (d)

(31–40) 다음 대화를 잘 듣고 제시하는 질문에 대한 가장 적절한 응답을 고르세요.

31. 답안지에 정답을 표시하시오. (a) (b) (c) (d)

32. 답안지에 정답을 표시하시오. (a) (b) (c) (d)

33. 답안지에 정답을 표시하시오. (a) (b) (c) (d)

34. 답안지에 정답을 표시하시오. (a) (b) (c) (d)

35. 답안지에 정답을 표시하시오. (a) (b) (c) (d)

36. 답안지에 정답을 표시하시오. (a) (b) (c) (d)

37. 답안지에 정답을 표시하시오. (a) (b) (c) (d)

38. 답안지에 정답을 표시하시오. (a) (b) (c) (d)

39. 답안지에 정답을 표시하시오. (a) (b) (c) (d)

40. 답안지에 정답을 표시하시오. (a) (b) (c) (d)

(41–50) 다음 글을 듣고 제시하는 질문에 대한 가장 적절한 답을 고르세요.

41. 답안지에 정답을 표시하시오. (a) (b) (c) (d)

42. 답안지에 정답을 표시하시오. (a) (b) (c) (d)

43. 답안지에 정답을 표시하시오. (a) (b) (c) (d)

44. 답안지에 정답을 표시하시오. (a) (b) (c) (d)

45. 답안지에 정답을 표시하시오. (a) (b) (c) (d)

46. 답안지에 정답을 표시하시오. (a) (b) (c) (d)

47. 답안지에 정답을 표시하시오. (a) (b) (c) (d)

48. 답안지에 정답을 표시하시오. (a) (b) (c) (d)

49. 답안지에 정답을 표시하시오. (a) (b) (c) (d)

50. 답안지에 정답을 표시하시오. (a) (b) (c) (d)

독해

독해시험은 총 50문항으로 구성되어 50분 내에 풀도록 되어 있습니다. 문제를 읽고 답을 선택하십시오.

문제 1~4
다음 대화문의 빈칸에 들어갈 가장 적절한 표현을 고르시오.

1. A：这儿有厕所吗？

B：___电梯旁边。

(a) 有　　(b) 在

(c) 往　　(d) 从

2. A：我借给你的书带来了吗？

B：对不起，__________。

(a) 忘借了　　(b) 忘拿了

(c) 忘送给你了　　(d) 忘通知你了

3. A：你的护照呢？

B：在抽屉里放___呢。

(a) 的　　(b) 过

(c) 了　　(d) 着

4. A：昨天你伤得挺重吧？

B：我没事儿，就是眼镜________。

(a) 摔碎了 (b) 摔疼了

(c) 摔倒了 (d) 摔死了

> **문제 5~8**
> 다음 문장의 빈칸에 들어갈 가장 적절한 표현을 고르시오.

5. 主任下了飞机就急匆匆地_____公司。

(a) 离去 (b) 朝向

(c) 回来 (d) 回到

6. 这次西部摄影展的作品张张___富有大漠风情。

(a) 更 (b) 就

(c) 也 (d) 都

7. 这里的冬天没有北京_____冷。

(a) 这么 (b) 那么

(c) 不太 (d) 非常

8. 公安干警顺藤摸瓜，终于使案情大白___天下。

(a) 自　　(b) 向

(c) 于　　(d) 至

> **문제 9**
> 다음 대화에서 어법상 틀리거나 어색한 부분을 고르시오.

9. (a) 男：怎么这么热啊？

(b) 女：可不。还没到夏天呢。

(c) 男：都说高温现象会持续在后天，是吗？

(d) 女：是啊，天气预报说后天有雨。

> **문제 10**
> 다음 글에서 어법상 틀리거나 어색한 부분을 고르시오.

10. (a) 由于求学和就业的竞争越来越激烈，(b) 中国人学外语的热度有增无减。(c) 除了英、日、俄三大语种以外，(d) 韩语、法语、西班牙语的学员也多下来了。

문제 11~15
다음 대화문의 빈칸에 들어갈 가장 적절한 표현을 고르시오.

11. A：你周末做什么？

B：看看书，_____音乐。

(a) 打打　　(b) 听听

(c) 踢踢　　(d) 弹弹

12. A：你男朋友怎么还不来？

B：_____早就来了，在那边儿呢。

(a) 你们　　(b) 咱们

(c) 大家　　(d) 人家

13. A：你想不想跟我一起去看电影？

B：我_____有空儿啊，你自己去吧。

(a) 哪儿　　(b) 什么

(c) 这儿　　(d) 那儿

14. A：能提个要求吗？

B：当然，你_____说吧！

(a) 尽力　　(b) 尽管

(c) 争取　　(d) 坚持

15. A：大家都说马经理要调走了，是真的吗？

B：依我看，___________。

(a) 八九不离十　　(b) 二一添作五

(c) 三七二十一　　(d) 三下五除二

문제 16~20 다음 글의 빈칸에 들어갈 가장 적절한 표현을 고르시오.

16. 复习的方式因人而异，但一般都离不了记单词、___课文这两项。

(a) 说　　(b) 打

(c) 背　　(d) 忆

17. 在韩国的众多传统美食中，最合中国人饮食口味的要___韩国烤肉。

(a) 是　　(b) 属

(c) 指　　(d) 称

18. 马头琴的音色常常是孤独的，它的底蕴是_____的草原和纯朴的牧民。

(a) 宽大　　(b) 巨大

(c) 宽阔　　(d) 肥硕

19. 从今年起，清明、端午、中秋节等传统节日也被_____法定假日。

(a) 罗列　　(b) 列为

(c) 改正　　(d) 纠正

20. 老王退休以后很孤独，朋友们_____买了只小狗送给他。

(a) 留意　　(b) 谢意

(c) 诚意　　(d) 特意

> 문제 21~35
> 다음 글을 읽고 빈칸에 들어갈 가장 알맞은 표현을 고르시오.

21. 大多数学生都对伙食不满，普遍反映学校食堂的饭菜_____________。

(a) 又好又便宜　　(b) 又贵又难吃

(c) 既实际又卫生　　(d) 要多少有多少

22. 由于酷热的天气提早到来，前往南海避暑乘凉的人们比往年同一时期____________。

(a) 多了一倍　　(b) 少了一半
(c) 晚了一个月　　(d) 提前一个月

23. 他毫不客气地接过水杯，一口气喝光，然后抹抹嘴就走了，____________。

(a) 连我都没说　　(b) 连爸爸都没吃
(c) 连作业都没做　　(d) 连谢谢都没说

24. 如果我中了大奖，就布置一个最气派的新房、开一辆最豪华的喜车，______________。

(a) 去跟妈妈借钱　　(b) 去找一份好工作
(c) 迎娶心爱的姑娘　　(d) 争当市劳动模范

25. 据统计，劳动公园晨练的队伍中，85%是打拳、跳舞的老人，还有15%是_______的身影。

(a) 年轻人　　(b) 老奶奶
(c) 老爷爷　　(d) 退休干部

26. 30年后，我们回到母校聚会。学校的变化虽大，但还分得清哪儿是哪儿；可面对老同学，却认不出________了。

(a) 我是谁　　(b) 谁是谁
(c) 你叫什么　　(d) 他叫什么

27. 随着环境破坏的加剧，继水污染、大气污染、噪声污染、固体废物污染之后，光污染 ________________。

(a) 已经不必担忧　　(b) 不断地发展壮大
(c) 成了第五大污染　　(d) 率先得到了认可

28. 沈周最近可说是"人逢喜事精神爽"啊。因为在披星戴月、夜以继日地苦熬了整整三年之后，他的第一部自传体小说终于________了。

(a) 半路出家　　(b) 半途而废
(c) 初出茅庐　　(d) 初写黄庭

29. 企业经营，说起来容易，做起来可要下一番功夫。只有在对市场动态进行细致周密的调查研究之后，才能着手拟定企业战略目标，______________。

(a) 推行经营方案　　(b) 退出销售市场
(c) 进行现场排练　　(d) 创建政府机构

30. 当年的张老师英俊倜傥，是众多女学生心目中的偶像。可是不过一转眼的工夫，他就已经五十开外、两鬓风霜啦，真是______________。

(a) 分秒必争啊　　(b) 千载难逢啊
(c) 千变万化啊　　(d) 岁月不饶人啊

31. 由于工作关系，街道主任马新华跟这楼里的家家户户都打得火热，什么304号张家儿子升学，512号李家女儿出嫁，113号小两口添娃，708号老太太住院等等，大事小情，鞍前马后，她__________________。

(a) 从来都过目不忘
(b) 从来都没听说过
(c) 可真没少操心张罗
(d) 可真没少伤心难过

32. 周五下午3点20分播出的≪名人访谈≫栏目，将向观众朋友们介绍业余单身女作家暮云的成功轨迹。这一集访谈节目旨在说明，只要拥有坚强的意志，即使利用在一般人看来微不足道的零碎时间，____________________。

(a) 也不可能进入决赛
(b) 也不可能摆脱困扰
(c) 也能获得家人的支持
(d) 也能取得骄人的成就

33. 这种梨汁多肉嫩，酸甜可口，在古代就是负有盛名的御用珍品，普通人难得品尝。即使在今天，因其产地只限于辽东半岛南部的高山地带，加之仅在湿度和温度适宜的年份结果，培育技术难以推广，所以产量相当有限，________________。

(a) 已经绝种多年
(b) 现已破产倒闭
(c) 仍旧供不应求
(d) 销路有待开拓

34. 平时冷冷清清的游乐园一到星期天就变得人流不息，_____玩什么项目，都要排长队等待才行。

(a) 不管　　(b) 即使
(c) 由于　　(d) 如果

35. 执行公务时一律身着制服、佩带证件并使用行业文明礼貌用语，_____将按违纪处理。

(a) 从而　　(b) 否则
(c) 无论　　(d) 既然

문제 36~50
다음 글을 읽고 주어진 질문에 가장 알맞은 답을 고르시오.

36. 小赵今天第一次起了个大早，为妈妈做了一顿饭。妈妈很感动地说，这才是最好的母亲节礼物。

问：小赵今天为什么做饭？

(a) 因为妈妈过生日
(b) 因为小赵常常早起
(c) 因为妈妈身体不舒服
(d) 因为今天是母亲们的节日

37. 本产品不仅价格低，造型美，便于驾驶，而且质量上乘——曾创造了无故障运行十万公里的纪录。

问：这是一则什么产品的广告？

(a) 照相机
(b) 小汽车
(c) 电视机
(d) 洗衣机

38. 这个暑假王新既没有和同学一起旅行，也没有埋头于专业学习，而是去学校附近的一家建筑公司报了到。他辛辛苦苦地打了一个月工，赚了不少钱。他打算用这笔钱供两个贫困山区的小妹妹读书。

问：王新是做什么的？

(a) 学生　　(b) 会计
(c) 工程师　　(d) 银行职员

39. 本次大赛的很多作品都是色香味俱佳的杰作，难分胜负。但是评审委员们还是本着公平、公正、公开的原则，评出了最后的获奖作品。这些获奖作品不仅为川菜的发展注入了新的活力，也为祖国的美食园地增添了诱人的香色。

问：“这些获奖作品”指的是哪一方面的作品？

(a) 花木栽培　　(b) 川式烹饪
(c) 美术雕刻　　(d) 服装设计

40. 那位王先生既非“才子”，又非“财子”，单单因为生就一幅好相貌，就总以为自己不错，把自己当成“王子”。周围的人给他介绍了那么多好姑娘他都看不上，简直太傲慢了，真应该让他好好儿打几年光棍儿，教训教训他。

问：关于“王先生”的论述，下面哪一项符合上文内容？

(a) 学历很高。　　(b) 收入很高。
(c) 眼光很高。　　(d) 视力不好。

41. 全集成自动化的核心是：统一的编程/组态，统一的数据管理和统一的通讯。它是一种适用于所有工业领域的集成解决方案平台。它能帮助用户改进整体制造工艺以及业务流程运作，实现整个生产流程的自动化和优化，合理高效地利用能源。

问：根据上文，全集成自动化的最终目的是什么？

(a) 节省能源
(b) 重新设计工艺流程
(c) 统一管理工业数据
(d) 有效解决工厂运作中发生的通讯障碍

42. 丁志成在《离婚》里饰演小赵，把小赵这个人物刻画得入木三分，举手投足都让人恨得牙痒痒。他相貌端正，但非气宇轩昂，也非眉清目秀的那种，而是端正得恰到好处，奸角正角都拿得起。从艺近十年来，名气虽然不见得红到发紫，然而在我看来，却可以当之无愧地排进内地演技派小生的前三名。

问：下面哪一项符合上文内容？

(a) 小赵力大无穷。
(b) 小赵心地善良。
(c) 丁志成演技非凡。
(d) 丁志成眉清目秀。

43. 对方公司大小也是个国营企业，又是十几年的老主顾了，既然承诺国庆节之前将剩余欠款一次性还清，就一定不会食言。抱定这个信念，王平回家平心静气地等待消息。然而约定的日期已过，仍然不见资金入账。王平心下发毛，站也不是，坐也不是，吃不下也喝不下，暗想与其在这里出汗，不如再跑一趟北京，当面讨个说法。

问：下面哪一项符合上文内容？

(a) 对方不守信用。
(b) 对方迟到三天。
(c) 对方邀王平入京。
(d) 对方和王平初次合作。

44. 经检测，短短5厘米的芦荟叶片，竟含有数十种人体需要的微量元素和营养成分，其中含量最高的脂肪酸和维生素E这两种成分恰恰是表皮细胞所必需的营养，它们可以及时修复晒后受损的肌肤。不仅如此，芦荟分子小，易被人体吸收，对改善免疫功能、消除体内毒素、预防结肠炎等都有显著效果。无论外敷还是内服，不论美容还是保健，芦荟都显示出卓越的效能。

问：根据上文，芦荟有什么特点？

(a) 不宜食用。
(b) 不易吸收。
(c) 不含脂肪酸。
(d) 保健效果显著。

45. 宝宝三个多月了，他从一出生就黑白颠倒，白天可以七八个小时不吃不喝、呼呼大睡；晚上就醒着要吃，吃完了要玩，不跟他玩儿就大哭大叫。他这种几乎完全按照地球另一面的时刻安排作息的生活规律，令新任父母健宇夫妇身心疲惫、大伤脑筋，实在不知道拿这只“夜猫子”如何是好。

问：下面哪一项符合上文内容？

(a) 宝宝喜欢小动物。
(b) 新任父母束手无策。
(c) 新任父母经验丰富。
(d) 宝宝身体不适，光吃不睡。

46. 皮肤好坏与多种因素有关。当一个人胃肠不佳时，肌肤就容易出现疱疹、湿疹等症状。肝功能减退也可能使皮肤出现雀斑、褐斑等。长时间使用电脑，或长时间在写字楼里工作，缺乏户外运动，也会使皮肤缺氧，导致面黄萎靡、毫无血色、黑眼圈、细纹、毛孔粗大等肌肤问题。

问：下列哪一项符合上文内容？

(a) 皮肤好有助于排除毒素。
(b) 身体健康会使容颜更加亮丽。
(c) 肝功能减退与饮酒过量有关。
(d) 心情不佳会导致皮肤粗糙、缺乏生气。

47. 在度过沉闷的上半场后，谢林率先为深圳队射入一球取得领先；长沙队不甘示弱，很快还以颜色，张明左路传中，阿布凌空抽射，这一球击中深圳队门将，被弹了回来，而后上的刘正及时将其补射入网，两队比分扳平。临近终场时，刘正得到阿布漂亮的长传，梅开二度，长沙队2比1获胜，本赛季首战告捷。

问：根据上文，谁是本场比赛的最佳射手？

(a) 谢林　　(b) 张明
(c) 刘正　　(d) 阿布

48. 随着信息技术的飞速发展，一些犯罪行为越来越具有智能化的特征。从犯罪学的角度看，智能犯罪是指犯罪分子运用智慧、智力成果和先进的科技手段实施的犯罪。调查显示，在我国被揭发的高科技犯罪以每年40%的速度逐年递增。作为高科技时代的产物，智能犯罪具有不同于传统犯罪的特征。这就要求我们加快对智能型高科技犯罪的研究，战略性地进行综合防范，以便准确、有效地打击犯罪。

问 ：下面哪一项符合上文内容？

(a) 智能化犯罪纯属偶然。
(b) 科技的飞速发展，有效地抑制了各种犯罪案件的发生。
(c) 智能化犯罪的特点是运用技术含量高的现代化手段实施犯罪。
(d) 在信息技术如此发达的时代，智能犯罪根本无法预防，只能任其蔓延。

49. 听说李导演的新作上市，玲玲非约我去看。于是，星期天我们一起吃完午饭就直奔电影院。没想到李导的所谓新片，画面依旧似曾相识，只是颜色从多年前的红彤彤，变成了今天的黄澄澄。连我这个久被烂片熏染，自以为身经百战、刀枪不入的人都觉得堵得慌。玲玲也一出门就直喊要吐。她竟然抱怨说是我中午请她吃的猪肉太腻。别说猪肉不腻，就是腻，12点吃的午饭到5点怎么也消化完了。天地良心，这可冤枉死我了。

问 ：玲玲为什么想吐？

(a) 因为午饭过饱，难以消化。 (b) 因为猪肉变质，食物中毒。

(c) 因为电影感人，令人惊叹。 (d) 因为电影太差，令人作呕。

50. 近年来，安全带的设计除了传统惯性束紧式安全带外，更有先进的预张紧式及束力限制式安全带。所谓的预张紧式安全带就是当事故发生时，安全带系统除了传统的惯性束紧外，更可以产生将安全带回拉的力量，避免向前移动的行程过大或产生过大的冲击。另一种就是束力限制式安全带，其设计方式是在安全带束紧的同时，当束力达到某一力量以上时，安全带系统会稍许地松开，使束紧的力量不会再升高。这种束力限制式安全带可以使人的胸部所受的冲击力以及颈部的折弯力不至于过大。安全带的选择关系到驾驶者的生命，所以，消费者在选购车辆时，一定要仔细询问安全带的种类。

问 ：下面哪一项符合上文内容？

(a) 惯性束紧式已退出市场。

(b) 预张紧式设计与传统设计完全不同。

(c) 束力限制式设计比预张紧式设计更安全。

(d) 只要汽车性能好，惯性束紧式安全带就没有太大意义。

SET 2

중국어

청해

독해

청해

지금부터 중국어 청해력 시험을 시작하겠습니다. 이 시험은 객관식이며 문항수는 50개이고 네 부분으로 구성되어 있습니다. 먼저 각 부분의 시험방식을 우리말로 두 번 들려 드리고 각 문항의 문제는 두 번, 선택지는 한 번 들려 드립니다. 즉, 두 번 들려 드리는 문제를 잘 듣고 난 후 a, b, c, d의 선택지 중에 정답을 골라 답안지에 표시하십시오. 그러면 지금부터 문제를 들려 드리겠습니다. 답안 작성을 시작하십시오.

(1-15) 다음 문장을 듣고 자연스러운 대화를 이룰 수 있는 가장 적절한 응답을 고르세요.

01.	답안지에 정답을 표시하시오.	(a)	(b)	(c)	(d)
02.	답안지에 정답을 표시하시오.	(a)	(b)	(c)	(d)
03.	답안지에 정답을 표시하시오.	(a)	(b)	(c)	(d)
04.	답안지에 정답을 표시하시오.	(a)	(b)	(c)	(d)
05.	답안지에 정답을 표시하시오.	(a)	(b)	(c)	(d)
06.	답안지에 정답을 표시하시오.	(a)	(b)	(c)	(d)
07.	답안지에 정답을 표시하시오.	(a)	(b)	(c)	(d)
08.	답안지에 정답을 표시하시오.	(a)	(b)	(c)	(d)
09.	답안지에 정답을 표시하시오.	(a)	(b)	(c)	(d)
10.	답안지에 정답을 표시하시오.	(a)	(b)	(c)	(d)
11.	답안지에 정답을 표시하시오.	(a)	(b)	(c)	(d)
12.	답안지에 정답을 표시하시오.	(a)	(b)	(c)	(d)
13.	답안지에 정답을 표시하시오.	(a)	(b)	(c)	(d)
14.	답안지에 정답을 표시하시오.	(a)	(b)	(c)	(d)
15.	답안지에 정답을 표시하시오.	(a)	(b)	(c)	(d)

(16-30) 다음 대화를 잘 듣고 자연스러운 대화를 이룰 수 있는 가장 적절한 응답을 고르세요.

16.	답안지에 정답을 표시하시오.	(a)	(b)	(c)	(d)
17.	답안지에 정답을 표시하시오.	(a)	(b)	(c)	(d)
18.	답안지에 정답을 표시하시오.	(a)	(b)	(c)	(d)
19.	답안지에 정답을 표시하시오.	(a)	(b)	(c)	(d)
20.	답안지에 정답을 표시하시오.	(a)	(b)	(c)	(d)

21. 답안지에 정답을 표시하시오. (a) (b) (c) (d)

22. 답안지에 정답을 표시하시오. (a) (b) (c) (d)

23. 답안지에 정답을 표시하시오. (a) (b) (c) (d)

24. 답안지에 정답을 표시하시오. (a) (b) (c) (d)

25. 답안지에 정답을 표시하시오. (a) (b) (c) (d)

26. 답안지에 정답을 표시하시오. (a) (b) (c) (d)

27. 답안지에 정답을 표시하시오. (a) (b) (c) (d)

28. 답안지에 정답을 표시하시오. (a) (b) (c) (d)

29. 답안지에 정답을 표시하시오. (a) (b) (c) (d)

30. 답안지에 정답을 표시하시오. (a) (b) (c) (d)

(31–40) 다음 대화를 잘 듣고 제시하는 질문에 대한 가장 적절한 응답을 고르세요.

31. 답안지에 정답을 표시하시오. (a) (b) (c) (d)

32. 답안지에 정답을 표시하시오. (a) (b) (c) (d)

33. 답안지에 정답을 표시하시오. (a) (b) (c) (d)

34. 답안지에 정답을 표시하시오. (a) (b) (c) (d)

35. 답안지에 정답을 표시하시오. (a) (b) (c) (d)

36. 답안지에 정답을 표시하시오. (a) (b) (c) (d)

37. 답안지에 정답을 표시하시오. (a) (b) (c) (d)

38. 답안지에 정답을 표시하시오. (a) (b) (c) (d)

39. 답안지에 정답을 표시하시오. (a) (b) (c) (d)

40. 답안지에 정답을 표시하시오. (a) (b) (c) (d)

(41-50) 다음 글을 듣고 제시하는 질문에 대한 가장 적절한 답을 고르세요.

41. 답안지에 정답을 표시하시오. (a) (b) (c) (d)

42. 답안지에 정답을 표시하시오. (a) (b) (c) (d)

43. 답안지에 정답을 표시하시오. (a) (b) (c) (d)

44. 답안지에 정답을 표시하시오. (a) (b) (c) (d)

45. 답안지에 정답을 표시하시오. (a) (b) (c) (d)

46. 답안지에 정답을 표시하시오. (a) (b) (c) (d)

47. 답안지에 정답을 표시하시오. (a) (b) (c) (d)

48. 답안지에 정답을 표시하시오. (a) (b) (c) (d)

49. 답안지에 정답을 표시하시오. (a) (b) (c) (d)

50. 답안지에 정답을 표시하시오. (a) (b) (c) (d)

독해

독해시험은 총 50문항으로 구성되어 50분 내에 풀도록 되어 있습니다. 문제를 읽고 답을 선택하십시오.

문제 1~4
다음 대화문의 빈칸에 들어갈 가장 적절한 표현을 고르시오.

1. A：你一天练多长时间？

B：______。

(a) 三周 (b) 三点

(c) 三个多月 (d) 三个小时

2. A：你就别等我了。

B：怎么，走不____了？

(a) 饱 (b) 动

(c) 住 (d) 大

3. A：唉，今天又这么热。

B：可不是，真______。

(a) 受不了 (b) 好不了

(c) 亮极了 (d) 棒极了

4. A：哎哟，你在这儿哪！

B：你找我_____？

(a) 呗　　(b) 嘛

(c) 来着　　(d) 什么

문제 5~8
다음 문장의 빈칸에 들어갈 가장 적절한 표현을 고르시오.

5. 王立平是班长，所以平时忙得_____。

(a) 完　　(b) 很

(c) 累　　(d) 了

6. 这么多年来，他_____违背过上面的指示。

(a) 从没　　(b) 从来

(c) 从而　　(d) 从小

7. 夜幕降临了，黑暗迅速地将大地笼罩了_____。

(a) 过来　　(b) 上来

(c) 起来　　(d) 上去

8. 乐园宠物寄养中心是一家大型宠物寄养训练专门企业，是___北京市农委批准成立的正规宠物寄养服务机构。

(a) 从 (b) 以

(c) 按 (d) 经

문제 9
다음 대화에서 어법상 틀리거나 어색한 부분을 고르시오.

9. (a) 男：这次合同签得很顺利。

(b) 女：是啊，这多亏您的支持。

(c) 男：哪里，是贵公司的条件比较很理想。

(d) 女：谢谢！希望以后合作愉快！

문제 10
다음 글에서 어법상 틀리거나 어색한 부분을 고르시오.

10. (a) 根据有关法律规定，(b) 注册会计师在执行任务时，(c) 可以根据需要查阅委托人的会计资料和文件，(d) 要求委托人供给其他必要的协助。

문제 11~15
다음 대화문의 빈칸에 들어갈 가장 적절한 표현을 고르시오.

11. A：最近的电视剧真没意思。

B：是没意思，都没_____。

(a) 内容 (b) 时间
(c) 剧本 (d) 剧组

12. A：今天校庆，休息。

B：怪不得校园里连个_____都看不见。

(a) 个人 (b) 群众
(c) 人影儿 (d) 同伴儿

13. A：给你钱。

B：这是找您的零钱，请_____。

(a) 换一下 (b) 花一下
(c) 弄一下 (d) 数一下

14. A：她这个人，说了多少遍，就是听不懂。

B：我也觉得她是个______。

(a) 老黄牛 (b) 老大难

(c) 老来俏 (d) 老来宝

15. A：像他那么有经济头脑的人，怎么会干那种赔本的买卖呢？

B：就是，肯定是_____他才干。

(a) 利少弊多 (b) 才貌双全

(c) 有利可图 (d) 蓬荜生辉

문제 16~20

다음 글의 빈칸에 들어갈 가장 적절한 표현을 고르시오.

16. 这种菜的做法看起来很复杂，其实很_____。

(a) 简单 (b) 复杂

(c) 好吃 (d) 鲜美

17. 人们在自动取款机前都自觉地排队等候，很有_____。

(a) 制度 (b) 规则

(c) 礼仪 (d) 秩序

18. 自古以来，大部分被称为清官的人，他们的共同点就是不讲_____。

(a) 情理　　(b) 情面
(c) 道理　　(d) 实际

19. 虎跳峡是世界著名的峡谷之一，峡谷垂直高差3790米，两侧山体多为绝壁，地势极其_____。

(a) 险峻　　(b) 严厉
(c) 厉害　　(d) 阴险

20. 在日常生活中，我们难免会接触到________的人：友善的人、挑剔的人、古怪的人等等。

(a) 异彩纷呈　　(b) 形式多样
(c) 各种各样　　(d) 琳琅满目

문제 21~35
다음 글을 읽고 빈칸에 들어갈 가장 알맞은 표현을 고르시오.

21. 年纪大了，开夜车怎么挺也_______________。

(a) 挺得过去　　(b) 开到天亮
(c) 挺不到后半夜　　(d) 总结出了经验

22. 真诚是言谈的原则，也是__________。

(a) 心中的偶像　　(b) 做人的美德
(c) 冷漠的表现　　(d) 顽强的表现

23. 成都是个风景秀丽的好地方，历史悠久，______________________。

(a) 有很多名胜古迹　　(b) 搬走不少成都市民
(c) 是个游人罕至的新都市　　(d) 具有新兴城市的独特气息

24. 现在年轻人的就业观已与以往大不相同。他们认为不管做什么工作，只要自己喜欢，那就是__________。

(a) 有成见　　(b) 有偏见
(c) 好职业　　(d) 找职业

25. 小英很清楚，在父母威逼下，摆在她面前的只有两条路，要么嫁给这个她不爱的人，要么_______________。

(a) 选择两条出路　　(b) 跟不爱的人商量
(c) 跟心爱的人结婚　　(d) 被赶出这个家门

26. 自远古时代起，人类就选择了群体生活。这种生存方式使人类的生活无时无刻不受社会法则的______________。

(a) 影响和制约　　(b) 鼓励和煽动
(c) 骚扰和破坏　　(d) 谴责和牵碍

27. 幼教专家提倡多陪幼儿做一些游戏。他们指出，游戏对培养小朋友的团队合作精神和语言表达能力__________________。

(a) 有了进一步的提高
(b) 有着不同常人的反应
(c) 起着至关重要的作用
(d) 起到的作用是不值一提的

28. 打电话，可说是一种非常普及的社交方式。在社交生活中如果不懂得使用电话的礼仪规范，往往会影响工作任务的完成，甚至损害__________________。

(a) 个人的成长发育
(b) 个人或单位的形象
(c) 本人及他人的健康
(d) 本人及他人的名誉

29. 爱好，跟金钱与地位完全无关。有钱人可以拥有自己所谓高尚的爱好，贫穷的人也可以拥有一个适合于自己生活方式的爱好。爱好，只是______________。

(a) 一种感觉问题　　(b) 一种经济问题
(c) 衣食住的问题　　(d) 身分高下的问题

30. 生活中，精神愉快自然好，但是人就注定会面对一些自己不愿面对的东西。保健专家建议您在繁忙的工作之余，伸一伸懒腰，或者看看窗外的浓荫，这样会______________。

(a) 合理地安排您的日程　　(b) 有效地调整您的时间
(c) 暂时地减轻您的压力　　(d) 化解您面临的危险

31. 近年来，汽车市场不断发展壮大。有车的人越来越多了；还没有车的人，也都盘算着怎么才能省出一笔开销，买辆车潇洒潇洒。这不，这款车型上市没多久，可______________。

(a) 却无人问津　　(b) 却销声匿迹了
(c) 已经供过于求了　　(d) 已被抢购一空

32. 杂志《人生》中有一篇文章介绍了一部似乎已被人淡忘了的名著。在当时那个黑暗的时代，这部作品曾是大众的最爱。因为它站在受苦受难的老百姓立场上，对统治阶层 ________________。

(a) 有着无限期待　　(b) 加以美化和赞扬

(c) 给予了无限同情　　(d) 进行了辛辣的讽刺

33. 喜怒哀乐注定要伴随所有人的一生，命运之神对你再宽厚，也还是会在很多时候让你遇到__________，这时就需要我们保持一种乐观的心态去战胜它。这也许就是那些"尽人事，待天命"的人之所以能够幸福的原因吧。

(a) 幸福与欢乐　　(b) 挫折与坎坷

(c) 梦想与成功　　(d) 浪漫与感伤

34. 在日常生活中，一个人的着装方式不仅会给别人留下深刻的印象，_____也是其身份、地位、修养与品位的象征。

(a) 可　　(b) 却

(c) 而且　　(d) 宁可

35. 现在是信息共享的网络时代，这件事想遮掩下去，是不大可能的。反正早晚得公开，与其掩人耳目，_____早公开早轻松。

(a) 纵然 (b) 不如
(c) 即使 (d) 任凭

문제 36~50
다음 글을 읽고 주어진 질문에 가장 알맞은 답을 고르시오.

36. 每次出游，看到的无非是差不多的山山水水，但是每次的经历必然不同，每次的遭遇肯定迥异，旅游的意义就在于这不同的体验。

问：上文认为，旅游的意义是什么？

(a) 看山看水最重要。 (b) 体验不同的感受。
(c) 经历相同的遭遇。 (d) 可作炫耀的资本。

37. 素描就是单色画，是各种造型艺术对造型能力训练的基础课程，也是一件成熟创作的前期写生或草稿。当然，它也可以成为一件独立的艺术作品。

问：根据上文，下面哪一项是有关“素描”的内容？

(a) 它的色彩多样。 (b) 它是造型艺术的高峰。
(c) 是涂鸦，没有艺术性可言。 (d) 是训练造型能力的一门课程。

38. 自卑只是一时的心理现象，它并不像有些人想的那么可怕。要想战胜自卑，最好的办法就是在做每一件事之前，都做好充分的准备，这样就会为自己树立自信心理打下基础，为自己取得成功提供可能性。

问：上文写的是什么内容？

(a) 描述了自卑的表现。 (b) 分析了自卑的后果。
(c) 介绍了树立自信的方法。 (d) 写了过分自信会招致自满。

39. "漫游"指的是蜂窝移动电话的用户在离开本地区或本国时，仍可以在其他一些地区或国家继续使用他们的移动电话手机。"漫游"只能在网络制式兼容且已经联网的国内城市之间或已经签署双边漫游协议的地区或国家之间进行。

问：上文主要写了什么内容？

(a) "漫游"的概念 (b) 网络制式兼容的定义
(c) "蜂窝移动电话"的用户 (d) 签署"漫游"协议的方法

40. 光源对环境的影响很大。灯光不同，整个环境也可以显现出不同的效果，利用灯光，可以满足不同心情和不同场合的要求。另外，不少后期软装饰的风格，也要靠科学的灯光来映衬，才能取得更好的效果。

问：根据上文，灯光的作用是什么？

(a) 可以节省人力。 (b) 防止他人进入。
(c) 可以防止环境污染。 (d) 可以产生不同的视觉效果。

41. 本书打破了专业书籍和大众书籍的界限，集知识性和趣味性于一体，既可以作为一本古代常识的速查手册，也可以作为一本谈古论今的休闲读物。在广大历史爱好者的要求下，本书一版再版，重印40多次，改写了专业书籍进不了畅销排行榜的历史。

问：这是一本什么读物？

(a) 音乐书　　(b) 历史书
(c) 电视剧本　　(d) 天文杂志

42. 现在，旅行已成为人们生活不可分割的一部分。若您出行时选择坐飞机，那么就请关注旅行专家对您的提醒。他们告诫登机前切莫吃得菜足饭饱，那样， 会给您空中旅行带来不适。比如会使您感到恶心，甚至造成呕吐。还有，您最好是静静地睡一觉，这样既可消除空中旅行时出现的头晕症状，又可使您有足够精力在空中饱览大地风光。

问：根据上文，登机前要注意什么？

(a) 吃饱喝足后，最好不要睡觉。
(b) 饮食要适量，休息也要得当。
(c) 坐飞机会发生呕吐现象，登机前最好不进食。
(d) 多准备一些旅游景点资料，以便充分享受旅行带来的快乐。

43. 现代人饱受各种压力的折磨，胃部不适已成了人们的通病。每逢吃饭时，没胃口、没食欲成了许多人的口头禅，而帮助消化、增加胃动力的各种药物更是在电视广告中大行其道。其实，有一样健胃食品是最绿色也最没有副作用的，那就是小米。据《本草纲目》记载，小米有一定的药用价值，对脾胃虚弱、糖尿病、乳汁不足等都有很好的防治效果。世界上有不少国家都把小米作为养生保健食品。

问：根据上文，为什么说小米是保健食品？

(a) 因为广告大肆宣传小米的功效。
(b) 因为是一种新研制开发的药品。
(c) 因为小米具有一定的药用价值。
(d) 因为小米是世界人的首选食品。

44. 居安地产公司新开发的"雅宁"别墅区位于市郊。小区保卫森严，除了层层设置的保安线，还有无处不在的摄像镜头监控。别墅采用了苏州园林的设计方式，亭台楼阁，一应俱全。小区最大特点是全部房间都朝南，从窗户望出去，近百米以内看不到别的别墅，满目园林景致。而餐厅里更是别有一番风情，看着窗外池塘荷花，假山流水，使人恍若置身于仙境，忘了时间的流逝。

问：根据上文，"雅宁"别墅区的特点是什么？

(a) 项目地点坐落于核心城区。
(b) 露天餐厅别有风情，使人流连。
(c) 别墅设计传承了苏州园林的特色。
(d) 为安全起见，别墅之间隔园相望。

45. 甩，甩，甩！位于太原街北段的华鑫服装商品行将于下月改换经营品种，从即日起到本月25日止清仓处理现存货物。男士短袖纯棉衬衣，7折；休闲裤、牛仔裤、春秋上衣，6折；童装，5折；对持有本店优惠卡的顾客一律实行4折优惠。数量有限，欲购从速。切记，跳楼价出售，慎勿再砍！

问：通过上文，我们可以知道什么？

(a) 本店正值周年庆典。
(b) 本店老板生命垂危。
(c) 本店谢绝讨价还价。
(d) 所有商品优惠30%。

46. 全国房价整体将会发生变化。理由如下：一是从当前宏观经济情况看，流动性过剩、人民币升值对包括房地产在内的资产价格有一定拉动；二是钢材、人工成本的快速上升；三是近期股市深幅调整，大量资金逃离股市，这些资金很可能选择再次进入房地产市场，从而拉动房价；四是居民在等待观望后也会逐步选择进入住房市场。

问：根据上文，全国房价会有什么变化？

(a) 加剧上涨趋势。
(b) 保持缓慢下跌趋势。
(c) 会反复上涨与下跌。
(d) 会发生急剧冻结现象。

47. 生态学家认为，人类和其他生物一样，都必须以一定的生态环境、特定的生态系统作为其生存繁衍的基础。在这个最基本、最重要的生态系统中，人类一方面扮演着征服者的角色，对自然生态环境进行所谓的改造和征服；另一方面，又不得不依赖于其他生物和自然生态环境。人类和自然生态环境可谓是唇齿相依、唇亡齿寒。若对其进行大肆破坏，会引发生态危机，即自然环境或生态系统会严重失衡，那么后果将是不堪设想的。

问：根据上文，可以得出什么结论？

(a) 生态危机使人类支配其他生物。
(b) 生态危机关系到全人类的生死存亡。
(c) 对物种进行充分研究，会防止生态危机。
(d) 对环境的人为改造，是解决生态危机的唯一选择。

48. 据报道，长江上游连日来的大雨，导致江水猛涨，使得长江干堤黄州段河床冲刷加剧，长达2000米的江岸接连发生崩岸险情。长江黄州赤壁外滩大面积崩岸，已经影响到李家洲林场的万亩防洪林。大面积的防洪林和泥土崩入江中，造成长江河道淤塞和水土流失。该地区水利管理部门已向上级部门报告，并派出专班日夜观测和巡查险情，确保此处的长江干堤不受威胁。

问：上文是一篇有关什么内容的报道？

(a) 有关治理长江水质的报道。
(b) 有关暴雨洪灾的专题报道。
(c) 有关李家洲防洪林再造的专题报道。
(d) 有关黄州段长江干堤修复现场如何运作的报道。

49. 民间流传着“萝卜上市，郎中下市”的说法。虽有些夸张，但它是有医学根据的。萝卜又名莱菔、罗服。我国是萝卜的故乡，栽培食用历史悠久，早在《诗经》中就有关于栽培萝卜的记载。萝卜营养丰富，有很好的食用、医疗价值。萝卜含有能诱导人体产生干扰素的多种微量元素，可增强机体免疫力。萝卜中的B族维生素和钾、镁等矿物质可促进肠胃蠕动，有助于体内废物的排除。吃萝卜可降血脂、软化血管、稳定血压，预防冠心病、动脉硬化、胆结石等疾病。萝卜还是一味中药，其性良味甘，可消积滞、化痰清热、下气宽中、解毒。

问：下面哪一项符合上文内容？

(a) 《诗经》中记载了萝卜的药用价值。
(b) 多吃萝卜，会加重消化负担，应适当食用。
(c) 萝卜中含有导致机体免疫力下降的干扰因子。
(d) 萝卜可预防心血管疾病的发生，还有下气宽中、解毒等功效。

50. 大理因为曾经是大理国，那里的房子即便是民居，也有夸张的飞檐；丽江的民居则谦逊朴素得多；沙溪因为尚未被游客践踏过，更是沉浸在古朴之中。早晨7点钟，人们还没起床，沙溪静谧的老房子们却已经醒了，像讲着故事的神秘老人，无论是顺光还是逆光，无论从哪个角度，都可以看到、听到甚至捕捉到它们的悠长呼吸，以及它们所吐纳的一切人间烟火、悲欢离合，这时候即使关得上镜头也关不上错愕与惊诧。在北京的时候最喜欢做的事情也是骑着自行车迷失在胡同里，诺大的城市，只在这里才有市井的温暖气息，可以锁住偶然发现的惊喜，让生命的刹那在瞬间成为永恒。

问：上文的作者有什么爱好？

(a) 博览古今

(b) 摄影留念

(c) 游览名胜

(d) 收藏古玩

Seoul National University Language Test

SNULT 중국어

SNULT 중국어

초판 1쇄 발행 2011년 1월 15일
초판 6쇄 발행 2023년 10월 10일

편저자 서울대학교 언어교육원

펴낸곳 서울대학교출판문화원
주소 08826 서울 관악구 관악로 1
도서주문 02-889-4424, 02-880-7995
홈페이지 www.snupress.com
페이스북 @snupress1947
인스타그램 @snupress
이메일 snubook@snu.ac.kr
출판등록 제15-3호

SBN 978-89-521-1168-5 94720
세트 978-89-521-1167-8 (세트)

Seoul National University Language Test

SNULT 중국어

서울대학교 언어교육원 편

서울대학교출판문화원

책머리에

서울대학교 언어교육원은 1967년 '국가공인 언어능력 검증기관'으로 선정된 이래, 그동안 국내 최고의 공신력으로 정부기관, 공공기관, 금융기관 및 일반기업에서 직원의 해외파견, 승진, 입사, 각종 교육훈련, 또는 인사고과를 위한 외국어 시험을 시행해 왔습니다. 비교적 규모가 작았던 초기에는 해당 언어권의 전문가들에게 출제를 의뢰했지만, 응시인원이 기하급수적으로 증가함에 따라 넉넉한 문제은행과 전문적인 시험유형이 필요하게 되었습니다. 이에 서울대학교 언어교육원은 오랜 연구 끝에 SNULT(Seoul National University Language Test)라는 독자적인 언어능력 측정 도구를 개발하게 되었습니다. 이후 SNULT는 오랜 연구와 다양한 시도를 통해 국내 외국어 교육 환경과 수요자의 요구 등을 수렴하여 시험의 공정성과 효율성을 높이기 위해 꾸준한 노력을 기울여 왔습니다.

그러나 막상 SNULT에 대비해 시험 준비를 하는 수험생은 참고할 만한 안내서나 문제집이 없어서 불편을 겪었고, 그래서 그동안 많은 사람들이 권위 있는 SNULT 문제집의 필요성을 제기해 왔습니다. 이번에 서울대학교출판문화원에서 출간되는 SNULT 문제집은 전국 각지에서 SNULT 시험을 준비하고 있는 수험생들의 바로 그러한 요청에 의해 만들어진 것입니다. 그런 의미에서, 서울대학교 언어교육원과 서울대학교출판문화원의 공신력을 바탕으로 출간되는 이번 SNULT 문제집은 수험생들에게 탄탄하고 믿음직스러운 길잡이가 되어 줄 것이라 믿습니다.

오늘날 외국어 실력은 개인의 경력과 나라의 미래를 결정짓는 중요한 요소가 되었습니다. 세계가 일일생활권이 된 지구촌 국제무대에서 활동해야만 하는 우리 모두에게 외국어 능력은 이제 필수가 되었으며, 국가경쟁력의 척도가 되었습니다. SNULT는 바로 그러한 상황에서 전문 분야에서 일하고 있는 한국인들의 외국어 능력을 검증하고 측정할 수 있는 가장 효과적인 도구 중의 하나입니다. 아무쪼록 이 책이 SNULT 시험을 준비하고 있는 모든 사람들에게 큰 도움이 되기를 바랍니다.

2010년 12월

서울대학교 언어교육원장

차 례

SNULT란 무엇인가

SNULT(Seoul National University Language Test)는 서울대학교 언어교육원이 출제하고 TEPS관리위원회가 주관하는 국내 최고 권위의 외국어 능력 평가입니다.

SNULT(Seoul National University Language Test)는 서울대학교 언어교육원이 출제하고 TEPS관리위원회가 주관하는 국내 최고 권위의 외국어 능력 평가로 6개 언어(일본어, 중국어, 프랑스어, 독일어, 스페인어, 러시아어)를 평가하고 있습니다.

SNULT는 정부기관·공공기관·금융기관 및 일반기업의 의뢰를 받아 해외파견 요원이나 유학생을 선발할 평가도구의 필요에 의해 개발되어 1967년부터 기관 대상으로만 시행되다가, 2008년 8월 제1회 SNULT 정기시험부터는 일반인도 응시할 수 있게 되었습니다.

현재 SNULT는 신입사원 선발, 각급 기관·단체의 직원 인사고과 등의 용도로 사용되고 있으며, 최근 공신력 있는 외국어 능력 평가에 대한 요구가 증가하여 시험의 중요성이 강조되고 있습니다.

완벽한 보안 속에서 해당 언어의 박사 학위를 소지한 연구원, 원어민, 교수 등 최고의 전문가들이 출제·검토한 후 녹음과 인쇄를 거쳐 시행하고 있으며, 지난 50여 년간의 시험 데이터와 성과를 바탕으로 높은 신뢰도와 타당도를 지니고 있습니다.

SNULT는 6개 언어능력을 언어 간의 객관적인 난이도 및 형평성을 고려하여 언어에 따른 성적 편차를 최대한 줄이도록 고안되었습니다. 외국에서 개발된 언어능력 평가와 비교해도 충분한 경쟁력을 갖추고 있으므로, 수험자들은 SNULT를 통해 자신의 학습 투여 시간에 따른 공정한 평가를 받을 수 있습니다. 또한 응시절차가 간편하고 경제적인 효율성이 우수합니다.

SNULT 중국어시험이란

전 세계 인구의 21%, 13억 인구가 사용하는 중국어*는 21세기 지식정보화 및 세계화 시대에 적응하는 데 필수적인 지적 인프라로 자리 잡아 가고 있습니다. 국내에서도 지난 1992년 한중수교에 따라 본격화된 양국 간의 인적·물적 교류가 점점 더 확대되고 있고, 이를 가속화시키는 여러 상황들이 우리 앞에 펼쳐지고 있습니다. 중국 시장의 무한한 가능성과 이에 따른 국내 기업 진출 확대와 한류(韩流) 열풍의 지속 및 중국 조기 유학의 성황, 대학과 사회에서의 중국어 교육 확산 등이 그 대표적인 예입니다. 이는 우리 삶과 사회의 '상수(常數)'가 된 중국을 개인과 기업, 국가 차원에서 성장의 자양분으로 적극 활용하고자 하는 인식과 노력의 결과라고 할 수 있습니다. 이에 서울대학교 언어교육원은 장기간에 걸쳐 축적된 경험과 노하우를 바탕으로 중국어 교육과 언어능력 측정 분야의 선도적 역할을 담당하고자 합니다.

〈SNULT 중국어〉 시험은, 세계화가 전 방위적으로 구동되는 21세기에, 세계의 주요 외국어에 대한신뢰성 있는 어학능력 평가의 요구됨에 따라 서울대학교 언어교육원이 자체적으로 개발하기 시작하여 결실을 맺은 독자적인 중국어 능력평가모델입니다. 이 시험은 청해(听力, 50문항), 독해(阅读, 50문항)의 두 영역으로 구성되어 있습니다. 그리고 각 영역의 세부 구성은 중국어 능력을 평가하는 데에 적절한 수준의 평가 노하우를 바탕으로 개발되었습니다.

---

* '중국어'는 국내에서만 주로 쓰이는 명칭입니다. 중국 현지에서는 '汉族의 언어'라는 뜻인 '汉语'라는 명칭을 사용합니다. 곧 '汉语'가 국내에서 통상적으로 사용하고 있는 중국어의 정식 명칭인 셈입니다. 그러나 이 문제집에서는, 우리가 'English'라는 표현 대신에 '영어'라는 표현을 사용하는 것처럼, 우리에게 익숙한 표현인 '중국어'라는 한글 명칭을 사용하였습니다.

본 문제집은 별첨한 모의 중국어 시험 문제 두 세트와 이에 대한 풀이 부분으로 구성되었습니다. 풀이 부분에는 해설과 번역 및 주석을 가미하여 〈SNULT 중국어〉 시험에 대한 이해를 높이고자 하였고, 아울러 중국어 학습에서 필수적으로 숙지해야 할 내용을 중심으로 문제를 구성하여 중국어 관련지식을 점검하는 데 도움이 되도록 안배하였습니다. 또한 본 문제집에 수록된 문제는 실전 문제보다 다소 난이도가 높을 수 있습니다. 학습자는 이를 감안하여 영역별 문제 유형 파악에 중점을 두고 학습하면 됩니다. 난이도 조정 작업은 이제까지 서울대학교 언어교육원이 주관한 각종 중국어 능력 시험 자료 및 그 측정 결과를 토대로 중국어를 전공한 교수, 연구원 및 여타 외국어 전공 교수, 연구원들과의 협의를 거쳐 이루어진 것입니다. 대략 4년제 주요 대학에서 중국어를 전공한 졸업생이 70~80% 정도 득점하는 것을 기준으로 삼았습니다.

청해 부분에서는 다양한 대화 상황을 고루 설정하여 학생들로 하여금 필수적인 대화 상황에 익숙해지도록 하였습니다. 독해 부분에서는 중요하지만 혼동하기 쉬워서 정확한 이해가 필수적인 항목들을 주로 제시함으로써 중요한 문법 관련 사항을 점검하는 계기를 마련하는 데 주력했습니다. 또한 외국인이기 때문에 쉽게 의미를 구분하기 어려운 유사 어휘나 성어(成语) 간의 의미 구분을 다룸으로써, 어휘와 성어 학습의 방향을 제시하고자 하였습니다.

서울대학교 언어교육원이 주관하는 〈SNULT 중국어〉 시험에 이미 출제된 문제를 중심으로 구성된 본 문제집이 〈SNULT 중국어〉 시험 준비를 위한 효과적인 길잡이가 되어 줄 뿐만 아니라 중국어 학습에서의 주요 사항을 정리하는 데 도움이 되는 요긴한 참고서가 되기를 기대합니다.

SNULT 구성(중국어)

영역	영역별 설명	문제유형	문항수	시간	배점
청해 (听力)	Part I	한 문장을 듣고 이어질 대화로 가장 적절한 답 고르기	15	50분	100점
	Part II	짧은 대화를 듣고 이어질 대화로 가장 적절한 답 고르기	15		
	Part III	긴 대화를 듣고 질문에 가장 적절한 답 고르기	10		
	Part IV	담화를 듣고 질문에 가장 적절한 답 고르기	10		
독해 (阅读)	Part I	문법적으로 가장 적절한 답 고르기	10	50분	100점
	Part II	빈칸에 가장 적절한 어휘 고르기	10		
	Part III	지문을 읽고 빈칸에 가장 적절한 답 고르기	15		
	Part IV	지문을 읽고 질문에 가장 적절한 답 고르기	15		
	8개 Parts		100	100분	100점

〈SNULT 중국어〉 시험은 한국의 중국어 교육과정을 반영하는 시험으로, 타 시험에 비해 시험 시간이 짧고 문제 양이 적당하여 수험자가 부담 없이 자신의 언어 능력을 객관적이고 정확하게 파악할 수 있는 장점을 가지고 있습니다.

*청해는 정확한 청해력 측정을 위해 듣기로만 진행되며, 문제지에 내용이 인쇄되지 않습니다.
*청해 영역의 지문과 문제는 2회, 선택지는 1회 들려 드립니다.

SET 1

청해

독해

Part I

(1~15) 다음 문장을 듣고 자연스러운 대화를 이룰 수 있는 가장 적절한 응답을 고르시오.

01

男：你吃午饭了吗？
女：______。

(a) 看了
(b) 吃了
(c) 说了
(d) 换了

해설 '吃' 동사를 써서 물어보았으므로 '吃'를 써서 답변해야 한다. 정답은 (b)이다.

번역 남 : 너 점심 먹었니?
여 : ________.

(a) 봤어
(b) 먹었어
(c) 말했어
(d) 바꿨어

자구풀이 * 午饭(wǔfàn) 점심.

02

女：今天是不是你的生日？
男：_____。

(a) 不行
(b) 没用
(c) 不去
(d) 不是

해설 동사 '是'의 '긍정형+부정형' 형태로 사실 관계를 묻는 물음이므로, 답변에서도 '是' 또는 '不是'를 써야 한다. 정답은 (d)이다.

번역 여 : 오늘 네 생일이지?
남 : ________.

(a) 안 돼
(b) 쓸모없어
(c) 안 가
(d) 아니야

자구 풀이 * 没用(méiyòng) 쓸모없다, 소용이 없다.

03

男：王老师在家吗？
女：________。

(a) 不太好
(b) 很不错
(c) 他在家
(d) 可以了

해설 동사 '在'를 써서 왕 선생님이 댁에 계신지의 여부를 물었으므로 '在'를 써서 답해야 한다. 정답은 (c)이다.

번역 남 : 왕 선생님은 댁에 계십니까?
여 : ________________.

(a) 그다지 좋지 않습니다
(b) 썩 괜찮습니다
(c) 그는 댁에 계십니다
(d) 이제 가능합니다

자구풀이 * 不错(búcuò) 괜찮다.

04

女：我看，还是买这件吧。
男：________。

(a) 太贵了
(b) 太胖了
(c) 太甜了
(d) 太酸了

해설

'대명사+一+양사(量词)+명사' 형태에서 수사 '一'와 양사 뒤에 오는 명사는 생략될 수 있고, 이때 양사는 일종의 지시대명사처럼 사용된다. 여자의 말에 나오는 '件'은 옷이나 사건, 사물 등을 세는 데 사용되는 양사로, 사람이나 먹거리 등의 양사로는 쓰이지 않는다. 따라서 정답은 (a)이다.

번역

여 : 내 생각에는 그래도 이것을 사는 것이 좋을 듯해.
남 : __________.

(a) 너무 비싸
(b) 너무 뚱뚱해
(c) 너무 달아
(d) 너무 시어

자구 풀이

* 还是(háishi) 부사로, '(그래도/여전히) ~하는 편이 낫다/좋겠다'는 어기를 표시한다.
* 酸(suān) 맛이 시다.

05

男：刚才你去哪儿了？
女：__________。

(a) 下午去的
(b) 回宿舍了
(c) 昨天来的
(d) 刚才看了

해설

남자는 '哪儿'이라는 의문사를 써서 '어디'를 묻고 있다. 정답은 (b)이다. (a)와 (d)는 '언제'를 물었을 때 적합한 대답이다.

번역

남 : 방금 넌 어디에 갔었니?
여 : ______________.

(a) 오후에 갔어
(b) 기숙사로 돌아갔어
(c) 어제 왔어
(d) 방금 봤어

자구풀이

* 下午去的(xiàwǔ qù de) 오후에 갔다. '的'는 '오후에 갔다'는 상황을 강조하는 어기를 나타낸다. (c)의 '昨天来的'에서의 '的' 또한 같은 기능으로 쓰였다.
* 刚才(gāngcái) 방금, 막.

06

女：李立，你看到张老师了吗？
男：__________。

(a) 我叫李立
(b) 我听见了
(c) 他出去了
(d) 他不想家

해설

여자는 남자에게 장 선생님을 보았는지를 물어보고 있다. 이에 어울리는 답변을 찾는 문제이다. 정답은 (c)이다. (a), (b), (d)는 물음과 논리적으로 무관한 진술이다.

번역

여 : 리리, 장 선생님 봤어?
남 : ________________________.

(a) 난 리리라고 해
(b) 난 들었어
(c) 그는 나가셨다
(d) 그는 고향을 그리워하지 않는다

자구풀이

* 想家(xiǎng jiā) 고향을 그리워하다.

07

男：听说最近你妈妈身体不太好。
女：____________________。

(a) 是啊，她身体很好
(b) 是啊，她最近很健康
(c) 是啊，我最近身体不好
(d) 是啊，我真有点儿担心

해설

여자의 어머니께서 건강이 안 좋다는 얘기를 들은 남자가 여자를 위로하는 상황에서 이루어진 대화이다. 정답은 (d)이다. (a)와 (b)는 비슷한 뜻으로, 첫 말이 '是啊'가 아니라 '不是'였으면 정답이 될 수 있다. (c) 또한 주어가 '我'가 아니라 '她'이면 정답이 될 수 있다.

번역

남 : 요즘 어머니의 건강이 그리 좋지 않다고 하던데.
여 : ______________________.

(a) 응, 어머니께선 몸 상태가 좋으셔
(b) 응, 어머니께선 요즘 매우 건강하셔
(c) 응, 나는 최근에 몸이 안 좋아
(d) 응, 정말 걱정이 돼

자구풀이

* 有点儿(yǒudiǎnr) 다소, 좀. 부정적이거나 안 좋은 상황에서 사용된다.
* 担心(dānxīn) 걱정, 근심.

08

女：你妹妹最喜欢什么运动？
男：＿＿＿＿＿＿＿＿＿＿。

(a) 我最近喜欢上了足球
(b) 我不喜欢唱那种歌儿
(c) 她最喜欢的就是滑雪
(d) 她喜欢吃水果和蔬菜

해설

남자의 여동생이 좋아하는 운동을 묻는 물음과 부합하는 답변을 찾는 문제이다. 정답은 (c)이다. (a)에도 운동과 관련된 내용이 있지만, 주어가 '我'여서 '你妹妹'에 대해 묻고 있는 여자의 물음과 어울리는 답변이 될 수 없다.

번역

여 : 네 여동생은 어떤 운동을 가장 좋아해?
남 : ＿＿＿＿＿＿＿＿＿＿＿＿＿＿＿＿＿＿＿＿.

(a) 나는 근자에 축구를 가장 좋아하게 됐어
(b) 나는 그런 유의 노래하는 것을 좋아하지 않아
(c) 그녀가 가장 좋아하는 것은 스키야
(d) 그녀는 과일과 채소를 즐겨 먹어

자구 풀이

* 喜欢上 좋아하게 되었다. '上'은 결과보어로, 동작의 결과로 떨어져 있던 것이 붙게 되거나 목적이 실현됐음을 나타낸다.
* 滑雪(huáxuě) 스키, 스키를 타다.

09

男：我想去逛街，你陪我去吧。
女：____________________

(a) 你没看我正忙着呢吗？
(b) 你真想自己去逛街啊？
(c) 你逛街这么快就回来了？
(d) 我可不愿意一个人逛街。

해설

쇼핑을 함께 하자는 남자의 제안과 어울리는 대답을 찾는 문제이다. 정답은 (a)이다. (c)와 (d)는 남자의 말과 논리적으로 무관한 진술이며, (b)는 남자의 발화 의도에 정면으로 위배되므로 정답이 될 수 없다.

번역

남 : 쇼핑하고 싶은데 너 나랑 같이 가자.
여 : ____

(a) 넌, 나 지금 바쁜 것 안 보이니?
(b) 넌 정말로 혼자서 쇼핑하러 가고 싶니?
(c) 넌 쇼핑하러 간다고 하더니 왜 이렇게 빨리 돌아왔니?
(d) 나는 정말 혼자서 쇼핑하기 싫어.

자구풀이

* 逛街(guàngjiē) '거리를 산책하다, 한가롭게 돌아다니다'는 뜻이나, '쇼핑하다'는 뜻으로 더 자주 쓰인다.
* 陪我去(péi wǒ qù) 나와 함께 하여 가다. '陪'는 '동반하다, 함께하다'는 뜻이다.
* 着呢(zhene) 문장의 끝에 지속을 나타내 주는 동태조사 '着'가 진행을 나타내는 동태조사인 '呢'와 같이 쓰인 경우로서, 동작이 진행태로 계속 지속되고 있음을 다소 과장되게 표현해 준다. 주로 대화체에 사용된다.

10

女：司机，人都坐满了，什么时候开车啊？
男：＿＿＿＿＿＿。

(a) 有一年了
(b) 快五个月了
(c) 五分钟以前
(d) 五分钟以后

해설

언제 출발할 계획이냐는 여자의 물음에 어울리는 답변을 찾는 문제이다. 정답은 (d)이다. (a)와 (b)는 차를 탄 상황에서는 일반적으로 있을 수 없는 상황이므로 정답이 아니며, 대화가 아직 출발하지 않은 상황에서 이루어졌으므로 오 분 전에 이미 출발했다는 내용의 (c)도 정답이 아니다.

번역

여 : 기사님, 자리가 다 찼는데, 언제 출발하십니까?
남 : ＿＿＿＿＿＿.

(a) 일 년이 다 되었다
(b) 곧 오 개월이 된다
(c) 오 분 전에
(d) 오 분 후에

자구풀이

* 坐满(zuòmǎn) 자리에 다 앉다. 곧 자리가 다 찼다는 뜻이다. '满'은 결과보어로, 마련된 자리에 사람들이 다 앉았음을 표시한다.
* 快五个月了 곧 있으면 오 개월이 된다. '快～了'는 어떤 상황의 전개나 동작의 실현이 임박했음을 표시한다.

11

男：你看我新买的衣服，漂亮吧？
女：____________________。

(a) 对是对，可我不愿意
(b) 忙是忙，可我喜欢啊
(c) 好看是好看，但有点儿长
(d) 漂亮是漂亮，就是不爱学习

해설

'A是A'의 의미를 이해하고 있는지를 물은 문제이다. 정답은 (c)이다. '다소, 좀' 정도의 뜻인 '有点儿'은 부정적인 어기를 풍길 때 사용된다. (b)는 예컨대 '많이 바빠서 하기 곤란하지만 좋아하는 것이어서 기꺼이 하겠다' 정도의 어기로 남자가 하는 말의 대꾸로는 적당치 않다. (a)와 (d)는 남자의 말과 논리적 연관성이 없어 정답이 될 수 없다. 특히 (d)에는 남자가 말한 '漂亮'이 쓰였는데, 이는 오답을 유인한 경우이므로 유의해야 한다.

번역

남 : 내가 새로 산 옷, 멋있지?
여 : ____________________.

(a) 맞긴 맞는데, 난 원하지 않아
(b) 바쁘기는 바쁜데, 내가 좋아하거든
(c) 멋있기는 멋있는데, 조금 긴 듯하다
(d) 예쁘기는 예쁜데, 공부하는 건 싫어해

자구풀이

* 好看是好看(hǎokàn shì hǎokàn) 멋있기는 멋있다. 'A是A'의 형태는 일종의 역접을 나타내는 표현으로, 'A하기는 A하다. 그러나…' 정도의 어기를 풍긴다.

12

女：我今天逛了一天，也没买到喜欢的皮鞋。
男：＿＿＿＿＿＿＿＿。

(a) 这不是浪费嘛
(b) 这不挺熟练嘛
(c) 这不是省钱了嘛
(d) 这不是弄脏了嘛

해설

원하던 구두를 사지 못했다는 여자의 말과 어울리는 말을 찾는 문제이다. 문제 풀이의 관건은 사는 동작을 취하기는 했지만 완료하지는 않았음을 나타내는 '没买到'에 있다. 따라서 정답은 (c)이다. (a), (b), (d)는 구두를 사 와서 남자에게 보여 줬을 때 나올 수 있는 대답들이다.

번역

여 : 난 오늘 하루 종일 쇼핑했는데도 마음에 드는 구두를 사지 못했어.
남 : ＿＿＿＿＿＿＿＿＿＿＿＿.

(a) 이거야말로 낭비한 것이잖아
(b) 이거 아주 숙련된 솜씨잖아
(c) 이거야말로 돈을 아낀 것이잖아
(d) 이건 잘못된 것이잖아

자구풀이

* 一天(yītiān) 하루 종일, 온종일.
* 熟练(shúliàn) 숙련되어 있다, 능숙하다.
* 弄脏(nòngzāng) 더럽히다, 잘못되다. 여기서는 제품에 하자가 있는 상태를 의미한다. '脏'은 결과보어로, 행위를 한 결과 더렵혀진 상태가 되었음을 표시한다. 또한 결과가 잘못되었거나 안 좋은 상태를 나타내기도 한다.

13

男：真太不象话了！
女：＿＿＿＿＿＿＿＿。

(a) 算了，别生气了
(b) 行了，别谦虚了
(c) 哎哟，别客气了
(d) 小心，别买错了

해설 남자의 말은 뭔가 불합리한 일을 겪었을 때 사용하는 표현이라는 점을 파악하고, 이에 어울리는 말을 찾는 문제이다. 정답은 (a)이다. (b), (c), (d)는 불합리함에 대한 분노를 표출한 남자의 말과 논리적으로 무관한 내용이다.

번역 남 : 정말 말도 안 돼!
여 : ＿＿＿＿＿＿＿＿.

(a) 됐어, 화내지 마
(b) 됐어, 겸손해 하지 마
(c) 어이쿠, 격식 차리지 말아
(d) 조심해, 잘못 사지 말고

자구풀이
* 像话(xiànghuà) 말이 되다, 합리적이다, 알맞다.
* 谦虚(qiānxū) 겸손하다, 삼가다.
* 买错(mǎicuò) 잘못 샀다. '错'는 동사와 결합하여 동작을 행한 결과가 잘못됐음을 나타낸다.

14

女：我们队这次一定能进决赛。
男：________________

(a) 你看决赛了吗？
(b) 你还是别做梦了。
(c) 你太不求上进了。
(d) 你参加决赛了吗？

해설

결승전 진출을 자신하는 여자의 말과 어울릴 수 있는 대화를 찾는 문제이다. 정답은 (b)이다. (c)는 여자의 말을 잘못 알아듣고 한 말이며, (a)와 (d)는 결승전이 치러졌거나 결승전에 오른 팀이 결정된 상태여야 가능한 말이기 때문에, 아직 결승전에 오른 팀이 결정되지 않은 상태에서 행해진 여자의 대답으로는 어울리지 않는다.

번역

여 : 우리 팀은 이번에는 반드시 결승전에 진출할 수 있어.
남 : ________________________________

(a) 너 결승전을 봤니?
(b) 꿈 깨라.
(c) 넌 너무 나아지려고 하질 않는구나.
(d) 너 결승전에 올라갔니?

자구풀이

* 决赛(juésài) 결승전.
* 上进(shàngjìn) 진보하다, 나아지다.
* 做梦(zuòmèng) 꿈을 꾸다, 희망을 품다.

15

男：他是他，我是我。
女：__________________________。

(a) 说得好，长江后浪推前浪
(b) 没错儿，脚正不怕鞋歪嘛
(c) 就是嘛，羊毛出在羊身上
(d) 说得对，这就叫井水不犯河水

해설

타인의 경험이나 유사 사례에 흔들리지 않고 자신의 확고한 주관이나 신념 등을 바탕으로 일을 처리하는 경우를 일컫는 상투적인 표현을 찾는 문제이다. 정답은 (d)이다. 중국문화의 특징 가운데 하나는 실생활에서 전통문화를 꽤 많이 활용하고 있다는 점이다. 현대중국어 또한 마찬가지여서, 중국인들이 일상적으로 사용하는 표현 가운데는 꽤 오래전부터 써오던 한문 투의 성어들이 상당량 존재한다. 고급 중국어일수록 그러한 속담이나 사자성어, 고사성어, 격언 등이 많이 사용될 정도이다. 따라서 사용빈도가 높은 속담이나 성어 등을 평소에 익혀 둘 필요가 있다.

번역

남 : 그는 그이고, 나는 나야.
여 : ____.

(a) 좋은 말이야, 창장 강의 뒷물결이 앞물결을 밀어내는 법이지
(b) 맞아, 떳떳한 사람은 남의 모략이나 험담 따위를 두려워하지 않는 법이야
(c) 내 말이, 결국은 자기가 부담해야 하는 것이야
(d) 바른 말이야, 이를 두고 자신의 본분을 지키며 상대방을 범하지 않는다고 하지

자구풀이

* 说得好(shuō de hǎo) 좋은 말을 하다, 맞는 말을 하다.
* 长江后浪推前浪(Cháng jiāng hòu làng tuī qián làng) 장강의 뒷물결이 앞물결을 밀어낸다는 뜻으로, 다음 세대가 이전 세대보다 더 낫기 마련일 때 쓰이는 표현이다.
* 脚正不怕鞋歪(jiǎo zhèng bù pà xié wāi) 직역하면 “발 모양이 바르면 신이 비뚤어져도 걱정하지 않는다.”로, ‘떳떳한 사람은 남의 모략이나 험담 따위를 두려워하지 않는다’는 의미로 쓰인다.
* 羊毛出在羊身上(yángmáo chū zài yáng shēnshang) 직역하면 “양털은 양의 몸에

서 난다."로 "근본을 따지고 보면 결국 자기 몸에서 나온 것이다"라는 뜻이다.

* 井水不犯河水(jǐngshuǐ bù fàn héshuǐ) '우물물은 강물을 범하지 않는다'는 뜻으로, 각자 자신의 본분을 지키며 상대방을 범하지 않음을 비유적으로 표현한 성어이다.

Part II

(16~30) 다음 대화를 듣고 자연스러운 대화를 이룰 수 있는 가장 적절한 응답을 고르시오.

16

女：去哪儿吃饭？
男：你说呢？
女：去学校食堂吧。
男：＿＿＿＿＿＿＿＿。

(a) 好，去银行吧
(b) 好，就听你的
(c) 不，我不想吃饭
(d) 不，我想去学校食堂

해설

식사할 장소를 결정하고자 나눈 대화이다. 정답은 (b)이다. "어디 가서 식사를 할까?"라는 여자의 말에 남자가 "네 생각은?"이라고 되물었기 때문에 정황상 남자도 밥을 먹을 의도가 있었다고 봐야 한다. 따라서 (c)는 정답이 될 수 없다.

번역

여 : 어디서 밥을 먹을까?
남 : 네 생각은?
여 : 학교 식당으로 가자.
남 : ＿＿＿＿＿＿＿＿.

(a) 좋아, 은행으로 가자
(b) 좋아, 네 말대로 하자
(c) 싫어, 난 밥 먹고 싶지 않아
(d) 싫어, 난 학교식당에 가고 싶어

자구풀이

* 食堂(shítáng) 대학이나 직장 등의 구내에 있는 식당.

17

男：会开完了吗？
女：还没有。
男：已经开了四个小时了。
女：__________

(a) 就是好。
(b) 可不是。
(c) 在哪儿啊？
(d) 那开会吧。

해설 뜻하지 않게 길어진 회의를 두고 회의장 바깥에 있는 사람들이 나눈 대화이다. 정답은 (b)이다. (a), (c), (d)는 회의를 네 시간째 하고 있다는 사실을 이미 알고 있는 여자가 한 대답으로 보기에는 적당치 않다.

번역 남 : 회의는 끝났습니까?
여 : 아직요.
남 : 벌써 네 시간째 회의를 했군요.
여 : ____________________

(a) 예, 좋습니다.
(b) 그러게 말입니다.
(c) 어디에서요?
(d) 그럼 회의를 시작합시다.

자구풀이 * 开了四个小时了 '동사+시량보어' 구문이다. 뒤의 '了'는 회의가 시작된 지 네 시간이 되었고 지금도 계속 진행 중임을 표시해 준다. 뒤의 '了'가 없으면, 회의가 시작된 지 네 시간이 되었다는 사실만을 표시할 뿐, 발화 시점에 회의가 진행되고 있는지의 여부를 표시할 수 없게 된다.

18

女：请问，洗手间在哪儿？
男：您看见前边的电影院了吧？
女：看见了。
男：＿＿＿＿＿＿＿＿。

(a) 就在厕所旁边
(b) 过了超市就是
(c) 过了电影院就是
(d) 就在火车站旁边

해설 화장실의 위치에 대해 묻고 답하는 대화이다. 정답은 (c)이다. 화장실의 위치를 묻는 여자에게 남자가 극장이 보이냐고 물었기 때문에 화장실은 극장과 연관이 있다고 봐야 한다. 따라서 (b)와 (d)는 정답이 될 수 없다. (a)의 경우, '厕所'는 화장실과 같은 뜻이므로 역시 정답이 될 수 없다.

번역 여 : 말씀 좀 묻겠습니다. 화장실이 어디 있죠?
남 : 앞에 있는 극장이 보이시죠?
여 : 보입니다.
남 : ＿＿＿＿＿＿＿＿＿＿＿＿.

(a) 변소 옆에 있습니다
(b) 슈퍼마켓을 지나면 바로입니다
(c) 극장을 지나면 바로입니다
(d) 기차역 옆에 있습니다

자구풀이
* 超市(chāoshì) 슈퍼마켓.
* 厕所(cèsuǒ) 화장실, 변소.

19

男：我出去散会儿步。
女：等等我，一起去。
男：你的报告不是还没写完吗？
女：________________。

(a) 好吧，那就一起去吧
(b) 不急，下星期才交呢
(c) 不行，写完你再去吧
(d) 好吧，那就先休息会儿吧

해설

남자가 산책을 나가려고 하자 여자가 잠시 후에 같이 가자고 제안한다. 이 제안에 대해 남자는 여자에게 리포트를 다 쓰지 않은 상태에서 어떻게 산책하러 같이 나갈 수 있냐고 되묻는데, 이에 대한 답변으로 알맞은 것을 찾으면 된다. 정답은 (b)이다. (c)는 남자의 두 번째 대화로 어울릴 만한 내용이므로 정답일 수 없으며, (d)의 경우는 리포트를 아직 다 쓰지 못한 채 휴식의 일종인 산책을 한다는 것에 의문을 표시한 남자의 대답으로는 적당치 않다.

번역

남 : 나 잠시만 산책하러 나갈게.
여 : 잠시만 기다렸다가 같이 가자.
남 : 너 리포트를 아직 다 쓰지 못했잖아?
여 : ________________________.

(a) 좋아, 그럼 함께 가도록 하자
(b) 급하지 않아, 다음 주에 내는 거야
(c) 안 돼, 다 쓴 다음에 산책하도록 해라
(d) 좋아, 그럼 먼저 잠시 쉬도록 하자

자구풀이

* 散会儿步(sàn huìr bù) 잠시 동안 산책하다. '散步'는 동사와 빈어가 합쳐져 하나의 동사로 쓰이는 술빈이합사(述宾离合词)이다. 술빈이합사가 시량보어와 결합될 때에는 시량보어가 동사와 빈어 사이에 놓인다.
* 才(cái) 부사로 시간사 앞에 오면 시간적으로 이름을 나타내고, 시간사 뒤에 오면 시간적으로 늦음을 나타낸다. 여기서는 시간사 뒤에 왔으므로 '~가 되어서야' 정도의 어기를 나타낸다.

20

女：明天晚上一起去看电影吧。
男：我明天晚上有课，去不了。
女：那这个周末吧。
男：＿＿＿＿＿＿＿＿＿＿

(a) 哎呀，我差点儿迟到。
(b) 真不巧，我有别的安排。
(c) 没问题，我明天晚上没有课。
(d) 是吗？ 这电影那么有意思吗？

해설

함께 영화 보러 가자는 여자의 제안에 대한 남자의 말로 알맞은 것을 고르는 문제이다. 정답은 (b)이다. (d)가 정답이 되기 위해서는 어떤 영화를 볼 것인가에 대한 언급이 미리 나와 있어야 하는데, 여자와 남자가 나눈 대화는 영화를 같이 보러 갈 것인가에 초점이 맞춰져 있는 까닭에 어떤 영화를 볼 것인가에 대해서는 언급되어 있지 않다. 따라서 (d)는 정답이 될 수 없다.

번역

여 : 내일 저녁에 영화 보러 같이 가자.
남 : 내일 저녁에는 수업이 있어서 갈 수 없어.
여 : 그럼 이번 주말에 가자.
남 : ＿＿＿＿＿＿＿＿＿＿

(a) 어이쿠, 하마터면 지각할 뻔했다.
(b) 정말 공교롭네, 난 다른 계획이 있어.
(c) 괜찮아, 난 내일 저녁에 수업이 없어.
(d) 그래? 이 영화가 그렇게 재미있어?

자구풀이

* 去不了(qù bu liǎo) 갈 수 없다. 가능보어구문의 부정형으로 '了'는 행위의 목표나 동작을 완수하지 못함을 표시한다.
* 差点儿(chà diǎnr) 하마터면.
* 不巧(bùqiǎo) 상황이나 형편이 좋지 않다. 원치 않게도 상황이나 일이 공교롭게 꼬인 경우에 사용하는 표현이다.
* 安排(ānpái) 계획하다.

21

男：张华跟她男朋友分手了。
女：怪不得！
男：怎么了？
女：________________

(a) 他们又见面了。
(b) 最近她心情不好。
(c) 他们该怎么来呢？
(d) 最近他们常在一起。

해설

장화가 애인과 헤어졌다는 말을 들은 여자는 마음에 짚이는 것이 이제야 풀렸다고 말한다. 이에 남자가 무슨 일이 있었냐고 묻는데, 이에 대한 답변으로 알맞은 것을 고르는 문제이다. 정답은 (b)이다. (a)와 (d)는 헤어졌다는 남자의 진술에 위배되고, (c)는 교통수단과 관련된 표현이므로 모두 정답이 될 수 없다.

번역

남 : 장화가 애인과 이별했대.
여 : 어쩐지!
남 : 왜 무슨 일이 있었니?
여 : ________________________

(a) 그들은 또 만났어.
(b) 최근에 그녀의 심경이 좋지 않았어.
(c) 그들은 어떻게 와야만 돼?
(d) 최근에 그들은 늘 같이 있었어.

자구풀이

* 分手(fēnshǒu) 이별하다, 헤어지다.
* 怪不得(guàibude) 어쩐지. 의아하던 바가 풀려서 더 이상 이상하게 여겨지지 않을 때 사용하는 표현이다.

22

女：帮我找找自行车钥匙。
男：这儿呢，拿好了，别再弄丢了。
女：哎呀，我的钱包又放在哪儿了？
男：________。

(a) 你真是个酒鬼　　(b) 你真是个万事通
(c) 你真是个好心人　　(d) 你真是个马大哈

해설

대화로 보건대 여자는 자신의 물건을 어디 두었는지를 자주 까먹는 사람이다. 이런 여자에 대한 남자의 반응으로 적당한 것을 고르는 문제이다. 정답은 (d)이다. 이 문제는 '酒鬼', '万事通', '马大哈'와 같은 비유적인 표현을 이해해야 풀 수 있다. 중국어의 경우, 이러한 비유적인 표현이 일상적인 대화에서 자주 사용되므로 평소에 많이 익혀 둘 필요가 있다.

번역

여 : 자전거 열쇠 찾는 것 좀 도와줘.
남 : 여기 있네, 잘 갖고 있어. 또 잃어버리지는 말고.
여 : 어이쿠, 내 지갑은 또 어디에 뒀더라?
남 : ________.

(a) 넌 정말 술 귀신이야　　(b) 넌 정말 만물박사야
(c) 넌 정말 마음씨가 좋아　　(d) 넌 정말 부주의해

자구풀이

* 钥匙(yàoshi) 열쇠.
* 弄丢(nòngdiū) 잃어버리다, 분실하다.
* 酒鬼(jiǔguǐ) 술고래, 알코올 중독자. '鬼'는 귀신같이 술을 밝히는 이들을 비유적으로 표현한 것이다.
* 万事通(wànshìtōng) 모르는 것이 없는 사람, 만물박사. '万事'는 '온갖 일'이라는 뜻이고, '通'은 두루두루 널리 잘 알고 있는 상태를 비유적으로 표현한 것이다.
* 马大哈(mǎdàhā) 부주의하거나 용의주도치 못한 사람을 가리킨다. '马'는 '马马虎虎(mǎma-hūhū, 부주의하다)', '大'는 '大大咧咧(dàda-liēliē, 건성건성으로)', '哈'는 '嘻嘻哈哈(xīxī hāhā, 원래는 웃는 소리를 나타내지만, 여기서는 속없이 잘 웃는 것을 가리킴)'에서 따온 말이다.

23

男：说好了八点见面，小郑怎么还不来？
女：也许有什么急事儿吧。
男：别等了，咱们走吧。
女：____________________。

(a) 行，咱们等等吧
(b) 是啊，已经快六点了
(c) 不行，要走你先走吧
(d) 不行，要等你自己等吧

해설

약속 시간에 나오지 않은 샤오정을 더 이상 기다리지 말고 가자는 남자의 제안에 대한 여자의 말로 알맞은 것을 찾는 문제이다. 정답은 (c)이다. (a)는 '行' 대신에 '不行'을 쓰면, (b)는 '六点' 대신에 8시 이후의 시간이 오면 정답이 될 수 있다. (d)는 남자가 먼저 가자고 제안했기 때문에 정답이 될 수 없다.

번역

남 : 8시에 만나기로 해 놓고는 샤오정은 왜 아직 안 오지?
여 : 아마도 급한 일이 생겼나봐.
남 : 기다리지 말고, 우리끼리 가자.
여 : ____________________.

(a) 좋아, 우리 좀 더 기다려보자
(b) 그래, 벌써 곧 있으면 여섯 시야
(c) 안 돼, 가려면 너 먼저 가라
(d) 안 돼, 기다리려면 너 혼자서 기다려라

자구풀이

* 说好(shuōhǎo) 말을 마무리 짓다, 말을 매듭짓다. '好'는 행위의 목적이 완수됐음을 표시한다.
* 咱们(zánmen) (화자를 포함한) 우리.
* 快六点了 곧 여섯 시가 된다. '快~了'는 임박태로서, 어떤 상황이 짧은 시간 안에 실현될 것임을 나타내 준다.

24

女：今天搭我的车回家吧。
男：你也会开车？
女：嗯，刚拿到驾驶执照。
男：______________________。

(a) 呦！我可没这个胆量
(b) 我开车时手忙脚乱的
(c) 我可不是那种知识渊博的人
(d) 哪儿啊，我的技术可不过关

해설

운전면허를 갓 딴 사람이 자기가 운전하는 차를 타고 가자고 하여 나누게 된 대화이다. 남자의 반응으로 보건대, 여자는 운전면허를 따기 전에는 전혀 운전을 못했던 것으로 추정된다. 곧 경험과 기술이 부족함에도 차를 몰고 다니는 여자에 어울릴 만한 남자의 답변을 찾으면 된다. 정답은 (a)이다.

번역

여 : 오늘은 내 차를 타고 집으로 가자고.
남 : 너도 운전할 줄 알아?
여 : 응, 막 운전면허증을 땄어.
남 : ______________________________

(a) 오, 난 정말 이런 배짱이 없다니까!
(b) 난 운전할 때 손발이 제각각 따로 놀아.
(c) 난 정말 지식이 깊고 넓은 사람이 아니야.
(d) 아니야, 내 기술은 그 수준이 안 돼.

자구풀이

* 驾驶执照(jiàshǐzhízhào) 운전면허.
* 呦(yōu) 놀람을 나타내는 어기조사. '앗, 오' 정도에 해당함.
* 胆量(dǎnliàng) 용기, 배짱.
* 手忙脚乱(shǒumáng-jiǎoluàn) 손발이 제각각 놀다. 일을 두서없이 마구잡이로 하는 것을 말한다.
* 渊博(yuānbó) (학식이나 지식 등이) 넓고도 깊다.
* 过关(guòguān) 어려운 관문을 통과하다, 고비를 넘기다.

25

男：这不是张新颖吗？
女：啊！你是李强？
男：对，我们有好几年没见了。
女：________________

(a) 哎，你叫什么来着？
(b) 抱歉，我想不起来了。
(c) 是啊，都快认不出来了。
(d) 不好意思，我认错人了。

해설

오랜만에 만나는 두 사람 사이에서 오간 대화이다. 정답은 (c)이다. (a)의 경우는 남자와 여자가 이미 서로의 이름을 불렀기 때문에 정답이 될 수 없다.

번역

남 : 이 사람 이거 장신잉 아니야?
여 : 어! 너는 리창이지?
남 : 맞아, 우리 정말 여러 해 동안 만나지를 못했네.
여 : ________________

(a) 참, 너 이름이 뭐였었더라?
(b) 유감스럽게도 생각이 나질 않네.
(c) 그래, 하마터면 알아보지 못했을 거야.
(d) 송구합니다. 제가 사람을 잘못 봤습니다.

자구 풀이

* 好(hǎo) 수량이나 시간 등을 나타내는 말들과 함께 쓰여, 많거나 오래되었음을 강조해 준다.
* 都快认不出来了 하마터면 기억해 내지 못할 뻔했다. '都(dōu)'는 '거의'라는 뜻이고, '快(kuài)⋯了(le)'는 임박태로서 가까운 미래에 동작이 곧 실현됨을 나타낸다. 여기서는 '认不出来'라는 동작의 실현이 임박했음을 곧 '거의 기억해 내지 못할 뻔'한 상황을 나타낸다. '认不出来(rèn bu chūlái)'는 가능보어의 부정형으로 '出来'는 보어로 쓰여 가려져 있거나 숨겨져 있는 것이 드러나는 것을 의미한다. 여기서는 잊혔던 기억이 다시 떠오르는 것을 비유적으로 표현한 것이다.
* 哎(āi) 듣는 사람의 주의를 환기시킬 때 사용하는 어기조사. '참' 정도에 해당함.

* 来着(láizhe) 문장의 끝에 오면, 과거 어느 시점을 나타내는 시간사와 함께 쓰여 그 시점에서 진행되는 행위를 현재의 시점에서 서술하는 경우를 나타낸다. 주로 구어에서 사용되는 어기조사로, 만일 시간사와 함께 쓰이지 않으면 과거에 발생한 행위가 발화시점까지 계속되고 있음을 표시한다. 우리말로는 주로 '…을/를 하고 있었댔어', '…하고 있었다' 정도로 번역될 수 있다.
* 认错(rèncuò) 사람을 잘못 알아보다. '错'는 행위 결과가 잘못됐음을 나타내는 결과보어이다.

26

女：你怎么突然住院了？上周还好好儿的。
男：别提了，上周末被出租车撞了一下。
女：伤得重不重？
男：＿＿＿＿＿＿＿＿。

(a) 已经去世了
(b) 正在调查中
(c) 还没来得及说
(d) 已经脱离危险了

해설

갑자기 입원한 남자와 입원 이유를 몰랐던 여자 사이에 오간 대화이다. 많이 다쳤냐는 여자의 물음에 대한 알맞은 답변을 고르는 문제이다. 정답은 (d)이다. (a)는 있을 수 없는 대화상황이고, (b)와 (c)는 모두 부상 정도를 묻는 여자의 물음과 내용적인 연관이 전혀 없다.

번역

여 : 너 왜 갑자기 입원을 했니? 지난주만 해도 괜찮았는데.
남 : 말도 마, 지난 주말에 택시에 치였어.
여 : 많이 다쳤니?
남 : ＿＿＿＿＿＿＿＿＿＿＿＿.

(a) 벌써 세상을 떠났어
(b) 조사 중이야
(c) 아직 말을 나눌 만한 때가 아니야
(d) 이미 위험한 상태는 벗어났어

자구풀이

* 突然(tūrán) 갑자기, 돌연히.
* 上周末被出租车撞了一下 지난 주말에 택시에 의해 한 차례 부딪혔다. 피동문에 '一下'란 동량보어가 함께 쓰인 문장이다.
* 去世(qùshì) 세상을 떠나다, 운명하다.
* 来得及(láidejí) (…하기에) 늦지 않다, 제 시간에 해낼 수 있다.

27

男：听说，你"五一"去野生动物园了？
女：唉，去的不是时候，花了冤枉钱。
男：那天肯定人山人海的吧？
女：________________。

(a) 可不是，轻松得很
(b) 是的，有十多个人
(c) 可不是，除了人还是人
(d) 是的，除了狮子就是老虎

해설 매년 5월 1일 중국의 노동절은 10월 1일의 국경절과 함께 중국의 양대 국경일이다. 이 두 국경일은 통상 연휴로 기념하는 까닭에 유원지나 명승지 등에는 관람하러 온 사람들로 인산인해를 이루곤 한다. 이러한 날에 여자가 야생동물원에 갔다 왔다고 하자 남자는 그날 틀림없이 사람이 많았을 것이라고 한다. 이에 대한 여자의 대답으로 알맞은 것을 고르는 문제이다. 정답은 (c)이다. (a)와 (b)는 인산인해임을 인정한 후에 인산인해와는 반대되는 말이 온 셈이 되기 때문에 정답이 될 수 없고, (d)는 대화의 맥락과 전혀 무관한 생뚱맞은 내용이므로 역시 정답이 될 수 없다.

번역
남 : 너 노동절에 야생동물원에 갔다면서?
여 : 응, 날을 잘못 잡아서 쓸데없이 돈만 많이 썼지.
남 : 그날은 분명 인산인해였을 거야.
여 : ________________.

(a) 그렇고말고, 매우 홀가분했어
(b) 맞아, 열 몇 명이 있었어
(c) 그렇고말고, 사람밖에 없었지
(d) 맞아, 사자가 아니면 곧 호랑이였어

자구풀이
* 五一(wǔ yī) 5월 1일 노동절.
* 不是时候(bùshì shíhòu) 적당한 때가 아니다, 시기가 안 좋다.
* 花了冤枉钱(huāle yuānwangqián) 안 써도 되는 돈을 많이 썼다.
* 人山人海(rénshān-rénhǎi) 사람으로 온통 뒤덮이다.

28

女：你怎么了？满脸不高兴。
男：别提了，我的手机丢了。
女：我以为什么大不了的呢。
男：________________。

(a) 真是吃别人的嘴短
(b) 真是站着说话不腰疼
(c) 真是近水楼台先得月啊
(d) 真是吃不到葡萄说葡萄酸

해설

자기의 일이 아니라고 대수롭게 여기지 않는 여자의 태도에 대해 남자가 한 말로 적당한 것을 고르는 문제이다. 정답은 (b)이다. 여자가 원하는 것을 얻지 못해서 시큰둥하거나 삐딱하게 반응한 것이 아니므로 (d)는 정답이 될 수 없다. 한편 이 문항은 '吃别人的嘴短', '站着说话不腰疼', '近水楼台先得月', '吃不到葡萄说葡萄酸' 등 문학작품에서 비롯된 성어가 많이 사용되었는데, 고급 수준의 중국어를 구사하기 위해서는 이러한 표현들을 많이 알고 있을 필요가 있다.

번역

여 : 너 왜 그러니? 매우 불쾌한 표정이네.
남 : 말도 마. 핸드폰을 잃어버렸어.
여 : 난 뭐 대단한 일인 줄 알았네.
남 : ________________.

(a) 정말 남에게 신세를 진 것이네
(b) 정말 남 얘기하듯 하는 일만큼 쉬운 것이 없다니까
(c) 정말 가까이 있는 사람이 덕을 더 많이 본다니까
(d) 정말 자기가 얻을 수 없으니까 괜히 헐뜯는 거라니까

자구풀이

* 满脸(mǎnliǎn) 얼굴 가득, 얼굴 전체.
* 别提(biétí) 말하지 말라, 얘기를 꺼내지도 말라.
* 大不了(dà bu liǎo) 대단하다, 매우 중요하다.
* 吃别人的嘴短(chī biérén de zuǐ duǎn) "남에게 신세를 지면(또는 뇌물을 받으면) 일을 할 수 있는 범위가 줄어든다.[吃人家的嘴短，使人家的手短]"는 표현에서

나온 말이다.

* 站着说话不腰疼(zhàn zhe shuō huà bù yāo téng) '남 얘기하듯 하면 허리가 아프지 않다'는 뜻으로, 남을 비난하는 일만큼 쉬운 일이 없음을 비유적으로 표현한 말이다. '站着'는 방관자처럼 서 있는 것을 비유적으로 표현한 것이다.
* 近水楼台先得月(jìn shuǐ lóutái xiān dé yuè) 물가에 가까이 있는 누대일수록 달이 먼저 비친다. 관계가 밀접한 사람일수록 덕을 더 빨리 또 더 많이 본다는 뜻. '近水楼台'로 줄여 쓰기도 한다.
* 吃不到葡萄说葡萄酸(chī bu dào pútao shuō pútao suān) 포도를 먹을 수 없으니깐 포도가 시다고 말한다. 이솝우화에 나오는 말로, 자기가 가질 수 없게 된 것을 공연히 헐뜯고 비난하는 행위를 말한다.

29

男：最近忙什么呢？总见不到你。

女：忙着应聘找工作呢。

男：找到了没有？

女：________________。

(a) 八字还没一撇呢

(b) 情人眼里出西施啊

(c) 我对她是一往情深啊

(d) 睁一只眼闭一只眼呗

해설 취직을 하기 위해 무척 바쁜 나날을 보냈지만 아직 취업하지 못한 여자가, 직장을 구했냐는 남자의 물음으로 적절한 표현을 고르는 문제이다. 정답은 (a)이다. (d)는 여자가 앞서 말한 '忙着'와 위배되는 진술이기 때문에 정답이 될 수 없다. 한편 중국어에는 오랜 세월 문학작품이나 역사사건에서 비롯된 한문 투의 다량의 성어가 존재한다. 그 대부분은 서면어에서뿐 아니라 구어에서도 적극적으로 활용되고 있으므로, 중국어를 유창하게 하기 위해서는 이러한 성어를 많이 알고 있을 필요가 있다. 이 문항에도 '八字还没一撇', '一往情深', '情人眼里出西施', '睁一只眼闭一只眼'와 같은 성어가 사용되고 있다. 이를 이해하는 것이 문제풀이의 관건이라고 할 수 있다.

번역 남 : 최근에 무엇 때문에 바빴어? 도통 널 만나지 못했네.

여 : 사원모집공고를 보며 일자리를 찾느라 바빴어.

남 : 구했니?

여 : ________________________________.

(a) 운수가 아직 트이지 않았나봐

(b) 사랑에 빠지면 상대방이 온통 예뻐 보이게 마련이지

(c) 나는 그녀에게 갈수록 깊은 정을 느끼고 있어

(d) 대충 처리했어

자구 풀이

* 应聘(yìng pìn) 초빙에 응하다, 부름에 응하다.
* 八字还没一撇(bāzì hái méi yī piě) "八' 자에 필획 하나가 아직 없다'는 뜻으로, 아직 결말이 나지 않은 상황을 나타낸다. '撇'는 한자의 기본획 가운데 삐침(丿)을 가리킨다.
* 一往情深(yīwǎng-qíngshēn) 정이 매우 깊어지다, 애정이 갈수록 두터워지다.
* 情人眼里出西施(qíngrén yǎnli chū Xīshī) 사랑에 빠진 사람의 눈에는 상대방이 서시처럼 보인다. '西施'는 춘추전국시대 월(越)나라의 미인으로 당시 오(吴)나라의 왕인 부차(夫差)의 총애를 받았다는 전설적인 미녀이다. 사랑에 빠지면 상대방이 예쁘지 않은 곳이 없는 것처럼 보인다는 뜻이다.
* 睁一只眼闭一只眼(zhēng yī zhī yǎn bì yī zhī yǎn) '한쪽 눈은 감고 다른 쪽은 뜨고 있다'는 뜻에서 파생되어 '보고도 못 본 체하다', '일을 대충 처리하다'의 뜻으로 쓰인다. 여기서는 대화 상황에 맞춰 뒤의 뜻으로 풀었다.

30

女：哎，这次比赛你是评委吧？
男：怎么？你想走后门儿？
女：走什么后门儿，我又不参赛。
男：____________________。

(a) 那你是先斩后奏啊　　(b) 你还是一鼓作气吧
(c) 我总是拖你的后腿儿　　(d) 我总觉得你有点儿蹊跷

해설

자신과 관련 없는 일에 관심을 나타내는 여자에 대한 남자의 반응으로 적절한 것을 고르는 문제이다. 정답은 (d)이다. (a), (b), (c)는 대화 내용과 무관한 상황에 쓰이는 표현으로 정답이 될 수 없다. 한편 이 문항은 '走后门', '先斩后奏', '一鼓作气', '拖后腿'와 같은 숙어적인 표현과 성어를 이해해야 풀 수 있는 문제 유형이다.

번역

여 : 아, 이번 시합에 네가 선발위원회 위원이라면서?
남 : 왜 그러는데? 뒷거래를 하고 싶어서?
여 : 뒷거래는 무슨 뒷거래, 난 시합에 참여하지도 않아.
남 : ____.

(a) 그러면 너는 먼저 조치를 취하고 나중에 보고하려는 거구나
(b) 넌 그래도 단숨에 해치우는 것이 좋겠다
(c) 난 늘 너의 발목을 잡아 왔다
(d) 나는 늘 네 행동이 다소 이해가 안 될 때가 있어

자구 풀이

* 评委(píngwěi)　'评选委员会委员'의 줄임말. '评选委员会'는 평가와 추천을 통해 선발하는 위원회.
* 走后门(zǒu hòumén)　뒷거래를 하다.
* 先斩后奏(xiānzhǎn-hòuzòu)　먼저 참수하고 나중에 보고하다. 먼저 조치를 취한 후 나중에 보고한다는 뜻이다.
* 一鼓作气(yīgǔ-zuòqì)　단숨에 해치우다.
* 拖后腿(tuō hòutuǐ)　뒷다리나 뒷발을 잡아끌다, 발목을 잡아끌다.
* 蹊跷(qīqiao)　기괴한, 이상한. 여기서는 명사로 쓰여 이해되지 않는 행위를 가리킨다.

Part III

(31~40) 다음 대화를 잘 듣고 제시하는 질문에 대한 가장 적절한 응답을 고르시오.

31

男：欢迎光临！
女：这条连衣裙多少钱？
男：一千八百块。
女：便宜点儿怎么样？
男：你要是想要，就给一千五吧。
女：太贵了。

问：女的在做什么？

(a) 做饭。
(b) 看书。
(c) 买东西。
(d) 看电视。

해설

원피스를 구입하려는 여자와 점원인 남자 사이에 오간 흥정을 다룬 대화이다. 정답은 (c)이다.

번역

남 : 어서 오십시오.
여 : 이 원피스는 얼마죠?
남 : 1,800위안입니다.
여 : 싸게 해 줄 수 있어요?
남 : 사실 의향이 있으시면, 1,500위안에 드리지요.
여 : 너무 비싸요.

문제 : 여자는 무엇을 하고 있는가?

(a) 밥을 한다. (b) 책을 본다.
(c) 물건을 산다. (d) TV를 시청한다.

자구 풀이

* 欢迎光临(huānyíng guānglín) 식당이나 상점 등의 점원이 손님이 왔을 때 하는 인사말로, 직역하면 "왕림해 주심을 환영합니다."의 뜻이다.
* 连衣裙(liányīqún) 원피스.
* 要是(yàoshi) 만약. 가정을 나타내는 접속사.

32

女：我昨天半夜两点睡的。
男：干什么了？睡那么晚。
女：唉！明天就要考试了。
男：我一直劝你平时多复习，你就是不听。
女：现在是想听也晚了。
男：后悔了吧。

问：女的是怎么准备考试的？

(a) 考试前不复习。
(b) 考试前开夜车。
(c) 平时经常复习。
(d) 平时就很努力。

해설

여자는 평소에 열심히 공부하라는 남자의 조언을 듣지 않다가, 시험을 코앞에 두고서야 밤늦게까지 공부했지만 결국 후회하고 만다는 내용의 대화이다. 정답은 (b)이다. (a)는 일종의 함정으로, 시험 전 평소에 공부하지 않은 것은 맞지만, 시험 이틀 전에는 밤늦게까지 공부를 했다는 점에서 대화 내용에 위배되는 진술이다. 따라서 정답이 될 수 없다. (c), (d)는 대화의 내용과 위배된다.

번역

여 : 난 어제 밤 두 시에 잤어.
남 : 뭐 했길래? 그렇게 늦게 자다니.
여 : 어, 내일 시험 보거든!
남 : 내가 줄곧 평소에 열심히 공부하라고 해도, 내 말을 안 들었구나.
여 : 지금은 듣고 싶다고 해도 늦어 버렸어.
남 : 후회는 되는가 보구나.

문제 : 여자는 시험을 어떻게 준비했는가?

(a) 시험 전에는 공부하지 않았다.
(b) 시험 전에 밤늦게까지 공부했다.
(c) 평소에 늘 복습했다.
(d) 평소에 매우 노력하였다.

자구 풀이

* 半夜(bànyè) 한밤중.
* 复习(fùxí) 학습, 복습.
* 开夜车(kāi yèchē) 밤늦게까지 일이나 공부 따위를 하다, 밤을 새다.

33

男：广播里说什么？
女：广播说飞机要延误一个小时。
男：怎么会这样？
女：好像说是因为有大雾。
男：一个小时，怎么等啊！
女：没别的办法，你就等吧。

问：他们在哪儿说话？

(a) 在机场
(b) 在海边
(c) 在汽车站
(d) 在火车站

해설

비행기의 연착으로 인해 나누게 되는 대화이다. 연착은 기차나 배, 고속버스 등도 일어날 수 있으므로 지문에서 '飞机'라는 단어가 들렸다고 하여 공항이 반드시 답인 것은 아니다. 핵심적인 힌트는 '大雾'로서, 기차나 버스 등은 안개와 무관하게 운행되기 때문이다. 물론 배도 안개가 짙게 끼면 연착될 수도 있지만, (b)는 선착장[码头]이 아니라 '바닷가[海边]'라고 되어 있기 때문에 정답이 될 수 없다. 정답은 (a)이다.

번역

남 : 안내방송에서 뭐라고 했어?
여 : 비행기가 한 시간 연착된다는 안내방송이 나왔어.
남 : 어떻게 이럴 수가 있지?
여 : 짙은 안개 때문이라고 하는 듯해.
남 : 한 시간을 어떻게 기다려!
여 : 다른 방법이 없으니, 기다리자고.

문제 : 이들은 어디에서 대화하고 있는가?

(a) 공항에서 (b) 바닷가에서
(c) 버스터미널에서 (d) 기차역에서

자구 풀이

* 广播(guǎngbō) 방송. 여기서는 안내방송을 가리킨다.
* 延误(yánwù) 지체되다, 연착되다.
* 说是(shuō shì) ~라고 한다.
* 大雾(dàwù) 짙은 안개.

34

女：这本书你这么快就看完了？
男：哪儿啊，才看到一半儿。
女：那你干嘛还啊？
男：这儿的借书时间太短了，没看完就得还。
女：你办续借呀，可以延长一周呢。
男：那也看不完，算了。

问：他们在谈什么？

(a) 谈读书心得。
(b) 谈读书方法。
(c) 谈写作的事儿。
(d) 谈借书的事儿。

해설 도서관에서 빌린 책을 미처 다 읽지 못한 채로 다시 반납하게 된 상황에서 나눈 대화이다. 남자는, 대출한 책을 다 읽지 못한 채 반납하는 이유가 도서관의 대출기간이 너무 짧기 때문이며, 그렇기 때문에 다시 빌린다고 하여도 다 읽기 힘들 것이라고 말하고 있다. 따라서 정답은 (d)이다.

번역 여 : 이 책을 넌 이렇게 빨리 다 본 거니?
남 : 뭘, 겨우 반 봤는걸.
여 : 근데 넌 왜 반납하는 거야?
남 : 여기는 도서 대출기간이 너무 짧아. 다 못 봐도 반납해야만 해.
여 : 도서 대출 신청을 다시 하면 일주일간 연장할 수 있어.
남 : 그렇게 해도 다 못 봐. 됐어.

문제 : 이들은 무엇에 대해 얘기하고 있는가?

(a) 책 읽고 깨달은 것에 대해 얘기하고 있다.
(b) 독서 방법에 대해 얘기하고 있다.
(c) 창작에 대한 일을 얘기하고 있다.
(d) 도서 대출에 대한 일을 얘기하고 있다.

자구 풀이

* 干嘛(gànmá) 도대체 왜, 어쩌자고.
* 延长(yáncháng) 연장하다.
* 续借(xùjiè) 도서 대출 신청을 다시 하다, 갱신하다.
* 心得(xīndé) 마음으로 깨달은 것, 심득.

35

男：下课以后你干什么？
女：我想寄封挂号信。
男：那我陪你去吧。
女：不用了，总麻烦你。
男：没事儿，我顺便买邮票。
女：好，一起去吧。

问：下课后他们要去哪儿？

(a) 银行
(b) 饭店
(c) 医院
(d) 邮局

해설 대화에 나오는 '寄封挂号信', '买邮票' 등의 표현을 통해 이들이 가고자 하는 곳을 유추하는 문제이다. 정답은 (d)이다.

번역 남 : 수업 후에 뭐 할 거니?
여 : 등기우편을 부칠 거야.
남 : 같이 가 줄게.
여 : 됐어, 늘 네게 폐를 끼쳐서 말이야.
남 : 괜찮아. 그 김에 나도 우표 좀 사려고.
여 : 좋아, 그럼 같이 가자.

문제 : 수업 후 그들은 어디에 가려고 하는가?

(a) 은행 (b) 식당
(c) 병원 (d) 우체국

자구풀이
* 挂号信(guà hào xìn) 등기우편.
* 顺便(shùnbiàn) ~하는 김에.

36

女：这双靴子又是新买的？
男：怎么样，不错吧？这可是最新款式。
女：你一发工资就手痒痒，上星期不是买了一双了吗？
男：那个早过时了。
女：你就省点儿钱吧，有的穿就行了。
男：每天穿一样的鞋，那多没面子呀！

问：女的认为男的是一个什么样的人？

(a) 是个勤俭持家的人。
(b) 是个多才多艺的人。
(c) 是个大手大脚的人。
(d) 是个不爱赶时髦的人。

해설

여자가 남자와 나눈 대화를 통해 남자의 성품을 유추하는 문제로, 대화 내용을 통해 남자가 낭비벽과 과시욕이 있음을 파악하는 것이 문제풀이의 관건이다. 정답은 (c)이다. (a)는 일주일 전에 산 구두를 유행이 지났다고 안 신겠다는 대화의 내용에 위배되고, (b)는 대화의 내용만으로는 알 수 없는 진술이므로 정답으로 확정할 수 없다. (d)는 돈 좀 아껴 쓰라는 여자의 언급에 위배된다.

번역

여 : 이 부츠 또 새로 산 것이지?
남 : 어때, 괜찮지? 이건 정말 최신 모델이야.
여 : 당신 월급을 타자마자 손이 근질근질했구먼. 지난주에도 한 켤레 샀잖아?
남 : 그건 벌써 유행이 지났지.
여 : 당신 돈 좀 아껴. 있는 것 신으면 되는 거야.
남 : 매일 똑같은 신발을 신는 것이 얼마나 체면 깎이는 일인데!

문제 : 여자는 남자를 어떠한 사람이라고 생각하는가?

(a) 검소하게 집안 살림을 꾸려 가는 사람이다.
(b) 다재다능한 사람이다.
(c) 낭비를 많이 하는 사람이다.

(d) 유행 좇는 것을 싫어하는 사람이다.

자구 풀이

* 靴子(xuēzi) 부츠.
* 款式(kuǎnshì) 타입, 모델.
* 发工资(fā gōngzī) 월급을 타다.
* 痒痒(yǎngyang) 근질근질하다. 가렵다.
* 过时(guòshí) 구식이다, 유행이 지나다.
* 没面子(méi miànzi) 체면이 깎이다.
* 勤俭(qínjiǎn) 근검하다, 검소하다.
* 持家(chíjiā) 가계를 꾸리다, 집안 살림을 돌보다.
* 多才多艺(duōcái-duōyì) 다재다능하다.
* 大手大脚(dàshǒu-dàjiǎo) 지나치게 낭비하다.
* 赶时髦(gǎn shímáo) 최신 유행을 좇다.

37

男：怎么这么早就回来了？
女：今天我特意提前下班。
男：怎么了？
女：想给您做长寿面呀！
男：爸爸都这把年纪了，不过也行。
女：那不行！我还买了蛋糕和蜡烛呢。

问：今天是什么日子？

(a) 女儿的生日
(b) 爸爸的生日
(c) 女儿的结婚纪念日
(d) 爸爸的结婚纪念日

해설

아버지의 생신상을 차려드리기 위해 평소보다 일찍 퇴근한 딸이 아버지와 나누는 대화이다. 이를 통해 남자와 여자의 관계와 화제를 파악하는 문제이다. 정답은 (b)이다.

번역

남 : 웬일로 이렇게 일찍 들어왔니?
여 : 오늘은 특별히 일찍 퇴근했어요.
남 : 왜?
여 : 아빠께 장수를 기원하는 국수를 만들어 드리려고요.
남 : 아빠는 벌써 이 나이가 되었으니 생일 안 챙겨도 된단다.
여 : 안 돼요. 제가 케이크와 초도 벌써 샀거든요.

문제 : 오늘은 어떤 날인가?

(a) 여자의 생일
(b) 아빠의 생신
(c) 여자의 결혼기념일
(d) 아빠의 결혼기념일

자구 풀이

* 特意(tèyì) 특별히, 일부러.
* 提前(tíqián) 미리, 시간을 앞당겨서.
* 这把年纪(zhè bǎ niánjì) 이 나이. '把'는 나이에 쓰이는 양사.
* 过(guò) (어떤 처리나 과정을) 밟다, 거치다. 여기서는 생일을 기념하는 행위나 행사를 치른다는 뜻.
* 蜡烛(làzhú) 초, 양초.

38

女：行李都收拾好了吗？
男：都收拾好了。
女：哪天回国？
男：大概下月初吧。
女：回国前别忘了打电话，我去接你。
男：不用了，我又不是找不着家。

问：女的是一个什么样的人？

(a) 为人师表的人
(b) 料事如神的人
(c) 体贴入微的人
(d) 精打细算的人

해설

대화 내용을 토대로 여자의 성격을 파악하는 문제이다. 정답은 (c)이다. (d)는 주로 성격이나 성품보다는, 일을 주도면밀하게 계획하고 따질 줄 아는 능력을 가리킨다. 이 문항은 사자성어의 쓰임새를 많이 그리고 정확히 알고 있어야 비교적 수월하게 풀 수 있는 유형의 문제이다.

번역

여 : 짐은 다 쌌니?
남 : 다 쌌어.
여 : 언제 귀국해?
남 : 대략 다음 달 초쯤.
여 : 귀국하기 전에 전화 주는 거 잊지 마. 내가 마중하러 나갈게.
남 : 됐어. 내가 집을 못 찾는 것도 아닌데!

문제 : 여자는 어떠한 사람인가?

(a) 타인에게 사표가 될 만한 사람
(b) 앞일을 기가 막히게 잘 예측하는 사람
(c) 매우 섬세하게 배려해 주는 사람
(d) 주도면밀하게 계산하는 사람

자구 풀이

* 师表(shībiǎo) 전범이나 모범이 되는 스승.
* 料事如神(liàoshì-rúshén) 신처럼 앞일을 잘 예측하다.
* 体贴入微(tǐtiē-rùwēi) 섬세하게 배려하다.
* 精打细算(jīngdǎ-xìsuàn) 주도면밀하게 계산하다.

39

男：周围的同事都买车了，咱们也买一辆吧。
女：哪儿有钱啊！房子贷款都没还清呢。
男：不就剩一点儿了吗？没负担。
女：你呀，没看到路上每天都堵车吗？
男：那也比挤公交车强啊！
女：挤就挤点儿吧，反正不行。

问：根据上段对话，女的为什么反对买车？

(a) 汽油价格过高。
(b) 公交车太拥挤。
(c) 车多会污染空气。
(d) 经济条件不允许。

해설 자동차를 구입하자는 남자의 제안에 대해 여자가 반대하는 까닭을 찾는 문제이다. 정답은 (d)이다.

번역

남 : 주위의 동료들은 다 차를 샀어, 우리도 차 한 대 사자.
여 : 돈이 어디 있다고! 집값 대출받은 것도 아직 다 갚지 못했어.
남 : 조금밖에 안 남았잖아? 별로 부담되지 않아.
여 : 당신 말이야, 매일 도로에 차가 막히는 거 보지 못했어?
남 : 그거야 대중교통이 붐비는 것에 비하면 약과지.
여 : 붐벼 봤댔자 조금 붐비는 거겠지. 아무튼 안 돼.

문제 : 대화로 보건대, 여자는 왜 차량 구입을 반대하는가?

(a) 기름 값이 너무 비싸서.
(b) 대중교통이 너무 붐벼서.
(c) 차가 많으면 공기가 오염될 수 있으므로.
(d) 경제 여건이 허락하지 않아서.

자구 풀이

* 贷款(dàikuǎn) 대출, 융자.
* 还清(huánqīng) 빚 따위를 청산하다, 다 갚다. '清'은 결과보어로 동작이나 행위의 결과 흐릿한 것이 분명해지거나 혼탁한 것이 깨끗해지는 것을 표시한다. 여기서는 빚이 깨끗하게 정리된 것을 비유적으로 표현한 것이다.
* 不就剩一点儿了吗 조금밖에 안 남았잖아? '剩一点儿'은 집값 대출금이 조금 남아 있다는 뜻이다. '剩(shèng)'은 '남다, 여유가 있다'.
* 堵车(dǔ chē) 차가 정체되다, 정체로 인해 길이 막히다.
* 那也比挤公交车强啊 직역하면 "그것은 그래도 대중교통이 붐비는 것에 비해선 훨씬 낫지!"라는 뜻이다. '挤(jǐ)'는 '붐비다, 꽉 차다', '公交(gōng-jiāo)'는 '公共交通'의 줄임말로 시내버스와 같은 대중교통을 가리킨다. '强(qiáng)'은 비교구문에 사용되어 '낫다, 좋다, 우월하다' 정도의 뜻으로 쓰인다.
* 汽油(qìyóu) 휘발유, 가솔린.
* 拥挤(yōngjǐ) 꽉 끼다, 빽빽이 들어차다.
* 允许(yǔnxǔ) 허락하다, 허용하다.

40

女：那个售货员太气人了！
男：怎么了？
女：我买的数码相机才两天就坏了。
男：那应该给你换一个。
女：别提了，白受了一肚子气。
男：算了算了，就算破财免灾吧。

问：根据上段对话，女的换相机了吗？

(a) 换成了，但是很生气。
(b) 换成了，所以很高兴。
(c) 没换成，而且很生气。
(d) 没换成，但是很高兴。

해설

대화의 내용을 전체적으로 파악한 후 물음에 답하는 문제이다. 이틀 만에 고장 난 디지털 카메라를 바꾸지 못하여 화가 난 여자에게 남자가 액땜한 셈 치라며 위로하는 내용의 대화이다. 마땅히 바꿔 줘야 된다는 남자의 말에 대해 목적도 못 이루고 공연히 화만 치밀어 올랐다는 여자의 대답을 통해 여자가 디지털 카메라를 바꾸지 못했음을 알 수 있다. 따라서 정답은 (c)이다.

번역

여 : 그 판매원 정말 사람 화나게 하네!
남 : 왜 그래?
여 : 내가 산 디지털 카메라가 고작 이틀 만에 고장이 났어.
남 : 그럼 마땅히 바꿔 줘야지.
여 : 말도 마, 괜히 모욕만 잔뜩 당했다니까.
남 : 됐어, 됐어. 돈 들여 액땜한 셈 치라고.

문제 : 대화로 보건대, 여자는 카메라를 바꿨는가?

(a) 바꿨지만 매우 화가 났다.
(b) 바꿨고 그래서 매우 기뻐한다.
(c) 못 바꿨고 그리고 매우 화가 났다.
(d) 못 바꿨지만 매우 기뻐한다.

자구 풀이

* 气人(qì rén) 짜증나게 하다, 화나게 하다.
* 数码相机(shùmǎ xiàngjī) 디지털 카메라.
* 才(cái) 부사로 시간사 앞에 오면 시간적으로 이름을 나타내고, 시간사 뒤에 오면 시간적으로 늦음을 나타낸다. 여기서는 시간사 앞에 왔으므로 예상이나 기대했던 것보다 시간적으로 빠름을 표시해 준다. 우리말로는 '벌써, 고작' 등으로 옮길 수 있다.
* 白(bái) 괜히, 공연히.
* 受了一肚子气 모욕을 잔뜩 당하다. '受气(shòuqì)'는 '모욕을 당하다', '一肚子(yī dùzi)'는 '배 가득히'라는 뜻에서 파생되어 많음을 나타낸다.
* 破财免灾(pò cái miǎn zāi) 돈을 써서 화를 면하다. 돈 들여 액땜하다.

Part IV

(41~50) 다음 글을 듣고 제시하는 질문에 대한 가장 적절한 답을 고르시오.

41

在我家，爸爸喜欢打网球，妈妈爱唱歌。哥哥呢，更是篮球、排球不离手。我嘛，最喜欢画画儿，不过我画得不太好。

问：上段话主要说的是什么内容？

(a) 谈工作。
(b) 谈学习。
(c) 谈运动。
(d) 谈爱好。

해설 가족들의 취미에 대해 소개하고 있는 지문이다. 이와 관련된 화제를 찾는 문제로, 정답은 (d)이다.

번역 우리 집에서는, 아버지는 테니스를 좋아하시고 어머니는 노래를 즐겨 부르신다. 형은, 농구와 배구는 더욱이 손에서 놓지 않는다. 나는 그림 그리기를 가장 좋아하지만 잘 그리지는 못한다.

문제 : 윗글에서 주로 설명한 것은 무슨 내용인가?

(a) 직업에 대해 설명했다.
(b) 학습에 대해 설명했다.
(c) 운동에 대해 설명했다.
(d) 취미에 대해 설명했다.

자구풀이 * 离手(lí shǒu) 손을 떠나다. 곧 '손에서 놓다'.

42

小姐，现在是上下班高峰时间，车太多了，我是想走也走不了啊。您催我也没用，我开得再快七点半也到不了火车站。我看您还是下车坐地铁去吧。

问：说话人的职业是什么？

(a) 饭店的厨师
(b) 出租车司机
(c) 地铁清洁工
(d) 报社的记者

해설

지문에서 화자는, 출퇴근 시간에 택시를 탄 승객에게 길이 많이 막히니 제 시간에 목적지까지 가려면 지하철을 타고 가는 것이 가장 좋겠다는 권유를 하고 있다. 이를 통해 화자의 직업을 유추하는 문제이다. 정답은 (b)이다.

번역

아가씨, 지금은 출퇴근 시간이어서 차가 너무 많아요. 저야 가고 싶지만 갈 수 없는 상황입니다. 당신께서 저를 재촉해도 소용이 없어요. 제가 더 빨리 몬다고 해도 7시 30분까지 기차역에 도착할 수는 없습니다. 제 생각에 그래도 차에서 내려 지하철을 타고 가시는 게 좋을 듯합니다.

문제 : 화자의 직업은 무엇인가?

(a) 식당 주방장　　(b) 택시기사
(c) 지하철 청소부　　(d) 신문사 기자

자구풀이

* 高峰时间(gāofēng shíjiān) 고조기, 최고점에 도달한 시기.
* 走也走不了 가려고 해도 갈 수 없다. '也'는 어기조사로 '~라도, ~하든'의 뜻. '走不了'는 가능보어의 부정형이고 '了'는 동작의 목표를 완수할 수 없음을 나타내는 가능보어이다.
* 催(cuī) 채근하다, 재촉하다.
* 清洁工(qīngjiégōng) 청소부.
* 报社(bàoshè) 신문사, 잡지사.

43

洋葱是人们经常食用的一种蔬菜，有些高血压病人还把洋葱当成一种民间秘方，作为药物使用。但医生告诫那些患急慢性肠炎或有脱水现象的病人要慎食洋葱。

问：根据上段话，洋葱可以治疗什么病？

(a) 高血压
(b) 阑尾炎
(c) 慢性胃炎
(d) 急性肠炎

해설

지문에서는 양파를 사용한 민간요법이 설명되어 있다. 정답은 (a)이다. 지문에는 (b)와 (c)에 대한 언급이 없고, (d)는 양파를 삼가야 하는 경우이다.

번역

양파는 사람들이 늘 먹는 채소의 하나로, 고혈압 환자들은 또한 양파를 민간요법으로 여겨 약물로 사용한다. 그러나 의사들은 급성 · 만성 장염을 앓거나 탈수 현상을 보이는 환자들은 양파를 조심해서 먹으라고 권고한다.

문제 : 윗글에 따르면 양파는 어떤 병을 치료할 수 있는가?

(a) 고혈압
(b) 맹장염
(c) 만성위염
(d) 급성장염

자구풀이

* 当成(dàng chéng) ~라고 간주하다, 여기다. 여기서 '成'은 동작의 결과로 어떠어떠하게 되거나 변함을 나타낸다.
* 民间秘方(mínjiān mìfāng) 민간에 전해 오는 비방. 민간요법.
* 作为(zuòwéi) ~로서, ~로 삼다.
* 告诫(gàojiè) 권고하다, 주의를 주다.
* 慎(shèn) 삼가다, 조심하다.
* 阑尾炎(lánwěiyán) 맹장염, 충수염.

44

我这次去出差，住的是三星级宾馆的单人间。这家宾馆的环境十分优雅，还免费提供早餐，结账的时候，他们又给我打了个九折，我简直是满意极了。

问：下面哪一项符合上段话的内容？

(a) 我住的是五星级宾馆。
(b) 结账时宾馆给我打了八折。
(c) 房费里含早餐，使我很满意。
(d) 宾馆的环境不错，就是早餐太贵。

해설

출장 동안에 묵은 호텔에 대하여 칭찬하는 내용의 지문이다. 이러한 지문 내용과 부합하는 답안을 고르는 문제이다. 정답은 (c)이다. (a)와 (b), (d)는 지문의 내용과 위배되는 내용을 담고 있다. 호텔을 정할 때에는 일반적으로 아침식사의 포함 여부, 객실료의 할인 여부를 주로 확인한다는 상식을 알면 문제풀이에 도움이 될 수도 있다.

번역

내가 이번에 출장을 가서 묵은 데는 3성급 호텔의 1인실이었다. 이 호텔은 환경이 매우 좋았던데다가 아침식사를 무료로 제공해 주었으며, 정산할 때 10% 할인도 해 주어서 나는 참으로 지극히 만족스러웠다.

문제 : 다음 중 윗글의 내용과 부합하는 것은?

(a) 내가 묵었던 곳은 5성급 호텔이었다.
(b) 정산할 때 호텔 측이 나에게 20%를 할인해 주었다.
(c) 객실료에는 아침식사가 포함되어 있어서 나는 매우 만족했다.
(d) 호텔의 환경은 괜찮았지만, 아침식사 가격이 너무 비쌌다.

자구 풀이

* 出差(chūchāi) 출장. 업무로 인한 여행.
* 结账(jiézhàng) 결산하다, 정산하다.
* 打折(dǎ zhé) 할인해 주다. 보통 '打+숫자+折'의 형태로 쓰여, 전체 가격 중 그 숫자에 해당하는 비율만큼만 받는다는 뜻으로 쓰인다.
* 简直(jiǎnzhí) 그야말로, 정말로.
* 房费里含早餐，使我很满意 직역하면 "객실료에 아침식사가 포함됨은 나로 하여금 매우 만족케 했다."라는 뜻이다. 위의 번역에서 자연스런 우리말로 바꾸어 번역하였다. 중국어의 사역형 문장을 한국어로 번역할 때에는 능동형으로 바꿔 주는 것이 자연스러울 때가 많다.

45

中国各地有不同的风味。一般来说，南方菜甜，北方菜咸，川菜辛辣，粤菜清淡；南方人爱吃米饭，北方人爱吃面食。因此形成了不同的菜系，有“八大菜系”的说法。

问：上段话的话题是什么？

(a) 中国的武术
(b) 中国北方菜味儿
(c) 中国的名胜古迹
(d) 中国饮食的特点

해설

이 문항은 지문의 내용을 정확하게 파악한 후 이를 근거로 정답을 찾는 문제이다. 지문은 중국의 경우 지역별로 고유한 풍미를 지닌 음식이 존재한다는 내용이므로, 정답은 (d)이다. (b)의 경우, 지문에서 중국 북방 요리의 맛에 대해서만 설명하고 있지는 않기 때문에 정답이 될 수 없다. 나머지 (a)와 (c)는 지문과 무관한 내용이며, 지문에서 중국의 지역 이름이 나온다고 하여 명승고적에 대한 내용이라고 유추하는 함정에 빠지지 않도록 유의해야 한다.

번역

중국은 각 지역마다 음식의 맛이 서로 다르다. 일반적으로 말하자면, 남방 요리는 달콤하고, 북방 요리는 짜며, 쓰촨 요리는 아리고 매우며, 광둥 요리는 시원하고 담백하다. 또한 남방 사람들은 쌀밥을 즐겨 먹고, 북방 사람들은 면을 즐겨 먹는다. 그래서 서로 다른 요리 계통이 형성되어, ‘8대 요리 계통’과 같은 말이 생겨났다.

문제 : 윗글의 화제는 무엇인가?

(a) 중국의 무술
(b) 중국 북방요리의 맛
(c) 중국의 명승고적
(d) 중국 음식의 특징

자구 풀이

* 风味(fēngwèi) 음식 고유의 맛.
* 川菜(chuān cài) 쓰촨(四川) 일대의 요리.
* 辛辣(xīnlà) 아리고 맵다.
* 粤菜(yuè cài) 광둥(广东) 일대의 요리. '粤'는 광둥 일대를 가리키는 지명.
* 菜系(cài xì) 요리의 계통 또는 체계.
* 菜味儿(càiwèir) 요리의 맛.

46

这座规模庞大的海洋馆开张后，昂贵的门票使很多人望而止步，开馆一年，门可罗雀。百般无奈，他们索性改变经营策略，规定儿童参观一律免费。一个月后，海洋馆终于起死回生。

问：根据上段话，海洋馆的经营新策略是什么？

(a) 免收儿童门票
(b) 降低门票价格
(c) 扩大海洋馆的规模
(d) 游人一律免费入场

해설 해양 수족관의 운영 전략을 바꿈으로써 경영위기를 넘길 수 있었다는 내용의 지문이다. 이러한 내용에 부합하는 답안을 고르는 문제로, 어린이들에게 일률적으로 입장료를 면제해줬다는 내용을 파악하는 것이 문제풀이의 관건이다. 정답은 (a)이다. (b), (c), (d)는 지문의 내용과 부합하지 않는다.

번역 규모가 엄청나게 큰 이 해양 수족관이 개장된 후, 많은 사람들은 무척 비싼 입장료로 인해 쳐다만 봤지 찾지는 않아서, 개관 일 년이 되었지만 찾아오는 사람은 거의 없었다. 온갖 방법을 써 봐도 어쩔 수가 없게 되자, 그들은 아예 경영 전략을 바꿔 어린이가 참관할 때에는 일률적으로 입장료를 면제해 주기로 정했다. 일 개월 후 해양 수족관은 드디어 기사회생하였다.

문제 : 윗글에 따르면, 해양 수족관의 새로운 경영전략은 무엇인가?

(a) 아동의 입장료를 면제하는 것
(b) 입장료를 낮추는 것
(c) 해양 수족관의 규모를 확대하는 것
(d) 관람객을 일률적으로 무료로 입장시키는 것

자구 풀이

* 开张(kāizhāng) 개장하다, 영업을 개시하다.
* 望而止步(wàng ér zhǐ bù) (위험 · 곤경 혹은 힘이 닿지 않을 듯한 일을) 보는 대로 뒷걸음질치다.
* 门可罗雀(mén kě luó què) 문 바깥에 참새를 잡는 그물을 설치해도 된다. 찾아오는 사람 없이 한산한 모양을 비유한 말이다.
* 百般(bǎibān) 각양각색의 방식. 여러 가지 방안을 써 보다.
* 无奈(wúnài) 방도가 없다. 어쩔 수가 없다.
* 索性(suǒxìng) 차라리, 아예.
* 一律(yīlǜ) 일률적으로, 일괄해서.
* 起死回生(qǐsǐ-huíshēng) 죽음 문턱에서 다시 살아나다.
* 免收(miǎn shōu) 징수를 면제하다.

47

老张最近很怕回家，家里老坐着些求他办事的、替别人来送礼的亲戚朋友。既不能撕破脸皮把他们大骂一顿，也不能开空头支票说一定能帮忙，真让他头疼。没办法了，他只好把门一锁，来了空城计，和老伴一起住到了女儿家。

问：老张为什么使出了"空城计"？

(a) 家里人多，住不开。
(b) 老张是个"妻管严"。
(c) 为了躲避求他办事、送礼的人。
(d) 老张最近头很疼，不得不住院。

해설 이 문항은 지문의 내용을 토대로 老张이 왜 '空城计'를 쓰게 되었는지를 파악하는 문제이다. 집에는 늘 자신을 번거롭게 하는 사람들이 기다리고 있기 때문에 일부러 대문을 걸어 잠그고 딸의 집에서 머문다는 내용으로 보건대, 정답은 (c)이다. (a)의 경우는 '家里人多'까지는 정답이지만, 다음 구절인 '住不开'는 지문에서 언급되지 않은 내용이므로 정답이 될 수 없다. (b)와 (d)는 지문에서 언급되지 않은 사항이므로 정답이 아니다. 한편 이 문항은 '空城计'의 뜻을 몰라도, 전후 문맥을 통해 충분히 정답을 고를 수 있도록 설계된 문제이다.

번역 라오장은 근자에 귀가하기를 매우 두려워한다. 집에는 늘 그에게 일 처리를 부탁하는 사람들과 다른 사람을 대신해서 선물을 가져오는 친척과 친구들이 앉아 있다. 인정사정 보지 않고 그들에게 한바탕 욕설을 퍼붓지도 못하고, 반드시 도와줄 거라는 공수표를 끊을 수도 없어서, 그는 정말이지 골머리를 앓는다. 이렇다 할 방법이 없어서 그는 그저 문을 걸어 잠가 두고 '공성계'를 쓰고는 부인과 함께 딸의 집에서 거주한다.

문제 : 라오장은 왜 '공성계'를 쓰게 되었는가?

(a) 집에 사람이 많아서 살 수 없어서.
(b) 라오장이 공처가라서.
(c) 그에게 일처리를 부탁하고 선물을 가져오는 사람을 피하기 위해서.

(d) 라오장은 최근에 머리가 너무 아파서 입원을 할 수밖에 없어서.

자구 풀이

* 既…, 也~ …하고 또한 ~하다.
* 撕破脸皮(sīpòliǎnpí) 상대방의 사정을 전혀 고려하지 않다. 인정사정 보지 않다.
* 空头支票(kōngtóu zhīpiào) 공수표. 말과 행동이 일치되지 않음을 비유.
* 空城计(kōngchéngjì) 본래는『삼국지(三国志)』에서 제갈량(诸葛亮)이 썼던 계책으로, 자신의 부족한 역량을 감추고 상대를 속여 물러가게 하는 꾀를 말한다. 여기서는 글자 그대로의 뜻 곧 '성을 비워 두다'는 의미로 사용됐다. 여기서 '城'은 집을 비유적으로 표현한 것이다.
* 住不开(zhù bu kāi) 살 수 없다. 불가능을 나타내는 가능보어구문으로 주로 사람 수가 많아서 살 수 없는 경우에 사용된다. '开'는 보어로 쓰여 건물이나 장소 등의 수용 가능함을 나타내 준다.
* 妻管严(qīguǎnyán) '아내의 관리가 엄격하다'는 뜻으로 '공처가'라는 표현이다.
* 躲避(duǒbì) 피하다, 숨다.

48

我选择对象的条件不高。请你帮我介绍一个身高一米八、长得一表人才、工作稳定、经济条件好的男朋友。男方有没有房子无所谓，住我家就行，我那儿挺宽敞的。不过学历一定要大学毕业。学历相同才有共同语言嘛！

问：根据上段话，女的择偶时看重什么？

(a) 看重男方的文凭。
(b) 看重男方有无房产。
(c) 看重男方父母的职业。
(d) 看重男方的道德修养。

해설

지문에서는 한 여성이 자신이 설정한 배우자의 조건에 대해 설명하고 있다. 이를 바탕으로 물음에 맞는 답변을 고르는 문제이다. 정답은 (a)이다. 지문에서 남자 측의 부동산에 대한 언급이 나와 있지만, 여자는 없어도 무방하다고 말했으므로 (b)는 정답이 아니며, (c)와 (d)는 지문에서 언급되지 않은 사항이다.

번역

제가 배우자를 선택하는 조건은 높지 않습니다. 저에게 신장이 180㎝이고, 용모가 수려하게 생겼으며, 안정적인 직업과 경제적 여건이 좋은 남자친구를 소개해 주십시오. 남자 측이 집을 소유하고 있는지는 상관없으니, 우리 집에서 살아도 됩니다. 제가 있는 곳은 매우 넓습니다. 그러나 학력은 반드시 대졸이어야 합니다. 학력이 같아야 공통의 화젯거리가 생기거든요.

문제 : 윗글에 따르면 여성이 배우자를 고를 때 무엇을 중시하는가?

(a) 남자 측의 대학 졸업장을 중시한다.
(b) 남자 측의 부동산 소유를 중시한다.
(c) 남자 측 부모의 직업을 중시한다.
(d) 남자 측의 도덕 수양을 중시한다.

자구
풀이

* 对象(duìxiàng) 상대, 배우자.
* 一表人才(yī biǎo réncái) 용모가 수려한 인물을 말함.
* 无所谓(wúsuǒwèi) '没关系'나 '不在乎' 등과 같은 뜻.
* 宽敞(kuānchang) 넓다.
* 择偶(zé ǒu) 배우자를 고르다.
* 房产(fángchǎn) 부동산.
* 文凭(wénpíng) 증빙문건. 여기서는 졸업장.

49

奥运会举办城市投票选举活动将在世贸中心举行。届时，会场附近将临时实行交通管制，没有特别通行证的车辆只能绕道而行。记者今日赶到世贸中心时，发现附近的警察和安全保卫人员比前两天明显增多，进门时的安检也更加严格。据有关人士透露，本次活动的所有准备工作已一切就绪，并强调该市将动用4000多名警察和安全保卫人员，为参加本次活动的数千名各方客人提供安全保障。

问：根据上段话，这次活动将会怎样进行？

(a) 将会有条不紊地进行。
(b) 将会出现频繁的恐怖事件。
(c) 活动过程中将会出现各种交通事故。
(d) 会因准备不足，而招致各方客人的非难。

해설 지문에서는 올림픽 개최지 선정투표를 안전하고도 원만하게 진행하기 위해 어떤 준비를 하였는지에 대한 내용이 나온다. 이를 토대로 물음에 맞는 답을 찾는 문제이다. 정답은 (a)이다. (b), (c), (d)는 지문의 내용과 논리적으로 상치되는 추론이다. 이 문항은 '有条不紊'라는 사자성어를 몰라도 지문과 답지의 내용을 정확하게 들으면 충분히 풀 수 있도록 설계되어 있다는 점에서, 난이도가 높은 문제는 아니다.

번역 올림픽 개최도시 선정 투표는 세계무역센터에서 열린다. 투표일이 되면, 회의장 부근에서는 임시 교통통제가 실시되어 특별한 통행증이 없는 차량은 도로를 우회하여 가야 한다. 기자들은, 오늘 세계무역센터에 도착했을 때 부근의 경찰과 안전요원이 이틀 전에 비해 확연하게 늘어났음과, 정문 통과 시의 안전검사 또한 더욱 엄격해졌음을 알게 되었다. 관계자가 밝힌 바에 따르면, 이번 선정투표에 필요한 모든 준비 작업은 이미 다 마쳤다고 한다. 또한 이번 선정투표에 참여하는 수천 명의 각지에서 온 손님들에게 안전보장을 제공하기 위하여, 이 도시에서 4,000여 명의 경찰과 안전요원을 동원했음을 강조했다.

문제 : 윗글에 따르면, 이번 선정투표는 향후 어떻게 진행될 것 같은가?

(a) 일사불란하게 진행될 것이다.
(b) 잦은 테러 사건이 발생할 것이다.
(c) 선정투표 과정에서 각종 교통사고가 발생할 것이다.
(d) 준비가 부족한 관계로 각지에서 온 손님들의 비난을 초래할 것이다.

자구 풀이

* 奥运会(àoyùnhuì) 올림픽.
* 举办(jǔbàn) 거행하다, 개최하다.
* 投票选举活动(tóupiào xuǎnjǔ huódòng) 선정 투표. 여기서 '活动'의 뜻은 '선정 투표'에 포함되어 있기 때문에 굳이 해석하지 않아도 된다.
* 世贸中心(shìmào zhōngxīn) 세계무역센터.
* 届时(jièshí) 때가 되다, 그때에.
* 管制(guǎnzhì) 통제하다, 제어하다.
* 绕道(ràodào) 도로를 우회하다.
* 安全保卫人员(ānquán bǎowèi rényuán) 안전을 지키는 사람들. 곧 안전요원.
* 安检(ān-jiǎn) '安全检查'의 줄임말. 안전검사.
* 透露(tòulù) 밝히다, 토설하다.
* 一切就绪(yīqiè jiù xù) 모든 것이 완비되다, 필요한 모든 것이 갖춰져 있다.
* 各方(gè fāng) 각 지역.
* 有条不紊(yǒutiáo-bùwěn) 일사불란하다.
* 频繁(pínfán) 빈번하게, 자주.
* 恐怖事件(kǒngbù shìjiàn) 테러 사건.
* 招致(zhāozhì) 야기하다, 초래하다.

50

回顾这支羽毛球队走过的道路，可谓是历尽沧桑。一度曾从巅峰跌至谷底，但他们没有气馁，在进行了一番大调整以后，脱胎换骨，立志横扫世界羽坛。目前，该队可说是战无不胜、所向披靡。他们除了创纪录地连夺四届苏迪曼杯、并在悉尼奥运会上勇夺四枚金牌外，还多次在世界锦标赛、世界杯赛上夺得除男子双打外的各项冠军。这支球队的领队表示，他们现在只剩下最后一个目标，那就是摘下象征当今国际羽坛男子团体最高荣誉的汤姆斯杯赛的桂冠。

问：下面哪一项符合上段话的内容？

(a) 该队是初生牛犊不怕虎。
(b) 该队的整体实力不断下降。
(c) 该队已重返世界羽坛领先地位。
(d) 该队首次获得汤姆斯杯赛的冠军。

해설 지문의 내용과 부합하는 진술을 선택지 가운데서 찾는 문제이다. 지문 앞부분에는 이 배드민턴 팀이 꼴찌로 추락한 적이 있다는 진술이 나오지만, 연이어 면모를 일신한 이 팀이 각종 세계대회에서 우승을 차지했다는 진술이 나온다. 그리고 세계 최고의 권위를 자랑하는 토머스 컵 대회에서 우승하는 것이 최종 목표라는 진술이 잇따라 나온다. 따라서 정답은 (c)이다. (a)는 '历尽沧桑'이란 진술에, (b)는 '战无不胜, 所向披靡'라는 진술에 위배되며, (d)도 지문의 내용에 위배되므로 모두 정답이 될 수 없다.

번역 이 배드민턴 팀이 걸어왔던 길을 돌아보면 온갖 풍상을 다 겪었다고 할 만하다. 한때 정상에서 꼴찌로 추락한 적도 있었지만, 그들은 좌절하지 않고 한바탕 대대적으로 정비를 행한 후, 면모를 일신하고는 세계 배드민턴 무대를 평정한다는 목표를 세웠다. 현재 이 팀은 싸우는 족족 승리하고 있으며 발길 닿는 곳마다 모조리 휩쓸고 있다. 그들은 기록적으로 수디르만 컵 대회에서 연속 4회 우승하고 시드니 올림픽에서 4개의 금메달을 딴 것 외에도, 여러 차례 세계 챔피언십 대회와 세계대회에서 남자 복식을 제외한 각 부문에서 우승하였다. 이 구기 팀의 감독은, 그들에게는 단지 하나의 최후 목표만이 남아 있는데, 그것은 현재 국제 배드민턴계 남자단체 최고의 영예인 토머스 컵 대회에서 월계관을 쓰는 것이라고 하였다.

문제 : 다음 중 윗글의 내용에 부합하는 것은?

(a) 이 팀은 범 무서운 줄 모르는 하룻강아지이다.
(b) 이 팀의 총체적인 실력은 부단히 떨어지고 있다.
(c) 이 팀은 이미 세계 배드민턴계의 선두 자리로 복귀하였다.
(d) 이 팀은 처음으로 토머스 컵 대회의 우승을 거머쥐었다.

자구 풀이

* 羽毛球队(yǔmáoqiúduì) 배드민턴 팀.
* 历尽沧桑(lìjìn cāngsāng) 온갖 풍상을 겪다, 갖가지 시련을 겪다.
* 一度(yīdù) 전에, 한때, 한번.
* 曾(céng) 일찍이, (~을 한) 적이.
* 巅峰(diānfēng) 봉우리, 정상.
* 跌至(diēzhì) (어떠어떠한 지경까지) 추락하다, 몰락하다. '至'는 동작의 결과 어떠한 상황에 이르게 됨을 표시해 준다.
* 谷底(gǔdǐ) 계곡의 밑바닥.
* 气馁(qìněi) 상심하다, 좌절하다.
* 脱胎换骨(tuōtāi-huàngǔ) 면모를 일신하다, 환골탈태하다.
* 横扫(héngsǎo) 평정하다, 석권하다.
* 羽坛(yǔtán) 배드민턴계.
* 战无不胜(zhànwúbùshèng) 싸워 이기지 못하는 경우가 없다. '无不'는 이중부정.
* 所向披靡(suǒ xiàng pī mǐ) 향하는 곳마다 모조리 휩쓸다. '披'는 '쪼개다, 나누다'는 뜻이고, '靡'는 '넘어지다, 쓰러지다'는 뜻이다.
* 创纪录地(chuàng jìlù de) 신기록을 계속 세우며, 기록적으로. '创纪录'는 신기록을 세우다, '地'는 부사화접미사.
* 苏迪曼杯(Sūdímàn bēi) 인도네시아의 대표적인 배드민턴 국제대회인 수디르만 컵(Sudirman Cup) 대회.
* 悉尼奥运会(Xīní àoyùnhuì) 시드니 올림픽.
* 勇夺(yǒng duó) 획득하다. 주로 스포츠 경기에서 메달을 딴 경우에 사용한다. '勇'은 '용맹스럽게, 장하게' 정도의 뜻이지만, 우리말로 옮길 때는 빼고 번역하는 것이 자연스럽다.
* 锦标赛(jǐnbiāosài) 각종 대회의 입상자나 선수권자들만 모여서 치르는 챔피언십 대회(championship contest).

* 夺得冠军(duódé guànjūn) 1등을 하다, 금메달을 따다, 우승하다.
* 双打(shuāngdǎ) 복식.
* 球队(qiúduì) 축구나 배구, 배드민턴, 테니스 등의 구기 종목 팀을 가리킨다. 여기서는 배드민턴 팀.
* 领队(lǐngduì) 지도자, 감독.
* 摘下(zhāixià) 따다, 획득하다. 여기서는 '桂冠'이 빈어로 왔기 때문에 '쓰다'라고 의역하였다. '下'는 방향보어로 여기서는 목표가 달성됐음을 표시한다.
* 汤姆斯杯赛(Tāngmǔsī bēi sài) 세계 최고의 권위를 자랑하는 토머스 컵(Thomas Cup) 배드민턴 남자 단체 챔피언십 대회.
* 桂冠(guìguān) 월계수관. 최고의 영예를 표시함.
* 初生牛犊不怕虎(chū shēng niúdú bù pà hǔ) 갓 태어난 송아지가 호랑이를 무서워하지 않는다. 하룻강아지 범 무서운 줄 모른다. '牛犊'는 '송아지'.
* 重(chóng) 다시, 거듭.

Part I

(51~54) 다음 대화문의 빈칸에 들어갈 가장 적절한 표현을 고르시오.

51

A : 这儿有厕所吗?
B : ___电梯旁边。

(a) 有
(b) 在
(c) 往
(d) 从

해설

처소를 나타내는 전치사[介词] '在(zài)'에 관한 문제이다. '在' 다음에 장소를 나타내는 명사가 아닌 명사가 오면 방위사를 붙여야 한다. 그래서 '电梯' 다음에 '옆[旁边(pángbiān)]'이라는 방위사가 왔다. 정답은 (b)이다. (c)의 '往(wǎng)'은 '~을 향하여'라는 뜻의 전치사이고, (d)의 '从(cóng)'은 '~로부터'의 뜻으로 출발점을 나타내는 전치사로, 대화의 문맥과 어울리지 않는다.

번역

A : 이곳에 화장실이 있습니까?
B : 엘리베이터 옆에 있습니다.

(a) 있다
(b) ~에
(c) ~을 향하여
(d) ~로부터

자구풀이

* 厕所(cèsuǒ) 변소, 화장실.
* 电梯(diàntī) 엘리베이터 또는 에스컬레이터.

52

A : 我借给你的书带来了吗？
B : 对不起，__________。

(a) 忘借了
(b) 忘拿了
(c) 忘送给你了
(d) 忘通知你了

해설

대화의 문맥에 맞는 표현을 찾는 문제이다. 정답은 (b)이다. (a), (c), (d)는 논리적으로 볼 때 A의 물음에 대한 답변이 될 수 없다.

번역

A : 빌려 준 책 가져왔니?
B : 미안해, 가져오는 걸 까먹었어.

(a) 빌리는 걸 까먹었어
(b) 가져오는 걸 까먹었어
(c) 네게 선물하는 걸 까먹었어
(d) 네게 알려 주는 걸 까먹었어

자구 풀이

* 送给(sònggěi) 선물로 주다, 선사하다.
* 通知(tōngzhī) 통지하다, 알리다.

53

A : 你的护照呢？
B : 在抽屉里放___呢。

(a) 的
(b) 过
(c) 了
(d) 着

해설 A는 여권이 어디에 있는지를 묻고 있다. 이는 여권이 한 군데에 계속 놓여 있음을 전제로 한 물음이다. 이에 걸맞은 대답은 상태의 지속을 나타내는 '着'가 들어 있는 표현이다. 정답은 (d)이다. 어기조사 '呢(ne)'는 진행이나 지속의 어기를 나타내므로 '着'와는 어울릴 수 있지만, 과거의 경험을 나타내는 동태조사 '过'와 완료를 나타내는 동태조사 '了'와는 어울릴 수 없다. 한편 빈칸에 '的'가 오면 B는 '서랍에 넣어 둔 것이야'라는 뜻이 된다. 이는 '무엇을'이 아니라 '어디에'를 물어보는 A의 답변으로는 적합치 않다.

번역 A : 네 여권은?
B : 서랍에 놓아 두었어.

자구풀이
* 护照(hùzhào) 여권.
* 抽屉(chōutì) 서랍.

54

A：昨天你伤得挺重吧？
B：我没事儿，就是眼镜________。

(a) 摔碎了
(b) 摔疼了
(c) 摔倒了
(d) 摔死了

해설

문맥과 어울리는 내용을 찾는 문제이다. '摔'는 '떨어지다, 넘어지다' 등의 뜻을 지니고 있지만 그중 '眼镜(yǎnjìng)'과 어울리는 뜻은 '떨어지다'임을 파악하는 것이 문제 풀이의 핵심이다. 정답은 (a)이다.

번역

A : 어제 너 무척 심하게 다쳤지?
B : 난 괜찮아, 다만 안경이 떨어져 부서졌을 뿐이야.

(a) 떨어져 부서졌다
(b) 넘어져서 아팠다
(c) 넘어졌다
(d) 떨어져 죽었다

자구풀이

* 伤得挺重(shāng de tǐng zhòng) 매우 심하게 다치다. 정도보어구문으로 다친[伤] 정도가 매우[挺] 심함[重]을 나타낸다.
* 就是(jiùshì) 다만, 단지.
* 摔碎(shuāisuì) 조각조각 부서지다. '碎'는 결과보어로 떨어진[摔] 결과 산산이 부서졌음을 나타낸다.
* 摔疼(shuāiténg) 넘어져 아프다. '疼'은 결과보어로 넘어진[摔] 결과 통증이 있음을 나타낸다.
* 摔倒(shuāidǎo) 넘어지다, 자빠지다.

(55~58) 다음 문장의 빈칸에 들어갈 가장 적절한 표현을 고르시오.

55

主任下了飞机就急匆匆地_____公司。

(a) 离去
(b) 朝向
(c) 回来
(d) 回到

해설

문맥에 맞는 표현을 고르는 문제이다. 정답은 (d)이다. (a)의 '离去'는 문맥에 어울리지 않는다. (b)의 '朝向'은 전치사이므로 '公司' 뒤에 동사가 와야 완전한 문장이 된다. 따라서 정답이 될 수 없다. (c)의 '回来'는 '동사+방향보어' 구문으로, 우리말 뜻만 보면 정답이 될 수 있지만 빈어(宾语)가 장소일 경우에는 '来' 앞에 놓여야 하므로 정답이 될 수 없다.

번역

주임은 비행기에서 내리자마자 서둘러 회사로 돌아왔다.

(a) 떠났다
(b) 쪽으로
(c) 돌아왔다
(d) 돌아왔다

자구풀이

* 急匆匆(jícōngcōng) 서둘러, 황급히.
* 离去(líqù) 떠나다.
* 朝向(cháoxiàng) ~을 향하여.

56

这次西部摄影展的作品张张___富有大漠风情。

(a) 更
(b) 就
(c) 也
(d) 都

해설

문제에는 양사(量词) '张'이 중첩되어 있다. 양사가 중첩할 때에는 그 뒤에 반드시 '都'라는 부사가 와야 한다. 양사가 중첩됨으로써 개체 하나하나가 모두 지칭되기 때문이다. 정답은 (d)이다.

번역

이번 서부 사진전의 작품은 하나하나에 모두 사막의 풍정이 풍부하게 담겨 있다.

(a) 더욱
(b) 곧
(c) 또한
(d) 모두

자구풀이

* 大漠(dàmò) 사막. 특히 고비사막 등 중국 서북부의 사막을 지칭한다.
* 摄影展(shèyǐngzhǎn) 사진전.

57

这里的冬天没有北京____冷。

(a) 这么
(b) 那么
(c) 不太
(d) 非常

해설 '没有~这么/那么'를 활용한 비교구문에 관한 문제이다. '이곳의 겨울 날씨'와 베이징의 겨울 날씨를 비교하는 것이므로, 가까운 곳을 환기하는 '这么'가 아니라 거리가 떨어져 있음을 환기하는 '那么'를 사용해야 자연스럽다. 정답은 (b)이다.

번역 이곳의 겨울은 베이징만큼 그렇게 춥지 않다.

(a) 이렇게
(b) 그렇게
(c) 그다지
(d) 매우

자구풀이 * 冷(lěng) 춥다.

58

公安干警顺藤摸瓜，终于使案情大白___天下。

(a) 自
(b) 向
(c) 于
(d) 至

해설

문맥과 어울리는 전치사를 찾는 문제이다. 여기서는 '세상[天下]에'라는 뜻으로 쓰여야 하므로 장소를 표시할 때 사용하는 전치사가 와야 한다. 정답은 (c)이다. (a)의 '自'는 '~로부터', (b)의 '向'은 '~을 향하여', (d)의 '至'는 '~에 이르다'라는 뜻이므로 문맥과 어울리지 않는다. 한편 위 문장은 '公安干警顺藤摸瓜'가 주어이고 '终于使案情大白于天下'가 술어인 구조로, 이를 직역하면 "경찰간부의 실마리를 좇아 진상을 규명한 행위는 마침내 사건의 진상[案情]으로 하여금 세상에 분명하게 드러나게 했다."가 된다. 아래에서는 이를 자연스런 우리말로 풀었다.

번역

경찰 간부가 실마리를 좇아 진상을 규명함으로써 마침내 사건의 진상이 세상에 분명하게 밝혀졌다.

(a) ~로부터
(b) ~을 향하여
(c) ~에
(d) ~에 이르다

자구풀이

* 干警(gànjǐng) 경찰 간부. '公安干部警察'의 줄임말.
* 顺藤摸瓜(shùnténg-mōguā) 덩굴을 따라 참외를 더듬어 찾는다는 뜻에서 파생되어 '실마리를 좇아 진상을 규명하다'는 뜻으로 쓰인다.
* 案情(ànqíng) 법률용어로, 사건의 경위나 진상을 가리킨다.

(59) 다음 대화에서 어법상 틀리거나 어색한 부분을 고르시오.

59

(a) 男：怎么这么热啊？
(b) 女：可不。还没到夏天呢。
(c) 男：都说高温现象会持续在后天，是吗？
(d) 女：是啊，天气预报说后天有雨。

해설

전치사를 동사의 속성에 맞게 사용했는지를 묻는 문제이다. 정답은 (c)이다. (c)에 나오는 동사 '持续(chíxù)'는 어느 시점까지 지속된다는 뜻이므로 시기를 나타내는 전치사 '在' 대신에 '到'를 썼어야 한다.

번역

(a) 남자 : 왜 이렇게 덥지?
(b) 여자 : 그러게 말이야. 아직 여름도 오지 않았는데.
(c) 남자 : 모두들 고온현상이 모레까지 지속될 거라고 말하던데, 그렇지?
(d) 여자 : 그래, 일기예보에서 모레에야 비가 온다고 했어.

자구풀이

* 可不(kěbù) 그러게 말이야, 그렇고말고.

(60) 다음 글에서 어법상 틀리거나 어색한 부분을 고르시오.

60

(a) 由于求学和就业的竞争越来越激烈，(b) 中国人学外语的热度有增无减。(c) 除了英、日、俄三大语种以外，(d) 韩语、法语、西班牙语的学员也多下来了。

해설 복합방향보어의 특수용법에 관한 문제이다. 정답은 (d)이다. '多下来' 자리에는 문맥상 '이전에는 안 그랬는데 요즘에 와서는 많아지고 있다'는, 상황이 변하기 시작했다는 어기를 나타내 줄 수 있는 표현이 와야 하는데, 복합방향보어 '下来'에는 그러한 어기가 들어 있지 않다. '下来' 대신에 상황의 변화가 시작됐음을 나타내 주는 복합방향보어 '起来'를 써야 한다.

번역 (a) 학업과 취업의 경쟁이 갈수록 격화되고 있는 탓에 (b) 중국인들의 외국어 학습 열기가 수그러들지 않고 높아만 가고 있다. (c) 영어와 일본어, 러시아어의 세 언어 외에도 (d) 한국어, 프랑스어, 스페인어의 수강생들도 많아지기 시작했다.

자구풀이
* 求学(qiú xué) 공부하다.
* 越来越(yuèláiyuè) 갈수록 ~하다.
* 有增无减(yǒu zēng wú jiǎn) 수그러들지 않고 늘기만 하다.

Part II

(61~65) 다음 대화문의 빈칸에 들어갈 가장 적절한 표현을 고르시오.

61

A：你周末做什么？
B：看看书，＿＿＿音乐。

(a) 打打
(b) 听听
(c) 踢踢
(d) 弹弹

해설 '음악을 듣다' 할 때의 '듣다'에 해당되는 동사를 찾는 문제이다. 정답은 (b)이다. (a)의 '打'는 '연주하다'는 뜻으로 쓰이지만, 이 경우에는 뒤에 구체적인 악기가 와야 한다. (c)의 '踢(tī)'는 '차다, (축구를) 하다' 등의 뜻으로 사용되며 (d)의 '弹(tán)'은 악기 따위를 '연주하다' 등의 뜻으로 사용된다. 한편 동사를 중첩하여 사용하면 한 번 사용했을 때보다 한결 부드럽고 가벼운 어기를 띤다. 예컨대 '看书' 하면 '책을 보다'는 뜻으로 집중해서 책을 본다는 어기인데 비해 '看看书' 하면 '책 좀 보다'는 뜻으로 한결 가볍고 심심풀이 정도로 책을 본다는 어기를 풍긴다. 한편 A의 물음은 '너 주말에 뭘 할 거야?'라는 뜻 말고도 '너 주말이면 통상 무얼 하니?'라는 뜻으로 사용될 수도 있다. 따라서 묻는 의도를 분명히 하기 위해 앞의 경우에는 '你这个周末做什么?'로, 뒤의 경우에는 '你周末一般做什么?'로 물어보기도 한다.

번역 A : 너 주말에 뭘 할 거야?
B : 책도 보고 음악도 들어 볼 거야.

(a) 연주해 보다
(b) 들어 보다
(c) 축구를 해 보다
(d) 연주해 보다

62

A : 你男朋友怎么还不来?
B : ______早就来了，在那边儿呢。

(a) 你们
(b) 咱们
(c) 大家
(d) 人家

해설

대화 당사자 외의 제3자를 찾는 문제이다. 정답은 (d)이다. '人家(rénjiā)'는 대화나 진술 중에 언급되는 제3자를 가리킬 때 쓰인다. B의 '呢'는 어기조사로서 여기서는 사실을 환기해 주는 어기로 사용되어 '~잖아' 정도로 번역된다.

번역

A : 네 남자친구는 어째서 아직 안 왔어?
B : 그 사람은 벌써 와서 저쪽에 있잖아.

(a) 너희
(b) 우리
(c) 모두
(d) 그 사람

자구풀이

* 早就(zǎojiù) 진작에, 벌써.

63

A：你想不想跟我一起去看电影？
B：我______有空儿啊，你自己去吧。

(a) 哪儿
(b) 什么
(c) 这儿
(d) 那儿

해설 의문대명사 '哪儿(nǎr)'의 용법에 관한 문제이다. '哪儿'이 반어문에서 사용되면 부정의 어기를 강조하여 '어떻게, 어찌' 정도의 뜻으로 쓰인다. 의문대명사 '什么'에는 이러한 용법이 없다. (c)와 (d)의 '这儿'과 '那儿'은 인칭대명사 뒤에 붙으면 처소를 나타내기 때문에 여기서는 문맥과 어울리지 않는다. 따라서 정답은 (a)이다.

번역 A : 나랑 영화 같이 보러 갈래?
B : 내가 어찌 짬이 나겠어, 너 혼자 가라.

(a) 어찌
(b) 무엇
(c) 여기
(d) 저기

자구풀이 * 空儿(kòngr) 틈. 짬.

64

A：能提个要求吗？
B：当然，你_____说吧！

(a) 尽力
(b) 尽管
(c) 争取
(d) 坚持

해설

대화의 문맥에 어울리면서 어법에도 맞는 표현을 고르는 문제이다. 정답은 (b)이다. (a)의 경우는 뜻만 보면 대화가 성립될 수 있는 듯 보이지만, 빈칸에는 부사가 와야 하는 까닭에 동사인 '尽力(jìnlì)'는 정답이 될 수 없다. '争取(zhēngqǔ)'와 '坚持(jiānchí)' 또한 동사이므로 정답이 될 수 없다.

번역

A：요구사항을 제시할 수 있습니까?
B：물론입니다. 얼마든지 얘기하십시오!

(a) 힘을 다하다
(b) 얼마든지
(c) 쟁취하다
(d) 견지하다

자구풀이

* 尽管(jǐnguǎn) 얼마든지, 마음껏.

65

A：大家都说马经理要调走了，是真的吗？
B：依我看，＿＿＿＿＿＿。

(a) 八九不离十
(b) 二一添作五
(c) 三七二十一
(d) 三下五除二

해설 숫자가 들어 있는 관용적인 표현 가운데서 문맥과 부합하는 내용을 찾는 문제이다. 정답은 (a)이다.

번역
A : 모두들 마 사장이 직장을 옮기려고 한다던데 정말이야?
B : 내가 보기에, 열에 여덟아홉은 분명히 그럴 거야.

(a) 열에 여덟아홉은 분명히 그럴 거야
(b) 쌍방 간에 나눈 몫이 똑같다
(c) 자초지종
(d) 행동이 민첩하고 재빠르다

자구풀이
* 调走(diàozǒu) 옮기다, 전근하다.
* 依我看 내가 보기에. '依(yī)'는 전치사로 '~에 의거해서, ~에 따라서' 정도의 뜻으로 쓰인다.
* 八九不离十(bā jiǔ bù lí shí) '8과 9는 10과 멀지 않다' 곧 '열에 여덟아홉은 그렇다'는 뜻으로, 예측과 실제 결과가 거의 맞아떨어지는 경우에 주로 사용된다.
* 二一添作五(èryī tiān zuò wǔ) 1/2은 0.5와 같다는 뜻으로, 주산에서 사용하는 나눗셈의 법칙 가운데 하나. '쌍방 간에 나눈 몫이 똑같다'는 뜻으로 쓰인다.
* 三七二十一(sān qī èrshíyī) 자세한 사정, 자초지종.
* 三下五除二(sān xià wǔ chú èr) 주산에서 사용하는 덧셈의 법칙 가운데 하나. 셋을 더할 때 위 칸에 있는 5의 알 하나는 내리고 아래 칸에서 알 두 개를 빼는 셈법을 말한다. 주로 '일처리나 행동이 민첩하고 재빠르다'는 뜻으로 쓰인다.

(66~70) 다음 글의 빈칸에 들어갈 가장 적절한 표현을 고르시오.

66

复习的方式因人而异，但一般都离不了记单词、___课文这两项。

(a) 说
(b) 打
(c) 背
(d) 忆

해설 ‘본문을 외우다’에 해당하는 중국어 표현을 찾는 문제이다. 정답은 (c)이다. (a)의 ‘说(shuō)’는 ‘복습하는 방식’이라는 전제와 호응하지 못하고, (b)의 ‘打(dǎ)’는 빈어인 ‘课文(kèwén)’과 어울리지 못한다. (d)의 ‘忆(yì)’ 또한 우리말로는 ‘기억하다’로 번역될 수 있지만, 이 경우는 상기하고 회상하는 맥락에서의 기억만을 가리킨다.

번역 복습하는 방식은 사람마다 다르지만 일반적으로는 모두 단어를 외우고, 본문을 암기하는 이 두 가지에서 벗어나지 못한다.

(a) 말하다
(b) 때리다
(c) 암기하다
(d) 기억하다

자구풀이
* 因人而异(yīn rén ér yì) 사람에 따라 다르다. ‘因’은 전치사로 ‘~에 의하여’, ‘~에 기대어’ 정도의 뜻으로 쓰인다.
* 离不了(lí bu liǎo) 벗어날 수 없다. 가능보어구문 ‘동사+不+了’는 동사의 동작이나 행위를 완수할 수 없음을 나타낸다.
* 记(jì) 외우다, 암기하다.

67

在韩国的众多传统美食中，最合中国人饮食口味的要___韩国烤肉。

(a) 是
(b) 属
(c) 指
(d) 称

해설 '~이다'의 뜻으로 쓰이는 동사 가운데서 조동사 '要(yào)'와 함께 쓰일 수 있는 동사를 찾는 문제이다. 정답은 (b)이다. '属(shǔ)'는 '속하다, 귀속되다'의 뜻으로 사용되지만, 여기서처럼 '~이다'의 뜻으로도 종종 쓰인다. 한편 (a)도 '~이다'는 뜻이지만, 조동사 '要'와 함께 쓰일 수 없다. (c)와 (d)는 문맥상 어울리지 않는 뜻의 동사이다. 한편 '要'는 '可能'이나 '会'의 의미로도 쓰이되, 이들보다는 더욱 확신에 가까운 예상이나 추측의 어기를 표시한다.

번역 한국의 많은 전통 음식 가운데 중국인의 음식 구미에 가장 부합하는 것은 한국의 불고기류이기 마련이다.

(a) ~이다
(b) ~이다
(c) 가리키다
(d) 칭하다

자구풀이
* 众多(zhòngduō) 많다.
* 美食(měishí) 직역하면 '훌륭한 음식' 정도의 뜻이지만, 일반적으로는 음식 일반을 가리킨다.

68

马头琴的音色常常是孤独的，它的底蕴是_____的草原和纯朴的牧民。

(a) 宽大
(b) 巨大
(c) 宽阔
(d) 肥硕

해설

'宽大'와 '宽阔'의 쓰임새를 구별하는 문제이다. '宽大'는 평면 차원에서 면적이 넓다는 뜻으로 쓰이고, '宽阔'는 입체 차원에서 공간이 광활하다는 뜻으로 쓰인다. 따라서 정답은 (c)이다. (b)의 '巨大(jùdà)'는 장소의 광활함을 나타낼 때는 사용되지 않으며, (d)의 '肥硕'는 크고도 실한 과실을 지칭할 때 사용된다.

번역

마토우친의 음색은 늘 고독하니, 그 음색의 뿌리는 광활한 초원과 순박한 유목민이었다.

(a) 관대하다
(b) 거대하다
(c) 광활하다
(d) 크고 옹골지다

자구풀이

* 马头琴(mǎtóuqín) 몽골족의 현악기. 사다리형 몸체에 두 가닥의 줄이 매여 있고 머리 쪽에 말의 머리가 새겨져 있어서 '马头琴'이라고 불린다.
* 底蕴(dǐyùn) 기초, 근저, 뿌리.
* 宽大(kuāndà) (면적 등이) 넓다, (성품이) 관대하다.
* 宽阔(kuānkuò) (공간 등이) 광활하다, 도량이 크다.
* 肥硕(féishuò) (과실 등이) 크고 옹골지다.

69

从今年起，清明、端午、中秋节等传统节日也被_____法定假日。

(a) 罗列
(b) 列为
(c) 改正
(d) 纠正

해설 '법정 휴일에 들어가게 되었다' 곧 법정 휴일로 지정되었다는 뜻에 맞는 표현을 찾는 문제이다. 정답은 (b)이다. (a), (c), (d)는 문맥과 전혀 호응하지 못하는 단어들이다. 한편 '법정 휴일에 들어가게 되었다'를 자연스럽게 풀면 '법정 휴일로 지정되었다' 정도가 된다.

번역 금년부터 청명절과 단오절, 중추절 등의 전통 명절 또한 법정 휴일에 들어가게 되었다.

(a) 나열하다
(b) 들어가게 되다
(c) 고치다
(d) 바로잡다

자구풀이

* 从今年起 금년부터. '从(cóng)~起(qǐ)'는 '~로부터 시작하여'.
* 列为(lièwéi) 들어가다, 편입되다. '为'는 결과보어로 동작의 결과 '~이 되다'는 뜻을 나타낸다.
* 纠正(jiūzhèng) 교정하다, 바로잡다.
* 法定假日(fǎdìng jiàrì) 법률로 규정되어 있는 휴일. 법정 공휴일.

70

老王退休以后很孤独，朋友们_____买了只小狗送给他。

(a) 留意
(b) 谢意
(c) 诚意
(d) 特意

해설 '意'자로 끝나는 두 글자로 된 단어 가운데서 어법과 문맥에 맞는 표현을 고르는 문제이다. 빈칸에는 부사가 와야 한다. 따라서 정답은 (d)이다. (a)는 동사이고, (b)와 (c)는 각각 명사이기 때문에 빈칸에 올 수 없다.

번역 라오왕이 퇴직 후에 너무 외로워해서 친구들이 특별히 자그마한 개 한 마리를 사서 그에게 선물로 주었다.

(a) 유의하다
(b) 사의
(c) 성의
(d) 특별히

자구풀이
* 留意(liúyì) 유의하다, 주의하다.
* 谢意(xièyì) 사의, 감사.
* 诚意(chéngyì) 진심, 성의.
* 特意(tèyì) 일부러, 특별히.

Part III

(71~85) 다음 글을 읽고 빈칸에 들어갈 가장 알맞은 표현을 고르시오.

71

大多数学生都对伙食不满，普遍反映学校食堂的饭菜____________。

(a) 又好又便宜
(b) 又贵又难吃
(c) 既实际又卫生
(d) 要多少有多少

해설 구내식사에 대한 불만[对伙食不满]과 호응하는 내용을 찾는 문제이다. 정답은 (b)이다. (a), (c), (d)의 경우는 모두 긍정적인 상태를 나타내므로 '불만(不满)'과 어울릴 수 없다.

번역 대다수의 학생들은 구내식사에 불만이다. 대부분은 식당의 음식이 비싸고 맛없다고 지적한다.

(a) 좋고 또 싸다
(b) 비싸면서 맛도 없다
(c) 실용적이고 또 위생적이다
(d) 원하는 만큼 가지다

자구풀이

* 伙食(huǒshí) 구내식사.
* 又好又便宜 좋고 또한 싸다. '又…, 又~'의 형식은 '…하고 또한 ~하다'는 뜻으로, 갈수록 정도가 심화되거나 확대됨을 나타낸다. 곧 좋기도 한데다가 싸기까지 해서, 좋은 정도가 더 커졌다는 어기이다.
* 难吃(nánchī) 먹기가 힘들다. 곧 맛이 없다.
* 既实际又卫生 실용적이고 또한 위생적이다. '既…, 又~'의 형식은 '…하고 또한 ~하다'는 뜻으로 쓰인다. 이 구문은 '…' 부분에 '~' 부분이 병렬적으로 부가되는 느낌을 준다.
* 要多少有多少 필요로 하는 만큼 그만큼 가지다. 동일한 의문대명사를 앞뒤에

반복하여 씀으로써 동일한 사람이나 사물, 방법, 시간, 장소 등을 지시할 수 있다. 이때 앞의 의문대명사는 특정되지 않은 대상을 지칭하고, 뒤의 의문대명사는 앞의 의문대명사가 지시한 것을 다시 가리킨다.

72

由于酷热的天气提早到来，前往南海避暑乘凉的人们比往年同一时期＿＿＿＿＿＿。

(a) 多了一倍
(b) 少了一半
(c) 晚了一个月
(d) 提前一个月

해설 문맥상 호응할 수 있는 내용을 찾는 문제이다. 정답은 (a)이다. (d)의 경우, 혹서가 일찍 시작되었다는 문제의 언급과는 호응하지만, 빈칸이 있는 구절의 주어인 '남해안으로 피서를 가 시원하게 지내고자 하는 사람들'과 호응하지 못하므로 정답이 될 수 없다.

번역 몹시 더운 날씨가 일찍 시작된 탓에 남해안으로 피서를 가서 시원하게 지내고자 하는 사람들이 예년의 같은 시기에 비해 배나 늘었다.

(a) 배로 늘어났다
(b) 반으로 줄었다
(c) 일 개월 늦었다
(d) 한 달 빨랐다

자구풀이

* 酷热(kùrè) 혹서, 찜통더위.
* 提早(tízǎo) (통상의 경우나 예정된 시간보다) 빨리, 일찍, 앞서서.
* 避暑(bìshǔ) 피서하다, 더위를 피하다.
* 乘凉(chéng liáng) 시원한 바람을 쐬러 가다, 더위를 피하다.
* 提前(tíqián) (통상의 경우나 계획된 시간보다) 앞서 하다. 부사로 쓰이면, '앞서서, 빨리'.

73

他毫不客气地接过水杯，一口气喝光，然后抹抹嘴就走了，________。

(a) 连我都没说
(b) 连爸爸都没吃
(c) 连作业都没做
(d) 连谢谢都没说

해설

'客气'라는 단어가 쓰이는 상황을 이해하고 있어야 풀 수 있는 문제이다. '정중하다, 예절을 따져 지키다' 정도의 뜻인 '客气'는 낯선 사람들 사이나 임의롭지 않은 관계에서 주로 쓰인다. 따라서 첫 구절의 '他'는 '客气'와 함께 쓰인 것으로 보아, 화자가 낯설거나 응당 격식을 갖춰야 하는 관계임을 알 수 있다. 이러한 문맥과 어울릴 수 있는 내용을 찾는 문제이다. 정답은 (d)이다.

번역

그는 조금도 사양하지 않고 물 잔을 받아 들고는 단숨에 다 마신 후 입가를 문질러 닦고는 가버렸는데, <u>고맙다는 말조차도 전혀 없었다</u>.

(a) 나조차도 전혀 말을 하지 않았다
(b) 아빠조차도 전혀 드시지 않았다
(c) 숙제조차도 전혀 하지 않았다
(d) 고맙다는 말조차도 전혀 하지 않았다

자구풀이

* 毫不(háobù) 조금도 ~하지 않다.
* 一口气(yī kǒu qì) 단숨에, 단번에.
* 喝光(hē guāng) 다 마시다. '光'은 결과보어로 행위의 결과 빈어가 다 소진되었음을 표시한다.
* 抹(mǒ) 문지르다, 바르다.
* 连(lián) 일반적으로 '都(dōu)/也(yě)'와 함께 쓰여 '~조차 모두/또한 …하지 않는다'는 뜻을 나타낸다.

74

如果我中了大奖，就布置一个最气派的新房、开一辆最豪华的喜车，＿＿＿＿＿＿＿＿。

(a) 去跟妈妈借钱
(b) 去找一份好工作
(c) 迎娶心爱的姑娘
(d) 争当市劳动模范

해설 문제에 나와 있는 '신방[新房]', '결혼식용 자동차[喜车, 웨딩 카]' 등의 어휘와 어울릴 수 있는 내용을 찾는 문제이다. 정답은 (c)이다.

번역 내가 대상에 당첨된다면 신방을 가장 격조 있게 꾸밀 것이고 가장 호화스런 웨딩 카를 몰고서 사랑하는 아가씨를 아내로 맞이할 것이다.

(a) 엄마에게 돈을 빌리러 가다
(b) 좋은 직업을 찾으러 가다
(c) 사랑하는 아가씨를 아내로 맞이하다
(d) 앞다퉈 시 노동자들의 모범이 되려 하다

자구 풀이

* 中了大奖 대상에 당첨되다. '中(zhòng)'은 '적중되다, 당첨되다'. '大奖(dàjiǎng)'은 '대상, 일등상'.
* 布置(bùzhì) 배치하다, 꾸미다.
* 气派(qìpài) 기품 있다, 품위 있다.
* 喜车(xǐchē) 결혼할 때 신부를 맞이하러 가는 차량.
* 迎娶(yíngqǔ) 아내로 맞이하다.
* 当市劳动模范 시 노동자들의 모범이 되다. '当(dāng)~模范(mófàn)'은 '모범/모델이 되다'.

75

据统计，劳动公园晨练的队伍中，85%是打拳、跳舞的老人，还有15%是________的身影。

(a) 年轻人
(b) 老奶奶
(c) 老爷爷
(d) 退休干部

해설

부사 '还'는 앞부분과는 또 다른 것이 첨가되는 상황을 표시한다. 따라서 정답은 (a)이다. (b)와 (c)의 '老奶奶(lǎo nǎinai)'와 '老爷爷(lǎo yéye)'은 '老人(lǎorén)'에 포함되기 때문에 정답이 될 수 없으며, (d)의 '退休'는 퇴임한 경우를 가리키므로 역시 '老人'에 해당됨을 알 수 있다. 따라서 정답이 될 수 없다.

번역

통계에 의하면, 라오둥공원에서 새벽운동을 하는 사람들 가운데 85%는 태극권을 하거나 춤을 추는 노인들이고 나머지 15%가 젊은이들의 모습이다.

(a) 젊은이
(b) 할머니
(c) 할아버지
(d) 퇴임한 간부

자구 풀이

* 晨练(chénliàn) 새벽운동.
* 队伍(duìwu) 대오, 대열. 여기서는 무리 지어 새벽운동을 하는 사람들을 비유적으로 표현한 말이다.
* 身影(shēnyǐng) 모습, 형체.
* 退休(tuìxiū) 퇴직하다, 은퇴하다.

76

30年后，我们回到母校聚会。学校的变化虽大，但还分得清哪儿是哪儿；可面对老同学，却认不出________了。

(a) 我是谁
(b) 谁是谁
(c) 你叫什么
(d) 他叫什么

해설

30년 만에 모교에 다시 모여서 벌어진 상황이 서술되어 있다. 학교가 매우 많이 변화하였지만 그래도 어디가 어디였는지는 분간할 수 있었다는 전반부의 서술 내용과 호응하면서 동시에 빈칸 앞에 있는 사람을 알아볼 때 사용되는 '认(rèn)'이라는 동사와도 호응할 수 있는 표현을 찾아야 한다. 정답은 (b)이다. (c)와 (d)는 '认(rèn)'과 호응되지 않는다.

번역

30년 후, 우리들은 모교로 돌아와 모였다. 학교는 매우 많이 변했지만 아직 어디가 어딘지는 분간할 수 있었다. 다만 오래전의 동학들과 마주하니 도리어 누가 누구인지를 식별할 수 없었다.

(a) 나는 누구인지
(b) 누가 누구인지
(c) 당신의 이름이 무엇인지
(d) 그의 이름이 무엇인지

자구풀이

* 聚会(jùhuì) 모이다.
* 分得清(fēn de qīng) 분명하게 분간할 수 있다. '得'는 가능보어구문의 가능을 나타내주는 구조조사이고, '清'은 보어로 쓰여 행위의 결과로 분명해지거나 깨끗하게 됨을 표시한다.
* 认不出(rèn bu chū) 알아보지 못하다. 불가능을 나타내는 가능보어구문. '出'는 보어로 쓰여 '나타나다, 드러나다'는 뜻을 표시한다.

77

随着环境破坏的加剧，继水污染、大气污染、噪声污染、固体废物污染之后，光污染________________。

(a) 已经不必担忧
(b) 不断地发展壮大
(c) 成了第五大污染
(d) 率先得到了认可

해설

문제에는 다섯 가지 주요 오염이 소개되어 있다. '随着(suízhe)…之后(zhī hòu)'는 '…에 이어서/…를 뒤쫓아서'라는 뜻이다. 따라서 그 뒤에는 '…' 부분과 문맥상 일관되게 연계된 내용이 와야 한다. 정답은 (c)이다. (a)는 '随着…加剧'와 어울리지 않고, (b)는 오염의 종류를 나열하는 앞부분의 문맥과 어울리지 않는다. (d)는 문제의 문맥과 전혀 연관되어 있지 않다.

번역

환경 파괴가 격화됨에 따라 수질오염 · 대기오염 · 소음공해 · 고체 폐기물 오염에 이어 빛 오염이 다섯 번째로 큰 오염이 되었다.

(a) 이미 걱정할 필요가 없게 되었다
(b) 부단히 발전되고 강화되다
(c) 다섯 번째로 큰 오염이 되었다
(d) 제일 먼저 인가를 받았다

자구 풀이

* 加剧(jiājù) 격화되다, 심화되다.
* 噪声(zàoshēng) 시끄러운 소리, 소음, 잡음.
* 光污染(guāng wūrǎn) 자외선이나 각종 조명 불빛 등으로 인한 오염 현상.
* 壮大(zhuàngdà) 강화되다, 장대해지다.
* 担忧(dānyōu) 걱정하다, 근심하다.
* 率先(shuàixiān) 제일 먼저, 솔선하여.
* 认可(rènkě) 인가, 승인하다.

78

沈周最近可说是“人逢喜事精神爽”啊。因为在披星戴月、夜以继日地苦熬了整整三年之后，他的第一部自传体小说终于__________了。

(a) 半路出家
(b) 半途而废
(c) 初出茅庐
(d) 初写黄庭

해설

문제에는 선저우가 갖은 노력과 고투 끝에 자신의 자전체 소설을 출판한 내용이 나와 있다. 이러한 문맥에 맞는 사자성어를 찾는 문제이다. 정답은 (c)이다.

번역

선저우는 최근 “사람이 좋은 일을 겪으니 정신이 날 듯하다.”라는 말 그 자체라고 할 수 있다. 새벽부터 밤늦게까지, 밤낮으로 열심히 노력하며 꼬박 삼 년간의 고통을 견뎌낸 후 그의 첫 번째 자전체 소설이 드디어 세상에 첫선을 보였기 때문이다.

(a) 새 직업을 택하다
(b) 중도에서 그만두다
(c) 세상에 첫선을 보이다
(d) 딱 들어맞다

자구풀이

* 披星戴月(pī xīng dài yuè) 별빛을 걸치고 달빛을 이다. 새벽부터 밤늦게까지 부지런히 일을 하다.
* 夜以继日(yè yǐ jì rì) 밤으로써 낮을 이어가다. 밤낮으로 열심히 일을 하다.
* 苦熬(kǔ áo) 고통을 감내하다, 견디다.
* 整整(zhěngzhěng) 꼬박, 꼭.
* 半路出家(bàn lù chū jiā) 중년이 되어 출가하다. 곧 본래의 직업을 버리고 새 직업을 택하다.
* 半途而废(bàn tú ér fèi) 중도에서 그만두다.
* 初出茅庐(chū chū máo lú) 초막에서 처음 나온다는 뜻에서 파생되어 ‘세상에 첫선을 보이다’는 뜻으로 쓰인다.
* 初写黄庭(chū xiě huáng tíng) 딱 들어맞다, 꼭 알맞다. 위진(魏晋, wèi jìn) 시대에 쓰인 『黄庭经(huáng tíng jīng)』이 훗날 해서체의 교범이 되어, ‘처음에 『황정경』을 쓰는 것은 딱 알맞은 일이다.[初写黄庭, 恰到好处]’라는 말이 널리 쓰였다. 여기서 유래된 말이다. ‘恰到好处(qiàdào-hǎochù)’는 ‘꼭 알맞게, 제격이다’는 뜻이다.

79

企业经营，说起来容易，做起来可要下一番功夫。只有在对市场动态进行细致周密的调查研究之后，才能着手拟定企业战略目标，______________。

(a) 推行经营方案
(b) 退出销售市场
(c) 进行现场排练
(d) 创建政府机构

해설

기업을 경영하기 위해서는 그에 필요한 지식을 익혀야 비로소 전략과 목표의 입안 등의 전문적인 행위에 나설 수 있다는 내용이 제시되어 있다. 따라서 빈칸에는 그 앞의 '기업 전략과 목표를 입안하다[拟定企业战略目标]'와 어울릴 수 있는 내용이 와야 한다. 따라서 이와는 반대의 행위인 (b)는 답이 될 수 없다. 정답은 (a)이다. (c), (d)는 문맥과 무관한 내용이다.

번역

기업경영은 말로 하자면 쉽지만, 하려면 정말이지 노력을 해야만 한다. 시장의 동태에 대해 세밀하고도 면밀한 조사와 연구를 수행한 후에야 비로소 기업 전략과 목표를 입안하고 경영 계획을 추진하는 일에 착수할 수 있게 된다.

(a) 경영 계획을 추진하다
(b) 판매 시장에서 물러나다
(c) 현장 연수를 진행하다
(d) 정부기구를 수립하다

자구 풀이

* 番(fān) 번, 차례. 양사로서 동작의 횟수를 표시한다.
* 细致(xìzhì) 세밀하다, 정치하다.
* 周密(zhōumì) 주도면밀하다.
* 着手(zhuóshǒu) 착수하다, 행동 개시하다.
* 拟定(nǐdìng) 입안하다, 설계하다, 계획을 세우다.
* 推行(tuīxíng) 추진하다, 보급하다.
* 退出(tuìchū) 물러나다, 퇴장하다.
* 销售(xiāoshòu) 판매, 팔다.
* 排练(páiliàn) 연수, 훈련하다.
* 创建(chuàngjiàn) 창립하다, 세우다.

80 当年的张老师英俊倜傥，是众多女学生心目中的偶像。可是不过一转眼的工夫，他就已经五十开外、两鬓风霜啦，真是＿＿＿＿＿＿＿＿。

(a) 分秒必争啊　　(b) 千载难逢啊
(c) 千变万化啊　　(d) 岁月不饶人啊

해설

문제에는 젊었을 때 뭇 여학생의 우상[偶像(ǒuxiàng)]이었던 장 선생님이 어느덧 쉰 살이 훌쩍 넘어 귀밑머리가 하얗게 새었음이 서술되어 있다. 이러한 문맥에 어울리는 답을 찾는 문제이다. 정답은 (d)이다. (a), (b)는 문제의 내용만으로는 도출될 수 없는 내용이, (c)는 만물의 변화에 대한 사실판단으로, 세월의 무상함에 대한 감성적 진술과는 무관하다.

번역

당시 장선생님은 출중하고 걸출하여서 뭇 여학생의 마음속 우상이었다. 그러나 눈 깜박할 새도 지나지 않았는데 그는 벌써 쉰 살이 넘었고 귀밑머리가 하얗게 새었으니, 정말 세월은 관용을 베풀지 않는다.

(a) 분초를 다투어야만 한다　　(b) 천재일우의 기회이다
(c) 끊임없이 변화한다　　(d) 세월은 관용을 베풀지 않는다

자구풀이

* 英俊(yīngjùn) 출중하다, 훌륭하다.
* 倜傥(tìtǎng) 호방하다, 걸출하다.
* 转眼(zhuǎn yǎn) 눈 깜박하다.
* 开外(kāiwài) ~ 이상.
* 鬓(bìn) 귀밑머리.
* 风霜(fēngshuāng) 바람과 서리. 어려움이나 고초에 대한 비유. 통상 흰머리는 어려움이나 고초를 비유한다.
* 啦(la) 어기조사 '了(le)'와 '啊(a)'가 합쳐진 것으로, 여기서는 구절의 끝에 쓰여 기쁨, 놀라움, 찬탄 등의 어기를 표시한다.
* 千载难逢(qiān zǎi nán féng) 천재일우의 기회.
* 千变万化(qiān biàn wàn huà) 끊임없이 변화하다.
* 饶人(ráo rén) 관용을 베풀다, 양보하다.

81

由于工作关系，街道主任马新华跟这楼里的家家户户都打得火热，什么304号张家儿子升学，512号李家女儿出嫁，113号小两口添娃，708号老太太住院等等，大事小情，鞍前马后，她__________。

(a) 从来都过目不忘
(b) 从来都没听说过
(c) 可真没少操心张罗
(d) 可真没少伤心难过

해설

문제에서는 도시의 기초 행정단위인 지에다오(街道)의 주임인 마신화의 이야기가 소개되어 있다. 그는 자신의 담당 구역 내에 있는 모든 가구의 사정에 밝고 그들을 애써서 도와주었다고 한다. 이러한 문맥에 어울릴 수 있는 답을 찾는 문제이다. 정답은 (c)이다. (a), (b)는 문제의 문맥과 어울리지 않는 내용이고, (d)는 문제의 내용만으로는 단정할 수 없는 사안이다.

번역

업무 관계로 인해, 지에다오 주임인 마신화는 이 건물의 가구 모두와 매우 친밀하게 지내서, 뭐 304호 장씨네의 아이가 진학한 거라든지, 512호 리씨네의 여식이 출가한 거라든지, 113호 젊은 부부가 아이를 낳은 거라든지, 708호 부인이 입원한 것 등등, 크고 작은 일들을 여러 모로 애를 쓰며 도와주며 그녀는 정말로 노심초사하면서 신경 쓰지 않은 적이 없었다.

(a) 전부터 한번 보면 잊지 않았다
(b) 전부터 도통 들어 본 적이 없었다
(c) 정말로 노심초사하면서 신경 쓰지 않은 적이 없었다
(d) 정말로 마음 아프고 괴롭지 않은 적이 거의 없었다

자구풀이

* 街道(jiēdào) 도시의 '구(區)' 아래의 행정 단위.
* 打得火热 매우 친밀하게 지내다. 정도보어구문이며, '火热(huǒrè)'는 '친밀하다, 친분이 두텁다'의 뜻.
* 升学(shēng xué) 진학하다.
* 两口(liǎngkǒu) 부부 두 사람.
* 添娃(tiān wá) 아이를 낳다. '娃'는 '어린아이'.

* 鞍前马后(ān qián mǎ hòu) 여러모로 애를 쓰며 도와주다.
* 过目不忘(guò mù bù wàng) 한번 보면 잊지 않는다, 기억력이 매우 좋다.
* 没少(méi shǎo) 많은, 많이.
* 操心张罗(cāoxīn zhāngluó) 노심초사하면서 신경 쓰다.
* 伤心难过(shāngxīn nánguò) 괴롭다, 견디기 어렵다.

82

周五下午3点20分播出的《名人访谈》栏目，将向观众朋友们介绍业余单身女作家暮云的成功轨迹。这一集访谈节目旨在说明，只要拥有坚强的意志，即使利用在一般人看来微不足道的零碎时间，________________。

(a) 也不可能进入决赛
(b) 也不可能摆脱困扰
(c) 也能获得家人的支持
(d) 也能取得骄人的成就

해설

문제에서는 자투리 시간을 적극적으로 활용하여 유명인이 된 독신 여성작가의 성공 비결이 서술되어 있다. 이러한 문맥에 어울릴 수 있는 답을 찾는 문제이다. 정답은 (d)이다. '~하기만 하면'의 뜻인 '只要'는 주로 필요한 조건을 나타내며 그 뒤에는 필요한 조건이 충족될 때 일어나는 긍정적인 사태가 오게 된다. 따라서 부정적 상황을 나타내는 (a)와 (b)는 정답이 될 수 없다. (c)는 문제의 내용만으로는 단정할 수 없는 사안이다.

번역

금요일 오후 3시 20분에 방영되는 <명사 인터뷰> 코너에서는 시청자 여러분께 아마추어 독신 여성작가인 무윈의 성공 궤적을 소개할 예정입니다. 이 인터뷰 프로그램의 취지는, 굳센 의지만 지니고 있다면 설령 일반인들에게는 매우 하찮게 보이는 자투리 시간을 이용해서라도 자부할 만한 성취를 일굴 수 있다는 것입니다.

(a) 또한 결승전에 올라갈 수 없다
(b) 또한 곤란에서 벗어날 수 없다
(c) 가족들의 지지를 얻을 수 있다
(d) 자부할 만한 성취를 일굴 수 있다

자구 풀이

* 播出(bōchū) 방송하다, 방영되다.
* 访谈(fǎngtán) 인터뷰. 인터뷰하다.
* 栏目(lánmù) 코너, 섹션, 컬럼.
* 业余(yèyú) 아마추어.
* 微不足道(wēi bù zú dào) 말할 거리조차 되지 않는, 매우 하찮다.

* 零碎(língsuì) 사소한, 아주 작은.
* 即使(jíshǐ)…, 也(yě)~ 설령 …일지라도 또한 ~이다.
* 决赛(juésài) 결승전.
* 摆脱(bǎituō) 벗어나다, 탈피하다.
* 困扰(kùnrǎo) 곤란, 곤혹함.
* 骄人(jiāorén) 자부하다, 긍지를 가지다.

83

这种梨汁多肉嫩，酸甜可口，在古代就是负有盛名的御用珍品，普通人难得品尝。即使在今天，因其产地只限于辽东半岛南部的高山地带，加之仅在湿度和温度适宜的年份结果，培育技术难以推广，所以产量相当有限，______________。

(a) 已经绝种多年
(b) 现已破产倒闭
(c) 仍旧供不应求
(d) 销路有待开拓

해설 문제에서는 과거 황제에게 바쳤던 배를 현대에 와서도 여전히 구하기 힘든 이유가 서술되어 있다. 이러한 문맥에 어울릴 수 있는 답을 찾는 문제이다. 정답은 (c)이다. (a)와 (b)는 문제의 내용만으로는 단정할 수 없는 사안이며, (d)는 문제의 문맥과는 상반되는 내용이다.

번역 이 배는 과즙이 많고 과육이 부드러우며 입에 딱 좋을 정도로 새콤달콤하여, 고대에는 유명한 임금님 진상용 진품이었기에 일반인들은 맛보기 어려웠다. 지금에 와서조차 그 산지가 랴오둥 반도 남부의 고산지대로 한정되어 있는데다가 습도와 온도가 적당한 해에만 과실을 맺어서 재배 기술을 널리 보급하기에 어렵다. 그래서 생산량이 상당이 제한적이며, 여전히 공급이 수요를 쫓아가지 못하고 있다.

(a) 이미 절종된 지 오래되었다
(b) 현재 이미 파산되었다
(c) 여전히 공급이 수요를 못 쫓아가고 있다
(d) 판로가 개척될 것으로 기대된다

자구풀이
* 汁多肉嫩(zhī duō ròu nèn) 과즙이 많고 과육이 부드럽다.
* 负有(fùyǒu) 지니고 있다, 지고 있다.
* 盛名(shèngmíng) 명성이 드높은, 명망이 자자한.
* 御用珍品(yùyòng zhēnpǐn) 황제에게 진상하는 진귀한 물품.
* 难得(nándé) 뒤에 동사가 오며, '~하기 어렵다, ~하기 힘들다'.
* 即使(jíshǐ) ~조차도, ~라 할지라도.

* 其(qí) 그, 저.
* 限于(xiàn yú) ~에 한정되다, ~로 국한되다.
* 加之(jiā zhī) 게다가, 그에 더하여. 동사 '加'와 대명사 '之'가 결합된 형태이다.
* 适宜(shìyí) 적당한, 알맞은.
* 年份(niánfèn) 해, 연도.
* 难以(nányǐ) ~하기 어렵다, ~하기 힘들다. 뒤에 주로 두 음절로 된 동사가 온다.
* 已(yǐ) 이미. '已经'의 줄임말.
* 破产倒闭(pòchǎn dǎobì) 파산하다, 도산하다.
* 供不应求(gōng bù yìng qiú) 공급이 수요에 부응하지 못하다.
* 仍旧(réngjiù) 여전히.
* 销路(xiāolù) 판로.

84

平时冷冷清清的游乐园一到星期天就变得人流不息, ______玩什么项目, 都要排长队等待才行。

(a) 不管
(b) 即使
(c) 由于
(d) 如果

해설 문맥에 맞는 접속사[連詞]를 고르는 문제로, '~에 관계없이, ~을 막론하고'의 뜻으로 쓰이는 '不管(bùguǎn)'에 대해 물었다. '不管~也(yě)/都(dōu)/反正(fǎnzhèng)…'의 형식으로 쓰여 '~와 상관없이 …하다'의 뜻을 표시한다. '~'에는 의문형이 와야 한다. (b)의 '即使(jíshǐ)'는 '即使~也(yě)…'의 형식으로 쓰여 '비록 ~라 할지라도 …한다'는 뜻을 표시하며, '~' 부분에는 가정된 상황이 나온다. 정답은 (a)이다.

번역 평소에는 무척 한산했던 놀이동산도 일요일만 되면 인파가 끊이지 않게 되어 무슨 놀이를 즐기든지 상관없이 모두 줄을 길게 서서 기다려야만 비로소 즐길 수 있게 된다.

(a) 상관없이
(b) 설령
(c) 때문에
(b) 만약

자구풀이

* 冷冷清清(lěnglěng-qīngqīng) 매우 한산하다, 많이 썰렁하다. '冷清'을 반복함으로써 정도가 심함을 나타냈다.
* 游乐园(yóulè yuán) 놀이동산, 유원지.
* 人流(rénliú) 사람의 물결, 인파.
* 不息(bù xī) 끊이지 않다, 계속 이어지다.
* 排长队(pái cháng duì) 줄을 길게 서다.

85

执行公务时一律身着制服、佩带证件并使用行业文明礼貌用语，______将按违纪处理。

(a) 从而
(b) 否则
(c) 无论
(d) 既然

해설

문맥에 맞는 접속사를 고르는 문제로, '그렇게 하지 않으면, 그렇지 않으면'의 뜻으로 쓰이는 '否则(fǒuzé)'에 대해 물었다. (a)의 '从而(cóngér)'은 그 앞뒤 문장이 인과관계를 형성하며, (c)의 '无论(wúlùn)'은 '无论~也(yě)/都(dōu)…'의 형식으로 '~이 무엇이든 간에 또한/모두 …이다' 정도의 뜻으로, '…'에는 의문형 또는 병렬 성분이 나와야 한다. 따라서 둘 다 정답이 될 수 없다. (d)의 '既然(jìrán)'은 주로 '既然~就(jiù)/还(hái)…'의 형식으로 쓰여 '~가 되었으니 …이다' 정도의 뜻을 나타내며, 이때 '~' 부분은 '…' 부분의 원인이 되기 때문에 정답이 될 수 없다. 정답은 (b)이다.

번역

공무를 집행할 때에는 일률적으로 제복을 착용하고 신분증을 패용하며 직무에 알맞은 교양 있고 예의바른 용어를 사용해야만 하니, 그렇게 하지 않으면 기율에 의거하여 처리될 것이다.

(a) 따라서 (b) 그렇게 하지 않으면
(c) 막론하고 (d) 그렇게 되었으니

자구풀이

* 一律(yīlǜ) 예외 없이, 한결같이, 일률적으로.
* 佩带(pèidài) 패용하다.
* 行业文明(hángyè wénmíng) 직업, 직무에 알맞은 교양. '行业'는 '직업, 업무, 직종', '文明'은 '교양 있는, 문명화된'.
* 将(jiāng) 장차, 앞으로.
* 无论(wúlùn) 막론하고, ~(이)든 간에. '不论(bùlùn)'이나 '不管(bùguǎn)'과 바꿔 쓸 수 있다.

Part IV

(86~100) 다음 글을 읽고 주어진 질문에 가장 알맞은 답을 고르시오.

86

小赵今天第一次起了个大早，为妈妈做了一顿饭。妈妈很感动地说，这才是最好的母亲节礼物。

问：小赵今天为什么做饭？

(a) 因为妈妈过生日
(b) 因为小赵常常早起
(c) 因为妈妈身体不舒服
(d) 因为今天是母亲们的节日

해설 지문에 나오는 '母亲节'의 뜻을 정확히 알고 있는지의 여부가 문제 풀이의 관건이 된다. 정답은 (d)이다.

번역 샤오자오는 오늘 처음으로 이른 아침에 일어나서 어머니께 밥을 지어 드렸다. 어머니는, 이것이야말로 가장 좋은 어머니날 선물이라며 매우 감격해 하면서 말씀하셨다.

문제 : 샤오자오는 왜 밥을 지었는가?

(a) 어머니가 생일을 맞이하셨기 때문이다.
(b) 샤오자오는 늘 일찍 일어나기 때문이다.
(c) 어머니의 몸이 불편하시기 때문이다.
(d) 오늘이 어머니들의 기념일이기 때문이다.

자구 풀이

* 起了个大早 이른 아침에 일어났다. '大早(dàzǎo)'는 '이른 아침', '个(ge)'는 양사이다.
* 母亲节(mǔqīnjié) 어머니의 날. 중국의 경우는 매년 5월 두 번째 일요일을 어머니의 날로 규정하여 지키고 있다.

87

本产品不仅价格低，造型美，便于驾驶，而且质量上乘——曾创造了无故障运行十万公里的纪录。

问：这是一则什么产品的广告？

(a) 照相机
(b) 小汽车
(c) 电视机
(d) 洗衣机

해설 지문에 나오는 '驾驶'와 '运行十万公里' 등의 표현에서 이 상품광고가 자동차에 관한 것임을 파악할 수 있다. 정답은 (b)이다.

번역 이 상품은 가격이 저렴할 뿐 아니라 조형미도 있고 운전하기에도 편리하며, 품질 또한 최상입니다——이미 무고장 운행 10만 킬로미터 기록을 세웠습니다.

문제 : 이는 어떤 상품 광고인가?

(a) 사진기
(b) 승용차
(c) 텔레비전
(d) 세탁기

자구풀이

* 便于(biànyú) ~하기에 편하다, 편리하다.
* 驾驶(jiàshǐ) '말을 몰다'는 뜻에서 파생되어 '자동차를 몰다, 운전하다'는 뜻으로 쓰인다.
* 上乘(shàngchéng) 최상, 최상급.

88

这个暑假王新既没有和同学一起旅行，也没有埋头于专业学习，而是去学校附近的一家建筑公司报了到。他辛辛苦苦地打了一个月工，赚了不少钱。他打算用这笔钱供两个贫困山区的小妹妹读书。

问：王新是做什么的？

(a) 学生　　(b) 会计
(c) 工程师　　(d) 银行职员

해설 지문의 내용은 왕신이 건축회사에 다니면서 돈을 번 것을 위주로 구성되어 있지만, 정답을 찾기 위해서는 빈곤한 산악지역[山区(shānqū)]에 사는 여동생의 학비를 벌기 위해 그렇게 했음을 파악해야 한다. 정답은 (a)이다.

번역 이번 여름방학 동안 왕신은 동학들과 함께 여행하지도 않았고 전공 공부에 몰두하지도 않은 채 학교 부근에 있는 건축회사에 출근하였다. 그는 고생고생 하며 1개월 동안 일을 하여 적지 않은 돈을 벌었다. 그는 이 돈을 빈곤한 산악지역의 두 여동생의 학비로 보내기로 하였다.

문제 : 왕신의 직업은 무엇인가?

(a) 학생　　(b) 회계사
(c) 엔지니어　　(d) 은행원

자구풀이

* 既~，也… ~도 하고 또한 …도 하다.
* 埋头(máitóu) 몰두하다.
* 报到(bàodào) 출석하다, 출근하다.
* 辛辛苦苦(xīnxīn kǔkǔ) 매우 고생하다.
* 打了一个月工 1개월 동안 일을 하다. '打工(dǎgōng)'은 '노동하다, 일하다'는 뜻으로, 상황에 따라 '아르바이트하다'의 뜻으로 풀 수도 있다. '一个月'는 시량사(时量词)로, 여기서처럼 빈어 앞에 오기도 한다.
* 工程师(gōngchéngshī) 엔지니어.

89

本次大赛的很多作品都是色香味俱佳的杰作，难分胜负。但是评审委员们还是本着公平、公正、公开的原则，评出了最后的获奖作品。这些获奖作品不仅为川菜的发展注入了新的活力，也为祖国的美食园地增添了诱人的香色。

问：“这些获奖作品”指的是哪一方面的作品？

(a) 花木栽培
(b) 川式烹饪
(c) 美术雕刻
(d) 服装设计

해설

지문의 내용을 정확히 파악하고, (b)에 있는 '川式'과 '烹饪'이라는 어휘의 의미를 유추하여 풀 수 있어야 정답을 찾을 수 있는 문제이다. '川式'은 지문에 나오는 '川菜'로부터 그 뜻을 유추해야 하고, '烹饪'은 '삶다, 익히다'라는 뜻의 동사라는 점에 착안하여 '조리하다'의 의미로 파생될 수 있음을 유추할 줄 알아야 한다. 정답은 (b)이다. (a), (c), (d)는 지문의 내용과는 무관한 것들이다.

번역

이번 대회에 출품된 무척 많은 작품은 모두 색과 향, 맛이 다 갖추어진 걸작들로 승부를 가리기가 어려웠다. 그러나 심사위원들은 그래도 공평 · 공정 · 공개의 원칙에 입각하여 최후의 수상 작품을 선정했다. 이들 수상작품들은 쓰촨 요리의 발전에 새로운 활력을 불어넣었을 뿐 아니라 조국의 요리 세계에 고혹적인 향내와 색채를 더해 주었다.

문제 : '이들 수상작품'이 가리키는 것은 어느 방면의 작품인가?

(a) 화초 재배
(b) 쓰촨식 조리
(c) 미술 조각
(d) 의상 디자인

자구 풀이

* 本次大赛的很多作品 이번 대회의 무척 많은 작품. 곧 이번 대회에 출품된 무척 많은 작품.
* 俱(jù) 다, 모두.
* 评审委员(píng shěn wěiyuán) 평가 심의 위원.
* 本着(běnzhe) ~에 의거하여, ~에 따라서.
* 评出(píng chū) 판정해 내다. '出'는 결과보어로 '완성되다'의 어기를 나타낸다.
* 获奖(huò jiǎng) 상을 받다. 여기서는 '상을 받은'.
* 不仅(bù jǐn) '也(yě)/而且(érqiě)' 등과 함께 쓰여 '~뿐 아니라 또한 …이다'는 뜻으로 쓰인다.
* 川菜(chuān cài) 쓰촨(四川) 일대의 요리.
* 注入(zhùrù) 불어넣다, 주입하다.
* 美食园地(měishí yuándì) 요리의 정원. '요리의 세계'를 빗댄 표현.
* 诱人(yòurén) 매혹적인, 매력적인.
* 川式烹饪(chuān shì pēngrèn) 쓰촨식 조리.
* 雕刻(diāokè) 조각.

90

那位王先生既非“才子”，又非“财子”，单单因为生就一幅好相貌，就总以为自己不错，把自己当成“王子”。周围的人给他介绍了那么多好姑娘他都看不上，简直太傲慢了，真应该让他好好儿打几年光棍儿，教训教训他。

问：关于“王先生”的论述，下面哪一项符合上文内容？

(a) 学历很高。
(b) 收入很高。
(c) 眼光很高。
(d) 视力不好。

해설

지문에는 속칭 '왕자병'에 걸린 왕선생에 대해 서술되어 있다. 그러한 지문의 내용과 부합하는 진술을 찾는 문제이다. 정답은 (c)이다. (a)와 (b)의 경우는, '재능 있는 이'도 아니고 '재력 있는 이'도 아니라고 한 지문의 내용에 위배되며, (d)는 지문에 언급되지 않은 내용이다.

번역

그 왕선생은 '재능 있는 이'도 아니고 또 '재력 있는 이'도 아니며, 오로지 잘 생긴 용모이다 보니 늘 자신을 괜찮다고 여겨 스스로를 '왕자'라고 생각해왔다. 주위 사람들이 좋은 아가씨들을 그렇게 많이 소개해 주어도 그는 늘 마음에 들어 하지 않았으니, 그야말로 지나치게 오만하다. 마땅히 몇 년 동안 독신생활을 톡톡히 하게 해서 그를 좀 가르쳐야 한다.

문제 : 왕선생에 관한 서술로 다음 중 윗글의 내용과 부합하는 것은?

(a) 학력이 매우 높다.
(b) 수입이 매우 많다.
(c) 안목이 너무 높다.
(d) 시력이 좋지 않다.

자구 풀이

* 既非"才子", 又非"财子" '재능 있는 이'도 아니고 또 '재력 있는 이'도 아니다. '才子'와 '财子'는 둘 다 'cáizǐ'로, 발음은 같지만 뜻은 다른[同音異义] 표현을 즐겨 쓰는 중국인의 언어 관습을 활용한 표현이다. '既~, 又…'는 '~이기도 하고 또한/게다가 …이기도 하다'는 뜻으로, 정도가 더해짐을 나타내기도 한다.
* 单单(dāndān) 오직, 오로지.
* 生就一幅好相貌 태어날 때부터 좋은 외모이다. 곧 '매우 잘생겼다'는 뜻으로 쓰인다. '幅(fú)'는 넓이가 있는 것을 세는 양사이고, '相貌(xiàngmào)'는 '외모, 용모'.
* 看不上(kàn bu shàng) 마음에 들어 하지 않는다. 가능보어의 부정형으로 '上'은 가능보어로 목적이 실현됐거나 애초의 기대가 충족됐음을 표시한다.
* 简直(jiǎnzhí) 그야말로, 말 그대로.
* 傲慢(àomàn) 오만하다, 교만하다.
* 好好儿(hǎohāor) 아주, 톡톡히.
* 打几年光棍儿 몇 년 동안을 독신으로 살다. '光棍儿(guāng gùnr)'은 '독신남'이라는 뜻이다.
* 教训教训他 그를 좀 가르쳐야 한다. 동사를 반복함으로써 어기를 부드럽게 한 표현이다.
* 眼光(yǎnguāng) 안목.

91

全集成自动化的核心是：统一的编程/组态，统一的数据管理和统一的通讯。它是一种适用于所有工业领域的集成解决方案平台。它能帮助用户改进整体制造工艺以及业务流程运作，实现整个生产流程的自动化和优化，合理高效地利用能源。

问：根据上文，全集成自动化的最终目的是什么？

(a) 节省能源
(b) 重新设计工艺流程
(c) 统一管理工业数据
(d) 有效解决工厂运作中发生的通讯障碍

해설

지문에는 IT를 기반으로 한 공업 분야의 혁신 내용에 대한 설명이 나와 있다. 전문용어가 대거 활용되고 있어 독해에 적지 않은 어려움이 있지만, 전문용어의 정확한 개념을 온전히 이해하지 못해도 충분히 풀 수 있게끔 설계된 문제이다. 포기하지 않고 논지의 흐름을 짚어보는 자세가 요청된다. 정답은 (a)이다. (b), (c), (d) 또한 지문에서 언급된 내용이지만, 이들은 에너지 자원의 절약을 실현하는 구체적인 방안이라는 점에서 총괄 집체적 자동화의 궁극적 목적이라고 할 수 없다.

번역

총괄 집체적 자동화의 핵심은, 통일적인 프로그래밍/콘피규레이션, 통일적인 데이터 관리 및 통일적인 통신이다. 그것은 모든 공업 분야에 적용할 수 있는 집체화 해결 방안 플랫폼이다. 그것은 사용자가 전체 완제품 제조와 업무처리과정 조정을 개선하는 데에 도움을 줄 수 있으며, 전체 생산과정의 자동화와 집적화를 실현하고, 합리적이고도 고효율적으로 에너지 자원을 이용하는 데에 도움을 줄 수 있다.

문제 : 윗글에 따르면, 총괄 집체적 자동화의 최종 목적은 무엇인가?

(a) 에너지 자원의 절약
(b) 완제품 설계 과정의 갱신
(c) 공업 데이터의 통일적인 관리
(d) 공장 운영 중 발생하는 통신 장애의 효과적인 해결

자구 풀이

* 集成(jíchéng) 전산용어인 집적화(integration). 기능을 일체화할 목적으로, 설계부터 제조, 시험, 운용과 같은 각 단계마다 그 단계의 제반 구성 부분을 일체화하여 하나의 단위로 취급할 수 있는 상태로 결합하는 것. '全集成(quánjíchéng)'은 '총괄 집적화' 정도로 번역되며, 일체화되어 하나의 단위로 취급할 수 있게 된 각 단계를 또다시 일체화된 상태로 결합하는 것.
* 编程(biānchéng) 프로그래밍.
* 组态(zǔtài) 전산용어인 '구성(configuration)'. 컴퓨터가 시스템으로서 작동하려면 중앙처리장치 · 입출력장치 등과 같은 제반 장치가 케이블에 의해 연결되고, 중앙으로부터 내려지는 프로그램의 지시에 따라 실행되어야 한다. 이와 같이 시스템으로 작동하는 각 장치를 조합시킨 상태를 말한다.
* 数据(shùjù) 자료, 데이터.
* 平台(píngtái) 전산용어인 '플랫폼(platform)'. 컴퓨터 시스템의 기반이 되는 하드웨어나 소프트웨어가 실행될 수 있는 기초를 이루는 컴퓨터 시스템.
* 工艺(gōngyì) 원자재나 반제품을 완제품으로 만드는 작업이나 기술.
* 流程(liúchéng) 공정(procedure, technological process).
* 运作(yùnzuò) 조작하다, 운영하다.
* 优化(yōuhuà) 최적화(optimization).

92

丁志成在《离婚》里饰演小赵，把小赵这个人物刻画得入木三分，举手投足都让人恨得牙痒痒。他相貌端正，但非气宇轩昂，也非眉清目秀的那种，而是端正得恰到好处，奸角正角都拿得起。从艺近十年来，名气虽然不见得红到发紫，然而在我看来，却可以当之无愧地排进内地演技派小生的前三名。

问：下面哪一项符合上文内容？

(a) 小赵力大无穷。
(b) 小赵心地善良。
(c) 丁志成演技非凡。
(d) 丁志成眉清目秀。

해설

배우 딩즈청을 설명한 지문의 내용을 정확하게 이해한 후 이를 토대로 지문의 내용과 부합하는 답지를 찾는 문제이다. 정답은 (c)이다. (a)와 (b)는 지문에서 언급되지 않은 내용을 담고 있으며, (d)는 지문의 내용과 반대된다. 한편 "举手投足都让人恨得牙痒痒"는 사역형으로 직역하면 "일거수일투족이 사람들로 하여금 치를 떨게 할 정도로 증오하게 만들었다."가 된다. 이를 자연스럽게 옮기면 아래의 번역처럼 된다.

번역

딩즈청은 《이혼》에서 샤오자오의 역을 연기했는데, 샤오자오라는 이 인물을 무척 생생하고도 강렬하게 연기해서, 그의 일거수일투족에 사람들은 증오로 이를 갈 정도였다. 그는 외모가 단정하기는 하지만 기개와 도량이 위풍당당하지 못하고 이목구비 또한 수려하지 못한 적당한 단정이라서 악한 배역이나 선한 배역 모두를 소화할 수 있다. 예술계에 몸담은 근 10여 년 동안 명성은 비록 하늘을 찌를 정도는 아니었지만, 내가 보건대 국내의 연기파 남자 배우 가운데 선두 세 명의 반열에 충분히 넣을 만하다.

문제 : 다음 중 윗글의 내용과 부합하는 것은?

(a) 사오 자오는 힘이 무궁무진하다.
(b) 사오 자오는 마음이 선량하다.

(c) 딩즈청의 연기는 비범하다.
(d) 딩즈청은 이목구비가 수려하다.

자구 풀이

* 饰演(shì yǎn) (맡은 배역을) 연기하다.
* 刻画(kèhuà) 묘사하다. 여기서는 연기에 관한 내용이므로 '연기하다'는 뜻으로 푸는 것이 좋다.
* 入木三分(rùmù-sānfēn) 서예의 필체가 생동하고 강건한 것을 말한다. 여기서 파생되어 묘사나 연기 따위가 생생하고 강렬한 것을 뜻한다.
* 举手投足(jǔ shǒu tóu zú) 일거수일투족.
* 牙痒痒(yáyǎngyang) 치가 떨리다, 이가 갈리다.
* 气宇轩昂(qì yǔ xuān áng) 기세가 비범하다. 남다른 기세. '气宇'는 '기개, 기세'라는 뜻이고, '轩昂'은 '위풍당당하다, 드높다'는 뜻이다.
* 眉清目秀(méiqīng-mùxiù) (남자의) 이목구비가 수려하다.
* 恰到好处(qiàdào-hǎochù) 딱 들어맞다, 꼭 알맞다.
* 奸角(jiānjué) 나쁜 배역, 간악한 배역.
* 正角(zhèngjué) 좋은 배역, 선한 배역.
* 拿得起(ná de qǐ) 가능보어구문으로 '손으로 잡을 수 있다, 집어 올릴 수 있다'의 뜻으로, 여기서는 '(어떤 배역이든) 소화할 수 있다' 정도의 뜻이다.
* 从艺(cóng yì) 예술계에 종사하다.
* 名气(míngqì) 명성, 명망.
* 红到发紫(hóng dào fā zǐ) 인기가 매우 높다. '红'은 '인기 있다[有人气]'라는 뜻이며, '发紫'는 '자줏빛을 띠다'는 뜻으로, 정도가 심함을 나타낸다.
* 当之无愧(dāngzhī-wúkuì) ~ 해도 아무런 부끄럼이 없다, 충분히 ~할 만하다.
* 排进(pái jìn) 밀어 넣다.
* 小生(xiǎoshēng) 중국 전통극의 배역 중 하나. 주인공 급의 젊은 남자 배역을 말한다.
* 无穷(wúqióng) 끝이 없다, 무궁하다.
* 心地(xīndì) 마음, 심지, 마음 씀씀이.

93

对方公司大小也是个国营企业，又是十几年的老主顾了，既然承诺国庆节之前将剩余欠款一次性还清，就一定不会食言。抱定这个信念，王平回家平心静气地等待消息。然而约定的日期已过，仍然不见资金入账。王平心下发毛，站也不是，坐也不是，吃不下也喝不下，暗想与其在这里出汗，不如再跑一趟北京，当面讨个说法。

问：下面哪一项符合上文内容？

(a) 对方不守信用。 (b) 对方迟到三天。
(c) 对方邀王平入京。 (d) 对方和王平初次合作。

해설 지문에서 언급된 내용을 답지 중에서 찾는 문제이다. 지문에서는 왕핑이 주 고객인 상대방을 믿고 기다렸는데 약속 기일이 지나도 상대방이 빌린 돈을 갚지 않았음과, 그로 인해 좌불안석으로 지내다가 재차 베이징으로 가 상대방을 만나서 해결책을 찾는 것이 나을 것 같다는 생각을 하게 된 이야기가 나온다. 따라서 정답은 (a)가 된다. (b), (c), (d)는 모두 지문의 내용에 위배된다.

번역 상대 회사는 크기가 어떻든 국영기업이고 또 십수 년 동안의 주 고객이다. 이왕 국경절 전에 빌린 돈의 잔액을 일괄 청산한다고 했으니 틀림없이 식언을 하지는 않았을 것이다. 이러한 믿음을 지닌 채 왕핑은 집으로 돌아와 마음을 가라앉히고 소식을 기다렸다. 그러나 약속한 일자가 지났는데도 여전히 돈이 입금되지 않았다. 왕핑은 너무 당황스러워서 서도 선 것 같지 않았고, 앉아도 앉은 것 같지 않았으며, 먹지도 마시지도 못하게 되다 보니 여기서 식은땀을 흘리고 있느니 차라리 다시 베이징으로 달려가서 얼굴을 마주하고 문제를 짚고 넘어가는 것이 낫겠다는 생각이 들었다.

문제 : 다음 중 윗글의 내용과 부합하는 것은?

(a) 상대방이 신용을 지키지 않았다.
(b) 상대방은 3일 늦었다.
(c) 상대방이 왕핑더러 베이징에 오라고 초청했다.
(d) 상대방과 왕핑은 처음으로 합작하였다.

자구 풀이

* 老主顾(lǎo zhǔgù) 단골손님.
* 既然 이미 그렇게 된 바에야, 이왕 그렇게 된 이상.
* 国庆节(guó qìng jié) 중화인민공화국 건국일인 10월 1일. '国庆日(guó qìng rì)'라고도 쓴다.
* 将(jiāng) '把(bǎ)'처럼 빈어(宾语)를 술어 앞으로 도치시킬 때 빈어 앞에 붙여 사용하는 전치사이다.
* 剩余(shèngyú) 남다. 잉여.
* 欠款(qiàn kuǎn) 돈을 꾸다, 빚지다.
* 一次性(yīcìxìng) 단 한 차례, 단 한 번. 여기서는 문맥에 맞춰 '한꺼번에, 일괄적으로' 정도의 뜻으로 쓰였다.
* 还清(huánqīng) 빚을 갚다, 청산하다. '清'은 결과보어로, '깨끗해짐, 남김없이 제거됨' 등의 뜻을 나타낸다.
* 抱定(bào dìng) 품다, 지니다, 견지하다.
* 平心静气(píng xīn jìng qì) 마음을 차분히 가라앉히다.
* 仍然(réngrán) 여전히.
* 不见资金入账 직역하면 "돈이 통장에 입금됐음이 보이지 않는다."로 '돈이 통장에 입금되지 않았다'는 뜻이다. '入账(rù zhàng)'은 '입금하다'.
* 心下(xīnxià) 마음속. '心里(xīnli)'와 같은 뜻이다.
* 发毛(fā máo) 당황하다.
* 站也不是 서도 선 것 같지 않다. '站也不是站的'에서 끝의 '站的'가 생략된 표현이다.
* 吃不下也喝不下 먹을 수도 없고 마실 수도 없다. 밥도 물도 넘어가지 않는다. 곧 걱정 등으로 인하여 입맛이 완전히 없어진 상태를 가리킨다. '下'는 정도보어로 담거나 포용, 수용할 수 있음을 표시한다.
* 与其~, 不如… ~하느니 차라리 …하는 것이 낫다, ~하는 것은 …하는 것만 못하다.
* 出汗(chūhàn) 땀이 나다, 땀을 흘리다.
* 讨个说法(tǎo ge shuōfa) 도리를 따지다. 문제를 짚고 넘어가다. '说法'는 문제를 처리하는 이유 또는 근거를 의미한다.

94

经检测，短短5厘米的芦荟叶片，竟含有数十种人体需要的微量元素和营养成分，其中含量最高的脂肪酸和维生素E这两种成分恰恰是表皮细胞所必需的营养，它们可以及时修复晒后受损的肌肤。不仅如此，芦荟分子小，易被人体吸收，对改善免疫功能、消除体内毒素、预防结肠炎等都有显著效果。无论外敷还是内服，不论美容还是保健，芦荟都显示出卓越的效能。

问：根据上文，芦荟有什么特点？

(a) 不宜食用。
(b) 不易吸收。
(c) 不含脂肪酸。
(d) 保健效果显著。

해설) 알로에 잎의 각종 효능을 설명하고 있는 지문을 읽고, 그 내용과 부합하는 답지를 찾는 문제이다. 정답은 (d)이다. (a), (b), (c)는 문제의 설명에 위배되는 내용이다.

번역) 검사와 측량을 거쳐 보니, 짧디짧은 5㎝의 알로에 잎 조각에는 뜻밖에 인체에 필요한 수십 종의 미량원소와 영양분이 함유되어 있었다. 그 가운데 함량이 가장 높은 지방산과 비타민 E의 두 성분은 마침 표피 세포가 필요로 하는 영양분으로, 햇볕에 노출되어 손상된 살과 피부를 제때에 회복시킬 수 있다. 이뿐만 아니라 알로에는 분자가 작아서 인체에 쉽게 흡수되며, 면역 기능의 개선과 체내 독소의 제거, 결장염 예방 등의 방면에 빼어난 효과를 지니고 있다. 바르거나 먹거나에 관계없이, 미용이나 보건을 막론하고 알로에는 모두 탁월한 효능을 보이고 있다.

문제 : 윗글에 의하면 알로에는 어떤 특징을 지니고 있는가?

(a) 식용으로는 적당치 않다.
(b) 쉬이 흡수되지 않는다.
(c) 지방산이 함유되어 있지 않다.
(d) 보건에 효능이 매우 좋다.

자구 풀이

* 检测(jiǎncè) 검사하고 측량하다.
* 芦荟(lúhuì) (식물명) 노회, 알로에.
* 竟(jìng) 뜻밖에, 의외로.
* 微量元素(wēiliàng yuánsù) 미량원소(trace element). 생물이 생명현상을 유지하는 데에 매우 적은 양이지만 꼭 필요한 원소를 말한다.
* 脂肪酸(zhīfángsuān) 지방산.
* 恰恰(qiàqià) 때마침, 바로.
* 受损(shòu sǔn) 손상을 입다, 다치다.
* 肌肤(jīfū) 살과 피부.
* 易被人体吸收 직역하면 "쉬이 인체로 하여금 흡수된다."라는 뜻으로, 자연스런 우리말로 옮기면 '인체에 쉽게 흡수된다' 정도다.
* 免疫(miǎnyì) 면역.
* 消除(xiāochú) 제거하다, 없애다.
* 结肠炎(jiéchángyán) 결장염(colonitis).
* 显著(xiǎnzhù) 뚜렷하게 나타나다, 현저하다.
* 无论是…, 还是~ …(이)든 ~(이)든 간에, …나 ~을 막론하고. '无论' 대신에 '不论'을 쓸 수도 있다.
* 外敷(wàifū) 파스 등을 붙이다, 연고 등을 바르다.
* 内服(nèifú) 복용하다.
* 卓越(zhuōyuè) 탁월하다, 빼어나다.
* 不宜(bùyí) ~하기엔 적당치 않다, ~해서는 안 된다.

95

宝宝三个多月了，他从一出生就黑白颠倒，白天可以七八个小时不吃不喝、呼呼大睡；晚上就醒着要吃，吃完了要玩，不跟他玩儿就大哭大叫。他这种几乎完全按照地球另一面的时刻安排作息的生活规律，令新任父母健宇夫妇身心疲惫、大伤脑筋，实在不知道拿这只“夜猫子”如何是好。

问：下面哪一项符合上文内容？

(a) 宝宝喜欢小动物。
(b) 新任父母束手无策。
(c) 新任父母经验丰富。
(d) 宝宝身体不适，光吃不睡。

해설

지문에는 낮과 밤이 완전히 뒤바뀐 갓난아이를 키우며 어찌할 줄 몰라 하는 초보 부부의 얘기가 실려 있다. 이 내용과 부합되는 답지를 고르는 문제이다. 정답은 (b)이다. (a)는 지문에 언급되지 않은 내용이며, (c)와 (d)는 지문과 반대되는 내용이다.

번역

아기는 태어난 지 삼 개월여가 됐는데 , 태어날 때부터 낮밤이 바뀌었다. 낮에는 일고 여덟 시간이나 먹지도 마시지도 않고서도 쌕쌕대면서 잠을 푹 잘 수 있다. 그런데 밤이 되면 깨어나서 먹으려 하고, 다 먹은 후에는 놀자고 하는데 놀아 주지 않으면 큰 소리로 울어댄다. 거의 완전히 지구 다른 편의 시각에 맞추어 자거나 깨는 이 아이의 생활 법칙으로 인해 초보 부모인 지앤위 부부는 심신이 지치고 골치가 너무 아파 정말 이 '부엉이'를 어떻게 처리해야 좋을지 몰라 하고 있다.

문제 : 다음 중 윗글의 내용과 부합하는 것은?

(a) 아기는 작고 귀여운 동물을 좋아한다.
(b) 초보 부모는 속수무책이다.
(c) 초보 부모는 경험이 풍부하다.
(d) 아기는 신체적으로 적응하지 못하여 먹기만 할 뿐 못 자고 있다.

자구 풀이

* 宝宝(bǎobǎo) 아기. 아기를 귀엽게 부르는 말.
* 他从一出生就黑白颠倒 그는 태어나자마자 낮밤이 바뀌다. '一~就…'는 '~하자마자 바로 …하다'는 뜻이고, '黑白颠倒(hēi bái diān dǎo)'는 본래 '흑백이 전도되다, 고의로 사실을 왜곡하다'는 뜻이지만, 여기서는 '낮과 밤이 거꾸로 되다'는 뜻으로 쓰였다.
* 白天(báitiān) 낮.
* 呼呼大睡(hūhū dà shuì) 쌕쌕거리며 푹 자다. '呼呼'는 '쿨쿨, 쌕쌕'처럼 잠잘 때 나는 소리를 가리키고, '大'는 정도가 깊거나 큼을 나타내는 부사이다.
* 几乎(jīhū) 거의.
* 安排作息(ānpái zuòxī) 깨고 자는 것을 조절하다, 안배하다. '作息'는 '업무와 휴식'이라는 뜻이지만 여기서는 비유적으로 쓰여 '깨어 있는 것과 잠자는 것'을 가리킨다.
* 令(lìng) 사역의 어기를 나타내는 동사로, '~하게 하다, ~을 시키다'는 뜻으로 쓰인다.
* 疲惫(píbèi) 피로하다, 지치다.
* 大伤脑筋(dà shāng nǎojīn) 크게 골머리를 앓다, 크게 애를 먹다.
* 实在不知道拿这只"夜猫子"如何是好 정말 이 '부엉이'를 어찌해야 좋을지를 모르겠다. '拿(ná)'는 전치사로, '把(bǎ)'와 같이 빈어를 술어 앞으로 끌어내는 처치식(处置式) 구문에 사용된다. '夜猫子(yèmāozi)'는 '부엉이'라는 뜻으로 낮밤이 바뀐 아이를 비유적으로 지시한 것이며, '如何是好(rúhé shì hǎo)'는 '어찌해야 좋을지'라는 뜻의 관용적 표현이다.
* 束手无策(shùshǒu-wúcè) 속수무책이다.
* 光(guāng) 단지, 다만.

96

皮肤好坏与多种因素有关。当一个人胃肠不佳时，肌肤就容易出现疱疹、湿疹等症状。肝功能减退也可能使皮肤出现雀斑、褐斑等。长时间使用电脑，或长时间在写字楼里工作，缺乏户外运动，也会使皮肤缺氧，导致面黄萎靡、毫无血色、黑眼圈、细纹、毛孔粗大等肌肤问题。

问：下列哪一项符合上文内容？

(a) 皮肤好有助于排除毒素。
(b) 身体健康会使容颜更加亮丽。
(c) 肝功能减退与饮酒过量有关。
(d) 心情不佳会导致皮肤粗糙、缺乏生气。

해설

지문에는 피부 문제를 일으키는 여러 원인이 제시되어 있다. 이를 토대로 유추할 수 있는 결론을 답지에서 찾으면 된다. 정답은 (b)이다. (a)와 (c)는 지문에 언급되지 않은 내용이며, (d)의 경우도 지문에는 심리상태가 언급되어 있지 않기 때문에 정답이 아니다.

번역

피부 상태는 여러 가지 요인과 관련되어 있다. 위장이 좋지 않을 때에는 살과 피부에 포진이나 습진 등의 증상이 쉽게 나타난다. 간 기능의 감퇴도 피부에 주근깨나 작은 반점 등을 유발할 수 있다. 오랜 시간 컴퓨터를 사용하거나 장시간에 걸쳐 사무실에서 작업을 하느라 실외 운동이 부족하면, 피부에 산소가 결핍되어 얼굴이 누렇게 뜨고 원기를 잃게 되거나 혈색이 싹 가시게 되며, 다크서클 · 주름 · 모공 확대 등의 피부 문제를 초래하게 된다.

문제 : 다음 중 윗글의 내용과 부합하는 것은?

(a) 피부가 건강하면 독소 제거에 도움이 된다.
(b) 신체가 건강하면 안색이 더욱 밝아지고 아름다워진다.
(c) 간 기능의 감퇴와 과음은 관련이 있다.
(d) 마음이 편치 않으면 피부가 거칠어지고 생기를 잃게 된다.

자구 풀이

* 皮肤好坏(pífū hǎohuài) 피부의 좋고 나쁨. 곧 피부의 상태.
* 当一个人胃肠不佳时 사람의 위장이 안 좋을 때. '当(dāng)~时(shí)'는 '~할 때'. '不佳(bù jiā)'는 기능이나 작동이 원활하지 않은 상태를 나타낸다.
* 肌肤(jīfū) 근육과 피부, 살과 피부.
* 疱疹(pàozhěn) 포진.
* 湿疹(shīzhěn) 습진.
* 肝功能减退也可能使皮肤出现雀斑, 褐斑等 사역형 구문으로 직역하면 "간기능의 감퇴는 피부로 하여금 주근깨, 작은 반점 등을 나타나게 한다."라는 뜻으로, 위의 번역에서는 자연스럽게 의역하였다. '雀斑(quèbān)'는 '주근깨', '褐斑(hèbān)'은 '작은 반점'.
* 写字楼(xiězìlóu) 사무실.
* 缺乏户外运动, 也会使皮肤缺氧 사역형 구문으로 직역하면 "실외 운동의 결핍은 피부로 하여금 산소를 부족하게 할 수 있다."라는 뜻으로, 위의 번역에서는 자연스럽게 의역하였다. '缺乏(quēfá)'는 '부족하다, 결핍되다', '户外(hùwài)'는 '집밖, 실외', '氧(yǎng)'은 '산소'.
* 导致(dǎozhì) (어떤 사태나 결과 등을) 야기하다, 초래하다.
* 面黄(miàn huáng) 얼굴이 누렇게 뜨다.
* 毫无(háowú) 전혀 ~하지 않다, 조금도 ~이 없다.
* 萎靡(wěimǐ) 활기가 없다, 축 처지다. '萎' 대신에 '委(wěi)'를 쓰기도 한다.
* 黑眼圈(hēiyǎnquān) 눈 주위에 낀 검은색 기미, 다크서클.
* 细纹(xìwén) 주름. '纹缕儿(wénlür)'로도 쓰임.
* 亮丽(liànglì) 밝고 아름답다.
* 心情不佳(xīnqíng bù jiā) 마음이 불편하다. 여기서의 '不佳'는 좋지 못한 상태를 나타낸다.
* 粗糙(cūcāo) 거칠다, 조잡하다.

97

在度过沉闷的上半场后，谢林率先为深圳队射入一球取得领先；长沙队不甘示弱，很快还以颜色，张明左路传中，阿布凌空抽射，这一球击中深圳队门将，被弹了回来，而后上的刘正及时将其补射入网，两队比分扳平。临近终场时，刘正得到阿布漂亮的长传，梅开二度，长沙队2比1获胜，本赛季首战告捷。

问：根据上文，谁是本场比赛的最佳射手？

(a) 谢林
(b) 张明
(c) 刘正
(d) 阿布

해설

"매화가 두 번 피다[梅开二度]"라는 표현의 비유적 의미를 정확히 파악한 후 이를 토대로 이 축구 경기의 최우수선수가 될 만한 선수를 유추하는 문제이다. 정답은 (c), 두 골을 넣은 리우정이다. 전문적인 축구 용어가 많이 사용되고 있어 이에 익숙치 않은 경우 문제 풀이에 어려움이 있을 수도 있지만, 내용의 대략적인 흐름 파악만으로도 문제를 풀 수 있도록 설계된 문제이므로 지레 포기해서는 안 된다.

번역

답답했던 전반전이 지난 후, 씨에린이 먼저 선전 팀을 위해 한 골을 넣음으로써 선전팀이 리드를 잡았다. 그러나 창사 팀은 약한 모습을 보이지 않으려고 빠르게 복수에 나섰다. 장밍이 왼쪽에서 가운데로 패스를 하자 아뿌가 솟구쳐 올라 슛을 쏘았다. 이 슛은 선전 팀의 골키퍼 정면으로 날아가 튕겨져 나왔는데 뒤따르던 리우정이 제때에 재차 슛을 쏘아 득점을 올려 두 팀의 스코어가 같아졌다. 끝날 때가 다 되어서 리우정은 아뿌의 기가 막힌 장거리 패스를 받아 두 번째 득점을 올렸고, 창사 팀은 2 : 1로 승리를 거둠으로써 이번 시즌 첫 경기에서 승리를 고하게 되었다.

문제 : 윗글의 내용으로 볼 때 이번 경기의 최우수선수는 누구인가?

(a) 씨에린 (b) 장밍
(c) 리우정 (d) 아뿌

자구 풀이

* 度过(dùguò) (시간이) 경과되다, 지나가다.
* 沉闷(chénmèn) 답답하다, 침울하다.
* 上半场(shàngbànchǎng) 운동경기에서의 전반전.
* 射入(shè rù) 슛을 쏘아 골을 넣다.
* 球(qiú) 득점을 헤아릴 때의 양사.
* 领先(lǐngxiān) 리드. 리드하다.
* 不甘示弱(bù gān shì ruò) 약한 모습을 보이려 하지 않다.
* 还以颜色(huán yǐ yánsè) 정색을 하다, 낯빛을 바꾸다.
* 左路传中(zuǒlù chuán zhōng) 왼쪽에서 가운데로 패스하다.
* 凌空(língkōng) 하늘로 솟구치다, 껑충 뛰어오르다.
* 抽射(chōushè) 발리 슛(volley shot)을 쏘다.
* 击中(jīzhòng) 명중하다. 여기서는 '골키퍼의 정면으로 공이 날아가다'는 뜻.
* 门将(ménjiàng) 수문장, 골키퍼.
* 被弹回来(bèi tán huí lái) 튕겨져 나오다. 여기서는 골키퍼가 쳐낸 상황을 의미한다. '被'는 피동문을 이끈다. '回来'는 복합방향보어로 동작의 결과 원래의 장소나 상태로 되돌아옴을 표시한다.
* 后上的刘正及时将其补射入网 뒤따르던 리우정이 제때에 그 공으로 재차 슛을 쏘아 득점을 올리다. '将其(jiāng qí)'에서 '将'은 '把'처럼 빈어를 술어 앞으로 도치시킬 때 사용되는 전치사이며, '其'는 공을 받는 대명사이다. '及时(jíshí)'는 '제때에', '后上(hòu shàng)'은 '뒤에서 쇄도하다, 뒤에서 따라오다', '补射(bǔ shè)'는 '재차 슛을 쏘다', '入网(rù wǎng)'은 '골을 넣다, 득점하다'는 뜻이다. '网'은 골대에 쳐 있는 그물을 가리킨다.
* 比分(bǐfēn) 득점, 스코어.
* 扳平(bānpíng) 득점이 같아지다.
* 临近(línjìn) (거리나 시간적으로) 가까운.
* 终场(zhōngchǎng) (연극이나 시합 등의) 종결, 끝남.
* 长传(cháng chuán) 장거리 패스.
* 梅开二度(méi kāi èr dù) 매화가 두 차례 피다. 여기서는 한 선수가 두 골을 넣은 것을 빗댄 표현이다.
* 赛季首战(sàijì shǒuzhàn) 시즌 첫 경기. '赛季'는 스포츠 경기 등에서의 '시즌'.
* 告捷(gàojié) 승리를 고하다, 이기다, 승리하다.

98

随着信息技术的飞速发展，一些犯罪行为越来越具有智能化的特征。从犯罪学的角度看，智能犯罪是指犯罪分子运用智慧、智力成果和先进的科技手段实施的犯罪。调查显示，在我国被揭发的高科技犯罪以每年40%的速度逐年递增。作为高科技时代的产物，智能犯罪具有不同于传统犯罪的特征。这就要求我们加快对智能型高科技犯罪的研究，战略性地进行综合防范，以便准确、有效地打击犯罪。

问：下面哪一项符合上文内容？

(a) 智能化犯罪纯属偶然。
(b) 科技的飞速发展，有效地抑制了各种犯罪案件的发生。
(c) 智能化犯罪的特点是运用技术含量高的现代化手段实施犯罪。
(d) 在信息技术如此发达的时代，智能犯罪根本无法预防，只能任其蔓延。

해설

과학기술의 발달에 따라 이를 오용한 '지능형 범죄'가 증가 일로에 있으므로, 그 예방책에 대하여 종합적으로 연구하고 대처해야 한다는 것이 지문의 주요 내용이다. 이와 부합되는 내용을 지닌 답지를 고르는 문제이다. 정답은 (c)이다. (a), (b), (d)는 지문에서의 설명과는 반대되는 내용으로 이루어져 있다. 마지막 문장은 증가 일로인 지능형 범죄를 가리키는 '这'가 주어로 온 물주구문이다.

번역

정보기술의 급속한 발달에 따라 몇몇 범죄행위는 갈수록 지능화된다는 특징을 지닌다. 범죄학의 각도에서 보자면, 지능범죄는 범인들이 지혜나 지적 성과물 및 선진적인 과학기술 수단을 활용하여 수행한 범죄를 가리킨다. 조사가 말해 주듯이, 우리나라에서 적발된 고급 과학기술 범죄는 매년 40% 증가속도로 해마다 늘어나고 있다. 고급 과학기술시대의 산물인 지능형 범죄는 전통적인 범죄와는 다른 특징을 지니고 있다. 따라서 우리들은 지능형 고급 과학기술 범죄에 대해 조속히 연구하고 종합적인 범죄 예방을 체계적으로 마련함으로써, 정확하고도 효과적으로 범죄를 타격해야만 한다.

문제 : 다음 중 윗글의 내용과 부합하는 것은?

(a) 지능형 범죄는 순전히 우연의 산물이다.
(b) 과학기술의 급속한 발달로 인해 각종 범죄사건의 발생을 효과적으로 억제하였다.
(c) 지능화된 범죄의 특징은 기술적 요소가 많이 가미된 현대화된 수단을 활용하여 범죄를 저지른다는 점이다.
(d) 정보화 기술이 이와 같이 발달한 시대에는 지능형 범죄를 근본적으로 예방할 수는 없고 단지 널리 퍼지는 것을 내버려둘 수밖에 없다.

자구 풀이

* 信息技术(xìnxī jìshù) 정보기술(IT).
* 飞速(fēisù) 무척 빠른, 급속한.
* 智力成果(zhìlì chéngguǒ) 지적 성과물, 지적 재산(intellectual property).
* 揭发(jiēfā) 적발하다, 들추어내다.
* 高科技(gāo kē jì) 고급 과학기술. '高級科学技术(gāojí kēxué jìshù)'의 준말.
* 逐年(zhúnián) 해마다, 매년.
* 递增(dìzēng) 늘어나다, 증가하다.
* 任其蔓延(rèn qí mànyán) 그 만연하는 것을 내버려두다. '任'은 '내버려두다, 방임하다', '其'는 대명사, '蔓延'은 '만연하다, 두루 퍼지다'.
* 加快(jiākuài) 서두르다, 가속하다.
* 战略性(zhànlüèxìng) 전략적, 전략적인. 여기서는 '전략적'으로 번역하면 우리말이 어색하므로, '체계적' 정도로 번역하면 된다. '전략적'이라는 말은 '전략을 세운다'는 뜻이고, '전략을 세운다'는 것은 사안이나 사태에 대해 체계적으로 접근하는 것을 전제로 하기 때문이다.
* 案件(ànjiàn) 사건.

99

听说李导演的新作上市，玲玲非约我去看。于是，星期天我们一起吃完午饭就直奔电影院。没想到李导的所谓新片，画面依旧似曾相识，只是颜色从多年前的红彤彤，变成了今天的黄澄澄。连我这个久被烂片熏染，自以为身经百战、刀枪不入的人都觉得堵得慌。玲玲也一出门就直喊要吐。她竟然抱怨说是我中午请她吃的猪肉太腻。别说猪肉不腻，就是腻，12点吃的午饭到5点怎么也消化完了。天地良心，这可冤枉死我了。

问：玲玲为什么想吐？

(a) 因为午饭过饱，难以消化。
(b) 因为猪肉变质，食物中毒。
(c) 因为电影感人，令人惊叹。
(d) 因为电影太差，令人作呕。

해설 지문의 내용을 정확하게 파악한 후, 이를 토대로 주어진 문제의 정답을 추론하는 유형의 문제이다. 정답은 (d)이다. 지문의 전반부에서는 리 감독의 신작을 함께 보러 갔지만, 형편없는 영화에 이력이 난 사람조차 견딜 수 없을 정도로 그 수준은 기대에 못 미쳤음을 말하고 있다. 이 부분이 정답을 추론하는 데에 있어 관건이 된다. 지문의 후반부에서 영화를 보고 나오자마자 구역질을 하게 된 링링이, 구역질의 원인을 화자와 함께 먹은 점심의 돼지고기 탓으로 돌리는 장면이 제시된다. 그러나 이는 영화를 꼭 같이 보러 가자고 권유했던 링링이 책임 회피를 하기 위해 둘러댄 핑계에 불과함이 마지막 문장에 분명하게 제시되어 있다.

번역 리 감독의 신작이 개봉되었다는 말을 듣고, 링링은 나랑 꼭 보러 가자고 했다. 그래서 월요일에 우리는 함께 점심을 먹고는 바로 극장으로 달려갔다. 그런데 생각지도 못하게 리 감독의 이른바 신작이라는 것이, 화면은 예전대로여서 이미 본 듯했는데, 단지 색채가 몇 년 전의 새빨갛던 것에서 오늘날의 금빛 찬란한 것으로 변했을 따름이었다. 나처럼 형편없는 영화에 익숙한, 자칭 백전노장에 온갖 공격도 뚫지 못할 것 같은 사람도 답답해 죽을 지경이었다. 링링도 극장 문을 나서자마자 바로 토하려고 했다. 그녀는 뜻밖에 내가 점심에 샀던 돼지고기 요리가 너무 기름졌기 때문이라며 나를 원망했다. 돼지고기는 정말로 기름지지 않았으며, 설사 기름졌다고 하더라도 12시에 먹은 점심은 오후 5시가 되면 어떻게 해도 완전하게 소화가 된다. 하늘과 땅에 대고 양심을 걸고 얘기하는 것이지만, 이는 정말로 억울해 죽겠는 일이다.

문제 : 링링은 왜 토하고 싶어졌는가?

(a) 점심을 과도하게 배부르게 먹어 소화시키기 어려웠기 때문이다.
(b) 돼지고기가 변질되어서 식중독에 걸렸기 때문이다.
(c) 영화가 감동적이어서 사람들의 경탄을 자아냈기 때문이다.
(d) 사람들이 구역질 날 정도로 영화의 수준이 너무 처졌기 때문이다.

자구 풀이

* 非(fēi) '非不'의 형태로 '꼭, 반드시'라는 뜻으로 쓰이는데, 구어에서는 '不' 없이 단독으로 쓰이기도 한다.
* 约(yuē) 초청하다, 청하다.
* 依旧(yījiù) 예전대로, 예전과 마찬가지로, 이전처럼.
* 红彤彤(hóngtōngtōng) 새빨갛다. 붉은빛을 나타내는 '彤'을 반복하여 의태어를 만들었고, 이를 '红'자 뒤에 붙여 씀으로써 붉음의 정도가 아주 강렬함을 표현하였다.
* 黄澄澄(huángdēngdēng) 금빛 같은, 싯누런 모양.
* 烂片(làn piàn) 형편없는 영화. '烂'은 '어수선하다, 형편없다'는 뜻의 형용사이며, '片'은 영화 작품을 말한다.
* 熏染(xūnrǎn) (주로 부정적인 것에) 물들다, 익숙해지다, 영향을 받다.
* 身经百战(shēn jīng bǎi zhàn) 몸으로 많은 전쟁을 겪었다는 뜻에서 파생되어, 온갖 고초와 어려움을 겪었다는 뜻. 여기서는 '갖가지 오래된 영화를 두루 섭렵하여 오래된 영화의 각종 부정적인 요소를 충분히 겪었음'을 비유적으로 표현한 말이다.
* 刀枪不入(dāo qiāng bù rù) 어떤 무기도 뚫고 들어올 수 없다. 여기서는 비유적으로 쓰여 어떠한 상황에서도 능히 견딜 수 있도록 충분히 단련됐다는 뜻임. '刀枪'은 '칼과 창'이라는 뜻으로 무기의 총칭으로 사용되었다.
* 堵得慌(dǔ de huāng) 어찌할 바를 몰라 답답할 지경이다. '堵'는 '답답하다', '得'는 정도보어구문을 구성해 주는 구조조사, '慌'은 '당황하다, 어찌할 바를 모르다'의 뜻으로 답답함의 정도를 표시해 주는 정도보어이다.
* 竟然(jìngrán) 뜻밖에도, 의외로.
* 抱怨(bàoyuàn) 원망하다, 탓하다.
* 说是(shuōshì) (말하자면) ~라고 한다, ~라는 것이다.

* 别说(bié shuō) 그야말로, 참으로, ~는 말할 필요도 없고.
* 就是腻(jiùshi nì) 설령 기름졌다고 하더라도. '就是'만으로도 양보의 의미를 나타낼 수 있다.
* 天地良心(tiāndì liángxīn) 하늘과 땅을 걸고 양심에 입각하여 말하다.
* 冤枉死(yuānwang sǐ) '冤枉'은 '억울하다, 원통하다'는 뜻. '死'는 결과보어로, 그 정도가 매우 심함을 나타낸다.
* 食物中毒(shíwù zhòngdú) 식중독, 식중독에 걸리다. '中毒'는 '중독되다, 해를 입다'.
* 令人惊叹(lìng rén jīngtàn) 직역하면 "사람으로 하여금 찬탄하게 하였다."는 뜻으로, 이를 자연스럽게 풀면 '사람들이 찬탄하게 되었다' 정도의 뜻이 된다. '令'은 사역의 뜻을 나타내는 동사이다.
* 作呕(zuòǒu) 구토하다, 토악질하다.

100

近年来，安全带的设计除了传统惯性束紧式安全带外，更有先进的预张紧式及束力限制式安全带。所谓的预张紧式安全带就是当事故发生时，安全带系统除了传统的惯性束紧外，更可以产生将安全带回拉的力量，避免向前移动的行程过大或产生过大的冲击。另一种就是束力限制式安全带，其设计方式是在安全带束紧的同时，当束力达到某一力量以上时，安全带系统会稍许地松开，使束紧的力量不会再升高。这种束力限制式安全带可以使人的胸部所受的冲击力以及颈部的折弯力不至于过大。安全带的选择关系到驾驶者的生命，所以，消费者在选购车辆时，一定要仔细询问安全带的种类。

问 ：下面哪一项符合上文内容？

(a) 惯性束紧式已退出市场。
(b) 预张紧式设计与传统设计完全不同。
(c) 束力限制式设计比预张紧式设计更安全。
(d) 只要汽车性能好，惯性束紧式安全带就没有太大意义。

해설

지문의 내용과 부합하는 진술을 찾는 문제이다. 최근에 신기술을 적용하여 개발된 '프리 세이프식' 안전띠와 '압박 제한식' 안전띠의 작동 양상과 효과를 비교적 상세하게 설명한 지문의 내용을 정확하게 해독한 후, 이를 토대로 추론을 해야만 문제를 풀 수 있다. 정답은 (c)로, '프리 세이프식' 안전띠가 충돌 시 인체가 앞으로 지나치게 튀어나가거나 인체에 과도한 힘이 걸리지 않도록 설계된 데에 비해, '압박 제한식' 안전띠는 가슴과 목 부위에 가해지는 충격과 힘이 과도하지 않도록 더욱 정밀하게 설계됐다는 점에서 '프리 세이프식' 안전띠보다 안전하게 설계됐다고 할 수 있다. (a), (b), (d)는 지문에서 직간접적으로 언급되지 않은 내용이다.

번역

근자에 안전띠의 설계로는 전통적인 '관성 압박식' 안전띠 외에, 더욱 선진적인 '프리 세이프식' 안전띠와 '압박 제한식' 안전띠가 나왔다. '프리 세이프식' 안전띠는 사고 발생 시 안전띠 계통에 전통적인 관성에 의한 졸라맴 외에도 안전띠를 되감는 힘을 발생시킬 수 있어, 앞으로 튀어나가는 정도가 과도하거나 지나치게 큰 충격이 발생하지 않도록 한다. 또 다른 하나는 '압박 제한식' 안전띠로서, 그 설계방식은 안전띠로 졸라맴과 동시에 그 힘이 일정 정도 이상이 되었을 때엔 안전띠 계통이 조금씩 느

손해져 졸라매는 힘이 더 이상 높아지지 않도록 한 것이다. 이 '압박 제한식' 안전띠는 사람들의 가슴 부위에 가해지는 충격과 목 부위를 꺾어지게 하는 힘이 과도하게 가해지지 않게끔 할 수 있다. 안전띠의 선택은 운전자의 생명과 연결되어 있다. 따라서 소비자는 차량을 선택하여 구입할 때 반드시 안전띠의 종류에 대해 상세하게 물어봐야 한다.

문제 : 다음 중 윗글의 내용에 부합하는 것은?

(a) '관성 압박식'은 시장에서 이미 퇴출되었다.
(b) '프리 세이프식' 설계와 전통식 설계는 완전히 다르다.
(c) '압박 제한식' 설계는 '프리 세이프식' 설계보다 더욱 안전하다.
(d) 자동차의 성능이 좋기만 하면 '관성 압박식' 안전띠는 그다지 중요하지 않다.

자구 풀이

* 惯性束紧式(guànxìng shùjǐn shì) 안전띠를 감거나 풀어 주는 잠금장치에 연결된 무게추가 충돌 시 관성에 의해 앞으로 쏠리면 안전띠 풀림을 잠금으로써 승객을 좌석 쪽으로 잡아당겨 주는 방식의 안전띠.
* 预张紧式(yù zhāng jǐn shì) 급브레이크를 밟거나 급하게 핸들을 조작할 때 시트벨트 텐셔너(seat belt tensioner)가 작동하여 미리 안전벨트를 되감음으로써 앞좌석에 앉은 승객을 보호해 주는 프리 세이프(pre-safe) 방식의 안전띠.
* 束力限制式(shùlì xiànzhì shì) 안전띠가 사람을 졸라매는 힘이 일정 정도 이상이 되지 못하게 함으로써, 교통사고 발생 시 안전띠로 인해 승객의 흉부와 경추 등의 상해를 방지할 수 있도록 고안된 안전띠.
* 将(jiāng) '把'와 마찬가지로 빈어를 술어 앞으로 도치시키는 처치식 구문에 사용된다.
* 避免(bìmiǎn) 피하다, 모면하다.
* 稍许(shāoxǔ) 조금, 다소, 약간.
* 松开(sōngkāi) 느슨해지다, 풀리다.
* 不会再 더 이상 ~할 수 없다.
* 折弯(zhéwān) 꺾여서 굽어지다.
* 不至于(bù zhìyú) ~한 결과/정도/상황에 이르지 않다, ~한 지경이 되지는 않다.
* 驾驶(jiàshǐ) 몰다, 운전하다.
* 询问(xúnwèn) 알아보다, 문의하다.
* 只要…, 就~ …하기만 하면 (곧/바로) ~하다.

SET 2

청해

독해

Part I

(1~15) 다음 문장을 듣고 자연스러운 대화를 이룰 수 있는 가장 적절한 응답을 고르시오.

01

男：你昨天怎么了？
女：________

(a) 看了。
(b) 做了。
(c) 明天吗？
(d) 有病了。

해설 어제 무슨 일이 있었는지에 대한 답으로 적당한 것을 찾는 문제이다. 정답은 (d)이다.

번역 남 : 너 어제 무슨 일 있었니?
여 : ________

(a) 봤어.
(b) 했어.
(c) 내일은?
(d) 병이 났어.

자구풀이 * 怎么了(zěnme le) 의아함을 표시하는 의문사로, '무슨 일 있었니?', '뭐가 잘못됐니?' 정도의 뜻.

02

女：你看那双鞋怎么样？
男：_______。

(a) 不是啊
(b) 不错啊
(c) 没错啊
(d) 没看啊

해설

신발에 대해 어떻게 생각하는가라는 남자의 주관적 판단을 묻는 여자의 물음에 어울리는 답변을 찾는 문제이다. 정답은 (b)이다. (a)와 (c)는 객관적 사실 관계를 물을 때 나올 수 있는 답변이므로 여자의 물음에 대한 답변으로는 부적절하다.

번역

여 : 저 신발 어떤 것 같아?
남 : _______.

(a) 아니야
(b) 괜찮아
(c) 틀림없어
(d) 못 봤어

자구풀이

* 啊(a) 찬성이나 긍정의 어기를 나타내는 어기조사이다.
* 没错(méi cuò) 틀림없다, 분명하다.

03

男：这孩子可真可爱呀！
女：__________

(a) 可不是！
(b) 不可能。
(c) 那太好啦！
(d) 那太大了。

해설

남자는 아이를 보고는 귀엽다는 감탄을 표시했다. 답지 가운데 이에 대한 여자의 대꾸로 알맞은 것은 (a)이다. (b), (c), (d)는 남자의 감탄과 논리적으로 무관한 진술이다.

번역

남 : 이 아이는 정말로 귀여워!
여 : __________

(a) 그렇고말고!
(b) 불가능해.
(c) 그럼 꽤 좋겠는걸!
(d) 그럼 너무 크다.

자구풀이

* 可真(kě zhēn) 정말로, 참으로.
* 啦(lɑ) '啊'와 '了'가 합쳐진 것으로, 감탄이나 새로운 상황의 발생, 가벼운 의문 등을 나타내는 어기조사이다.

04

女：这是什么水果呀？
男：______。

(a) 地瓜
(b) 黄瓜
(c) 南瓜
(d) 西瓜

해설 답지 모두에 '瓜'자가 들어 있지만, 과일은 '西瓜' 하나밖에 없다. 수박은 과학적으로는 채소에 속하지만, 일상생활 차원에서 중국인들은 수박을 과일의 일종으로 여기고 있다. 정답은 (d)이다. (a), (b), (c)는 채소의 일종이다.

번역 여 : 이건 무슨 과일이야?
남 : ______.

(a) 고구마
(b) 오이
(c) 호박
(d) 수박

자구풀이
* 地瓜(dìguā) 고구마. '甜薯(tiánshǔ)'라는 말을 쓰기도 한다.
* 黄瓜(huángguā) 오이.
* 南瓜(nánguā) 호박.
* 西瓜(xīguā) 수박.

05

男：你怎么现在才来？我都等了你一个小时了。
女：＿＿＿＿＿＿＿＿。

(a) 放心吧，不太难
(b) 对不起，不能等了
(c) 真抱歉，起来晚了
(d) 没问题，我会去的

해설 한 시간이나 기다린 남자에게 여자는 왜 늦게 왔는지를 설명해야 하는 상황이다. 정답은 (c)이다.

번역 남 : 넌 어떻게 지금에서야 오니? 나는 벌써 너를 한 시간이나 기다리고 있었다.
여 : ＿＿＿＿＿＿＿＿＿＿＿＿.

(a) 안심해, 그다지 어렵지 않아
(b) 미안해, 기다릴 수 없어
(c) 정말 면목 없어, 늦게 일어났거든
(d) 괜찮아, 난 갈 수 있거든

자구풀이

* 我都等了你一个小时了 나는 벌써 너를 한 시간이나 기다리고 있었다. '都(dōu)'는 '이미, 벌써'. 서술어인 '等' 다음에 '了'가 오고 시량보어인 '一个小时' 다음에도 어기조사 '了'가 왔으므로, 이 표현은 '한 시간 동안 기다렸다'는 사실과 '지금도 기다리고 있다'는 사실을 동시에 표시한다. 만약 문미에 '了'가 오지 않았다면 발화 시점에 화자가 기다리고 있었는지의 여부는 알 수 없게 되며, 단지 과거의 어느 시점부터 한 시간을 기다렸다는 사실만을 표현하게 된다.
* 起来晚(qǐlái wǎn) 늦게 일어나다. '晚'은 결과보어로 시간적으로 늦음을 표시한다.

06

女：糟糕，我的钱包不见了。
男：__________

(a) 再好好找找吧。
(b) 你在找手机吗？
(c) 你帮我找找吧。
(d) 是你在找我吗？

해설 지갑을 잃어버렸다는 여자의 말과 어울리는 대꾸를 찾는 문제이다. 정답은 (a)이다. (b)의 경우는 '手机'가 아니라 '钱包'이면, (d)의 경우는 '我'가 아니라 '钱包'이면 정답이 될 수 있다.

번역 여 : 아뿔싸, 내 지갑이 보이질 않네.
남 : ____________________

(a) 다시 잘 찾아봐.
(b) 너는 핸드폰을 찾고 있었니?
(c) 내가 찾는 것을 좀 도와줘.
(d) 너 날 찾고 있었니?

자구풀이
* 糟糕(zāogāo) 아뿔싸, 아차.
* 好好(hǎohāo) 잘, 충분히.

07

男：他们到底来不来呀？
女：________________

(a) 你怎么知道的？
(b) 他们已经到了。
(c) 早吃饱，晚吃好嘛。
(d) 早睡早起身体好嘛。

해설

그들이 올 것인가를 묻는 남자의 물음과 어울리는 답변을 찾는 문제이다. 정답은 (b)이다. (a)의 경우는 주어가 '你'가 아니라 '我'였다면 정답이 될 수 있으며, 문미의 '的'는 알게 된 상황을 강조하는 어기를 표시한다.

번역

남 : 그들은 대체 오긴 오는 것이니?
여 : ________________________

(a) 너 어떻게 알았어?
(b) 그들은 이미 도착했어.
(c) 아침은 배부르게 먹고 저녁은 잘 살펴 먹어야 좋거든.
(d) 일찍 일어나고 일찍 자면 신체가 건강해진다니까.

자구풀이

* 到底(dàodǐ) 도대체.
* 早吃饱，晚吃好嘛 '아침은 배부르게 먹고 저녁은 잘 살펴 먹어야 좋다'는 뜻이다. '嘛(ma)'는 화자의 자신감을 나타내 주는 어기조사이다.

08

女：张老师的电话号码是多少？
男：＿＿＿＿＿＿＿＿＿＿＿＿＿＿

(a) 张老师没想什么。
(b) 想不出什么好主意。
(c) 我没问张老师在哪儿。
(d) 我怎么突然想不起来了？

해설 장 선생님의 전화번호를 묻는 물음에 어울리는 답변을 찾는 문제이다. 정답은 (d)이다.

번역 여 : 장 선생님의 전화번호는 몇 번이지?
남 : ＿＿＿＿＿＿＿＿＿＿＿＿＿＿＿＿.

(a) 장 선생님은 아무것도 생각하지 않았다.
(b) 뭐 좋은 생각이 떠오르지 않는다.
(c) 나는 장 선생님이 어디 계시는지를 묻지 않았다.
(d) 내가 왜 갑자기 생각이 나지 않지?

자구 풀이

* 想不出(xiǎng bu chū) 생각이 떠오르지 않다. 가능보어구문의 부정형으로 '出'는 보어로 쓰여 '나타나다, 드러나다'는 뜻을 표시한다.
* 主意(zhǔyì) 생각, 아이디어.
* 突然(tūrán) 갑자기, 돌연히.
* 想不起来(xiǎng bu qǐlái) 생각이 나지 않는다. '起来'는 보어로 쓰여 동작이 위로 향해 진행됨이나, 동작이나 상황이 새로 시작되고 지속됨을, 또 동작이나 목표가 완성되거나 완수됨을 표시한다.

09

男：我可没钱借你，你还是去问问别人吧。
女：＿＿＿＿＿＿

(a) 你看我有钱吗？
(b) 你就帮帮我吧。
(c) 谢谢你能帮忙。
(d) 你要借多少钱？

해설

돈이 없다며 다른 사람에게 빌려 보라는 남자의 말과 어울리는 답변을 찾는 문제이다. 정답은 (b)로, 다른 사람에게 빌려 보라는 남자에게 여자가 '다른 사람 말고 너'가 빌려 달라는 청을 다시 한 경우이다. (b)의 '就'는 이러한 어기를 풍기는 부사이다. (c)는 남자가 돈을 빌려줬을 때에 가능한 답변이고, (a)와 (d)는 남자의 말과 논리적으로 무관한 내용이다.

번역

남 : 난 정말로 네게 빌려줄 돈이 없으니, 다른 사람에게 가서 알아보는 것이 좋겠다.
여 : ＿＿＿＿＿＿

(a) 내게 돈이 있다고 생각하니?
(b) 네가 나를 좀 도와주라.
(c) 네가 도와줘서 고마워.
(d) 넌 얼마를 빌리려고 하니?

자구풀이

* 没钱借你 '没有'에서 '有'가 생략된 표현이다. '有'가 쓰인 연동문에서는 '有'의 빈어를 수식해 주는 말이 빈어 다음에 온다.
* 还是(háishi) 부사로, '~하는 편이 낫겠다, 좋겠다'는 어기를 표시한다.

10

女：这菜做得又咸又辣，怎么吃啊？
男：____________

(a) 刚要做，你就来了。
(b) 哎，这菜做得不错吧？
(c) 刚吃完，你真没口福。
(d) 哼！人家又没求你吃。

해설 여자의 말은 진짜 짜고 맵게 조리된 요리에 대한 불평인 경우와 실제로는 그렇지 않은데도 불평을 한 경우에 모두 쓰일 수 있다. 답지의 구성으로 보건대 여기서는 후자의 뜻으로 봐야 한다. 정답은 (d)이다. (a), (b), (c)는 위의 두 가지 중 어느 것이라고 해도 여자의 말과 논리적으로 어울리지 않는다.

번역 여 : 이 요리는 짜고도 맵게 조리됐으니 어떻게 먹으란 말이지?
남 : ____________

(a) 막 요리하려고 하는데 네가 왔구나.
(b) 응, 이 요리 괜찮게 조리됐지?
(c) 막 다 먹었는데, 넌 참 먹을 복이 없나봐.
(d) 흥, 누가 너더러 먹어 달라고 사정이라도 한대?

자구풀이

* 又咸又辣(yòu xián yòu là) 짜고 맵다. '又…, 又~'의 형식은 '…하고 또한 ~하다'는 뜻으로 정도가 심해짐을 나타낸다.
* 口福(kǒufú) 먹을 복.
* 人家又没求你吃 직역하면 "나는 또 다시 너에게 먹어 달라고 하지 않는다."는 뜻으로 '네가 먹든 말든 상관하지 않겠다' 정도의 뜻으로 쓰인다. '人家'는 '그 사람, 그'와 같은 뜻으로 제3자를 가리키거나 '남, 다른 사람' 등의 뜻으로 쓰인다. 또한 대화 상황에서 말하는 사람 자신을 가리키기도 하는데, 이 경우는 친밀감을 드러내곤 한다.

11

男：我说，你少喝一点儿，别喝醉了。
女：＿＿＿＿＿＿＿＿＿＿＿＿。

(a) 就是，不喝白不喝
(b) 对不起，我不会喝酒
(c) 你就放心吧，我醉不了
(d) 真是的，你想一醉方休啊

해설

남자가 한 말의 행간을 읽는 것이 문제 풀이의 관건이 된다. 정답은 (c)이다. 남자의 말에는 여자가 술을 절제하지 못하고 과도하게 마신다는 전제가 깔려 있다. 따라서 (b)는 정답이 될 수 없다. (a)와 (d)는 남자의 말과 논리적으로 부합되지 않거나 연결되지 않는 내용이다.

번역

남 : 이봐, 술 조금만 마셔라. 취하진 말아야지.
여 : ＿＿＿＿＿＿＿＿＿＿＿＿.

(a) 그래, 굳이 마시지 않을 것까지는 없지
(b) 미안해, 난 술을 마실 줄 몰라
(c) 걱정하지 않아도 돼, 난 안 취하거든
(d) 정말 그래, 넌 술을 마셨다 하면 잔뜩 취할 때까지 마시지

자구 풀이

* 我说(wǒ shuō) 직역하면 "내가 말한다." 정도의 뜻이지만, 주로 화제를 꺼내기 전에 사용하는 발어사 역할을 하기도 한다. 이런 경우에는 '내 생각에, 이봐, 내 보기에' 등으로 번역될 수 있다.
* 喝醉(hēzuì) 술에 취하다. '醉'는 결과보어로 술을 마신 결과 취했음을 표시한다.
* 不喝白不喝(bù hē bái bù hē) 직역하면 "마시지 않는 것은 헛되이 마시지 않는 것이다."는 뜻으로 굳이 헛되이 마실 이유가 없다는 뜻이다.
* 醉不了(zuì bu liǎo) 취하지 않는다. '동사+不+了'는 가능보어구문의 부정형으로, 동사의 행위를 해도 목표한 바를 이루지 못함을 표시한다.
* 一醉方休(yī zuì fāng xiū) 직역하면 "온통 취해야 비로소 그만둔다."라는 뜻으로 한번 마셨다 하면 잔뜩 취해야 그만 마시는 상황을 의미한다. '一'는 '온, 온통, 전부', '方'은 동작이 바로 일어날 것임을 표시하는 부사이다.

12

女：你今天上课怎么老打不起精神啊？
男：________________________

(a) 我昨晚开夜车了不是！
(b) 我是不想吃也得吃啊。
(c) 我最近好像得了健忘症。
(d) 我也不知道为什么睡不着。

해설

수업시간 내내 기운 없어 보이던 남자에게 여자가 그 원인을 묻는 대화이다. 정답은 (a)이다. 나머지는 여자의 말과 논리적으로 바르게 연관된 답변이라고 볼 수 없다.

번역

여 : 너 오늘 수업시간에 왜 줄곧 기운을 차리지 못했니?
남 : ________________________

(a) 나 어젯밤에 늦게까지 공부했잖아!
(b) 난 먹고 싶지 않더라도 먹어야만 해.
(c) 난 최근에 건망증에 걸린 듯해.
(d) 나도 왜 잠을 이루지 못했는지 모르겠어.

자구풀이

* 打不起精神(dǎ bù qǐ jīngshén) 기운을 차리지 못하다. '打起精神'은 '기운을 차리다', '打不起'는 가능보어구문의 부정형으로 '起'는 보어로 쓰여 할 수 있음을 나타내는 가능보어로 쓰인다.
* 也(yě) ~라 해도, 그래도.
* 健忘症(jiànwàngzhèng) 건망증.

13

男：在中国才呆了一年，小刚的汉语竟然说得这么地道。
女：____________________

(a) 小刚还是有天赋啊！
(b) 小刚竟然不会说汉语。
(c) 原来小刚没去过中国呀。
(d) 小刚是土生土长的中国人。

해설

중국에 머문 지 갓 1년이 된 샤오강이 중국인처럼 중국어를 구사하게 됐다는 남자의 말에 어울리는 대꾸를 찾는 문제이다. 남자가 한 말의 행간을 읽는 것이 문제 풀이의 관건이다. 남자의 말에는 후천적인 노력만으로 이런 경지에 오른다는 것은 쉽게 상상할 수 있는 바가 아니라는 판단과, 샤오강이 중국에 오기 전에는 중국어를 배워 본 적도, 중국에서 살아 본 적도 없음이 전제되어 있다. 따라서 정답은 (a)이고 (d)는 정답이 될 수 없다. (b)와 (c)는 남자의 진술과 상반되므로 역시 정답이 될 수 없다.

번역

남 : 중국에 이제 일 년 머물렀는데, 샤오강은 놀랍게도 본고장 사람처럼 중국어를 구사한다.
여 : ____________________

(a) 샤오강은 또한 천부적인 데가 있지!
(b) 샤오강은 놀랍게도 중국어를 할 줄 모른다.
(c) 알고 보니 샤오강은 중국에 가 본 적이 없더라고.
(d) 샤오강은 중국에서 태어나고 자란 중국인이다.

자구풀이

* 呆(dāi) 머물다.
* 竟然(jìngrán) 뜻밖에, 놀랍게도.
* 地道(dìdào) 본고장의, 진짜 같은.
* 有天赋(yǒu tiānfù) 타고난 바가 있다, 천부적이다.
* 原来(yuánlái) 원래, 알고 보니.
* 土生土长(tǔshēng-tǔzhǎng) 그 고장에서 나고 자라다. 본토박이.

14

女：那餐厅的服务员真不像话！
男：______________________

(a) 是吗？你开餐厅了。
(b) 是啊，服务员的态度不错！
(c) 怎么了？什么题这么难做？
(d) 怎么了？什么事这么生气？

해설

식당의 점원 때문에 화가 난 여자의 말에 어울리는 대화를 찾는 문제이다. 정답은 (d)이다. (a)와 (c)에는 여자의 말과 연관된 내용이 들어 있지 않으며, (b)는 여자의 말과 상반된 내용이므로 정답이 될 수 없다.

번역

여 : 그 식당의 점원은 정말 이해가 안 가!
남 : ______________________________

(a) 그래? 너 식당 개업했구나.
(b) 맞아, 점원의 태도는 괜찮은 편이지!
(c) 왜 그래? 무슨 문제기에 이렇게도 하기 어려운데?
(d) 왜 그래? 무슨 일로 이렇게 화가 났어?

자구 풀이

* 像话(xiànghuà) 말이 되다, 합리적이다, 알맞다.

15

男：他这人一向很小气，今天怎么会突然请大家下馆子呢？
女：＿＿＿＿＿＿＿＿＿＿＿＿＿。

(a) 一日之计在于晨呗
(b) 青出于蓝而胜于蓝呗
(c) 太阳从西边出来了呗
(d) 狗拿耗子多管闲事呗

해설

평소와는 전혀 다른 행동을 하는 경우를 일컫는 상투적인 표현을 찾는 문제이다. 정답은 (c)이다. 이 문항 또한 고급스런 중국어를 구사하기 위해서는 일상대화에 많이 등장하는 속담과 성어를 얼마만큼 장악하고 있는지를 물어보는 문제이다.

번역

남 : 그라는 사람은 줄곧 통이 크지 않았는데, 오늘은 웬일로 갑자기 사람들을 식당으로 초청해서 음식대접을 하지?
여 : ＿＿＿＿＿＿＿＿＿＿＿＿＿.

(a) 하루의 계획은 새벽에 달려 있거든
(b) 쪽 풀에서 추출한 푸른색이 쪽 풀보다 더 푸르거든
(c) 해가 서쪽에서 떴나 보지
(d) 쓸데없는 일에 참견하기 좋아하나 보지

자구풀이

* 一向(yīxiàng) 줄곧, 쭉, 일관되게.
* 小气(xiǎoqi) 인색하다, 속 좁다.
* 突然(tūrán) 갑자기, 돌연히.
* 下馆子(xià guǎnzi) 식사하러 음식점에 가다.
* 呗(bei) 사리가 분명할 때 '~일 따름이지' 정도의 어기를 나타내는 어기조사이다. 화자가 당연하다고 생각하는 행위를 나타낼 때 또는 화자가 동의하지는 않지만 피치 못하게 양보하는 상황에서도 쓰인다.
* 青出于蓝而胜于蓝(qīng chū yú lán ér shèng yú lán) 쪽 풀에서 뽑아낸 푸른색이 쪽 풀보다 더 푸르다. 제자나 후학 등이 가르침을 전수해 준 스승이나 선배보다 더 나은 경우를 일컬을 때 쓰는 표현이다.
* 一日之计在于晨(yī rì zhī jì zài yú chén) 하루의 일과는 아침을 어떻게 시작하는

지에 달려 있다, 하루 중 아침 시간이 일하기에 가장 좋은 시간이다.

* 狗拿耗子多管闲事(gǒu ná hàozi duō guǎn xiánshì) 개가 쥐를 잡듯이 상관없는 일에 자주 참견하다. 쓸데없이 참견하기 좋아하는 성품을 비유적으로 표현한 말이다. '耗子'는 '생쥐', '闲事'는 '자기와 무관한 일'.

Part II

(16~30) 다음 대화를 듣고 자연스러운 대화를 이룰 수 있는 가장 적절한 응답을 고르시오.

16

女：小王呢？
男：他还没来。
女：他今天不上班吗？
男：__________。

(a) 不太清楚
(b) 他上班了
(c) 他下班了
(d) 他早到了

해설

샤오왕의 출근 여부를 놓고 나눈 대화이다. 정답은 (a)이다. 남자가 샤오왕이 안 왔다고 분명하게 밝힌 만큼 (b), (c), (d)는 정답이 될 수 없다.

번역

여 : 샤오왕은요?
남 : 아직 안 왔습니다.
여 : 그는 오늘 출근하지 않습니까?
남 : ________________.

(a) 확실치 않습니다
(b) 그는 출근했습니다
(c) 그가 퇴근했습니다
(d) 그는 벌써 도착했습니다

17

男：他是谁呀？
女：我弟弟。
男：我怎么没听说你还有个弟弟？
女：＿＿＿＿＿＿＿＿。

(a) 我也没听说过
(b) 这是你弟弟啊
(c) 啊？我不认识他
(d) 啊，他是我表弟

해설 여자에게 자신이 모르는 동생이 있다는 점을 의아하게 생각한 남자에 대해 여자가 한 말로 적합한 것을 고르는 문제이다. 정답은 (d)이다. 여자가 이미 그를 자신의 동생이라고 말한 만큼 논리적으로 (a), (b), (c)는 정답이 될 수 없다.

번역

남 : 그는 누구야?
여 : 내 동생이야.
남 : 어떻게 네게 동생이 있다는 소리를 내가 듣지 못했지?
여 : ＿＿＿＿＿＿＿＿.

(a) 나도 못 들어 봤어
(b) 이쪽은 네 동생이야
(c) 어? 나는 그 사람을 몰라
(d) 응, 그는 내 사촌동생이야

자구풀이 * 表弟(biǎodì) 사촌동생.

18

女：你看，这件衣服不错吧？
男：是挺不错。你买的？
女：不是，男朋友送的。
男：__________

(a) 都很漂亮。
(b) 那件不错。
(c) 是你送的礼物？
(d) 他真有眼光啊！

해설

여자에게 좋은 옷을 선물로 준 여자의 남자친구에 대한 남자의 대답으로 알맞은 것을 고르는 문제이다. 정답은 (d)이다. (a)와 (b)는 앞서 남자가 '挺不错'라고 얘기한 것의 반복이므로 정답이 아니다. (c)는 논리상 여자의 두 번째 말의 대답이 될 수 없다.

번역

여 : 봐봐, 이 옷 괜찮지?
남 : 정말 좋아. 네가 산 것이니?
여 : 아니야, 남자친구가 선물로 준 거야.
남 : ____________________

(a) 다 예뻐.
(b) 그 옷 괜찮아.
(c) 네가 준 선물이라고?
(d) 그는 안목이 정말 좋구나!

자구 풀이

* 送(sòng) 선물로 주다.
* 有眼光(yǒu yǎnguāng) 안목이 있다, 보는 눈이 있다.

19

男：妈，现在几点了？
女：又要出去啊？
男：不是，您该吃药了。
女：__________？

(a) 还吃啊
(b) 还出去啊
(c) 你还吃药啊
(d) 你还没听啊

해설

약 드실 시간이 되어 엄마에게 몇 시냐고 물어본 남자에 대해, 엄마인 여자는 남자가 또 나가려고 시간을 물어보는 것으로 오해한다. 이에 남자가 그게 아니고 약을 드셔야 할 때라고 말했을 때 여자의 대꾸로 알맞은 것을 고르는 문제이다. 정답은 (a)이다. 남자가 나가려고 하는 것이 아니라고 분명하게 말했기 때문에 (b)는 정답이 될 수 없다. (c)의 경우는 주어가 '你'가 아니라 '我'이면 정답이 될 수 있다. (d)는 문맥과 전혀 어울리지 않는 답변이다.

번역

남 : 엄마, 지금 몇 시예요?
여 : 또 나가려고 하니?
남 : 아니요, 약 드셔야 해요.
여 : __________?

(a) 또 먹어야 하니
(b) 또 나가려는 거지
(c) 너 또 약을 먹는 것이니
(d) 너 아직 못 들은 거니

자구풀이

* 该(gāi) 조동사로서 '~해야 한다' 정도의 의무를 표시한다.

20

女：你不是去美国工作了吗？
男：没有啊，谁说的？
女：你同事告诉我的。
男：__________

(a) 他没说。
(b) 你说得好。
(c) 他瞎说的。
(d) 说得不错吧？

해설

남자의 직장동료의 말만 듣고 남자가 미국으로 간 줄 알았던 여자가 남자와 뜻하지 않게 마주친 상황에서 이루어진 대화이다. 대화의 내용으로 보건대, 남자가 미국으로 가지 않음과 여자가 남자의 직장동료에게 남자가 미국으로 간다는 말을 들었음은 사실이다. 이러한 상황과 어울릴 수 있는 남자의 답변을 찾는 문제이다. 특히 '谁说的?'는 사실무근이나 생각지 못한 얘기를 들었을 때 나오는 반응이라는 점에 착안할 필요가 있다. 따라서 정답은 (c)이다.

번역

여 : 너 미국으로 일하러 간다고 하지 않았니?
남 : 아니야, 누가 그래?
여 : 네 직장동료가 내게 말해 준 거야.
남 : __________________

(a) 그는 말하지 않았다.
(b) 네가 한 말이 맞아.
(c) 그가 허튼소리 한 거야.
(d) 괜찮게 말했지?

자구풀이

* 同事(tóngshì) 직장 동료.
* 说得好(shuō de hǎo) 좋은 말을 하다, 맞는 말을 하다.
* 瞎说(xiāshuō) 마구 지껄이다, 허튼소리를 하다.

21

男：看到了没有？
女：看到了，看到了。
男：怎么样？长得挺帅吧？
女：＿＿＿＿＿＿＿＿＿

(a) 我看完一遍了。
(b) 说的比唱的好听。
(c) 别提了，没看见。
(d) 别逗了，这还叫帅啊？

해설

정말 잘생겼는지를 묻는 남자의 말에 어울리는 답변을 고르는 문제이다. 정답은 (d)이다. (a)는 예컨대 영화나 책 따위를 처음부터 끝까지 다 본 경우를 말하고, (b)는 외모와는 무관한 표현이며, (c)는 봤다고 두 번이나 말한 여자의 진술과 위배되므로 정답이 될 수 없다.

번역

남 : 봤어?
여 : 봤어, 봤어.
남 : 어땠어? 무척 잘생겼지?
여 : ＿＿＿＿＿＿＿＿＿

(a) 난 한 번 다 봤다.
(b) 말은 참 잘하대.
(c) 말도 마, 못 봤어.
(d) 웃기지 마, 이게 잘생긴 거야?

자구풀이

* 帅(shuài) 잘생기다, 훤칠하다.
* 一遍(yī biàn) 한 차례, 한 번. '遍'은 시작부터 끝까지 한 차례 수행했음을 나타내는 동량보어이다.
* 说的比唱的好听 직역하면 "노래하는 것보다는 말하는 것이 더 낫다."라는 뜻으로 일반적으로 '말은 참 잘한다' 정도의 뜻으로 쓰인다.
* 逗(dòu) 희롱하다, 놀리다, 웃기다.

22

女：什么时候一起吃顿饭吧。
男：好啊，等哪天我请客。
女：就明天晚上吧，怎么样？
男：________________

(a) 不好意思，这几天实在太忙。
(b) 没关系，我今天晚上有空儿。
(c) 抱歉！今天不行，明天吧。
(d) 打搅了，可以进去吗？

해설

조만간 식사 대접을 하겠다는 남자의 말에 여자는 내일 저녁때로 하자고 제안한다. 이에 대한 남자의 답변으로 적당한 것을 고르는 문제이다. 정답은 (a)이다. (b)는 '今天'을 '明天'으로 바꾸면 정답이 될 수 있고, (c)는 여자가 '明天晚上'이 아니라 '今天晚上'으로 제안했다면 정답이 될 수 있다.

번역

여 : 언제 식사 한번 같이 하도록 하자.
남 : 응, 그날에는 내가 초청할게.
여 : 그럼 내일 저녁때 하자, 어때?
남 : ________________

(a) 미안해, 요 며칠은 정말 너무 바빠.
(b) 괜찮아, 오늘 저녁에 시간이 돼.
(c) 미안, 오늘은 안 되고 내일 하자.
(d) 실례합니다, 들어가도 됩니까?

자구 풀이

* 等哪天(děng nǎ tiān) 그날을 기다리다. 곧 그날이 오다. '哪天'은 '언제, 어느 날'이라는 뜻이지만, 여기서는 앞의 여자의 말에 나오는 '什么时候'를 다시 받고 있기 때문에 그것이 지시하는 대상을 가리킨다. 그래서 대명사처럼 번역이 된다.
* 实在(shízài) 정말, 참으로.
* 抱歉(bàoqiàn) 유감이다, 송구하다.
* 打搅(dǎjiǎo) 실례합니다.

23

男：小张又出去了？
女：啊，科长。他说去去就回。您找他有事儿吗？
男：他怎么老不在办公室，到底在搞什么？
女：＿＿＿＿＿＿＿＿＿＿

(a) 他已经下班了。
(b) 他好像挺忙的。
(c) 他最近在家休息呢。
(d) 他现在不在办公室吗？

해설

사무실을 자주 비우는 샤오장에게 화가 난 과장이, 샤오장이 자주 사무실을 비우는 까닭을 묻는다. 이에 대한 답변으로 알맞은 것을 찾는 문제이다. 정답은 (b)이다. (a), (c), (d)의 경우는 여자가 이미 샤오장이 조금 전까지만 해도 사무실에 있다가 잠시 다녀오겠다며 사무실을 비웠다고 언급했기 때문에 정답이 될 수 없다.

번역

남 : 샤오장은 또 나갔나요?
여 : 예, 과장님. 잠시 좀 나갔다가 바로 돌아온다고 했습니다. 무슨 일 때문에 그를 찾으시는지요?
남 : 그는 어째서 항상 사무실에 없는 겁니까? 도대체 무엇을 하는 거죠?
여 : ＿＿＿＿＿＿＿＿＿＿

(a) 그는 이미 퇴근했습니다.
(b) 그는 매우 바쁜 듯했습니다.
(c) 그는 최근에 집에서 쉬고 있습니다.
(d) 그가 지금 사무실에 없습니까?

자구풀이

* 老(lǎo) 늘, 항상.
* 到底(dǎodǐ) 도대체(의문문에 쓰여 의문의 뉘앙스를 강조한다).
* 搞(gǎo) 하다.

24

女：听说你博士论文答辩通过了？
男：是啊，好不容易啊。
女：这下你可是身价百倍了？
男：______________________

(a) 还没决定论文主题。
(b) 拿个博士还不容易吗？
(c) 论文答辩还没准备呢。
(d) 还两说呢，最近博士太多了。

해설

박사학위를 취득하면 몸값이 껑충 뛸 것이라는 여자의 판단에 대한 남자의 답변으로 적당한 것을 고르는 문제이다. 정답은 (d)이다. 답변회의 경우는 통상적으로 박사논문 주제가 결정되고, 이에 대해 준비가 얼추 된 상태에서 열어야만 '답변'이라는 행위가 가능해지므로 (a)는 정답이 될 수 없다.

번역

여 : 듣자하니, 너 박사논문 답변회를 통과했다면서?
남 : 응, 간신히.
여 : 이번에야말로 너의 몸값이 백 배나 나가겠네?
남 : ______________________________

(a) 박사논문 주제를 아직 정하지 못했어.
(b) 박사학위 받는 것 정도는 쉬운 일인 것 아니야?
(c) 논문 답변을 아직 준비하지 못했어.
(d) 아직 몰라. 근자엔 박사들이 너무 많아.

자구풀이

* 博士论文答辩(bóshì lùnwén dábiàn) 박사논문을 제출하여 심사받기 이전에 거쳐야 하는 테스트 과정의 하나. 박사논문 주제에 대한 발표와 이에 대한 심사위원들의 질의와 토론을 위주로 진행된다.
* 还两说呢 아직 몰라, 알 수 없어. 불확실한 상황임을 나타낼 때 쓰는 표현이다.

25

男：这部电视剧有意思吗？
女：情节特幼稚。
男：那你还一集不落地看什么？
女：____________________

(a) 别的也没什么可看的啊！
(b) 我最爱看这种电影啦。
(c) 那也比看电视剧强啊。
(d) 我这可是忙里偷闲啊。

해설

구성이 유치한 드라마를 한 편도 빼먹지 않고 보는 이유를 묻는 물음에 대한 적당한 답변을 고르는 문제이다. 정답은 (a)이다. 이 문제를 풀기 위해서는 드라마[电视剧]와 영화[电影]를 혼동해서는 안 된다. 한편 여자가 재미 없으면서도 드라마를 한 편도 빼먹지 않고 보고 있다는 진술을 통해, 여자가 망중한을 즐기려고 TV 드라마를 보는 것이 아님을 유추할 수 있어야 한다. 따라서 (d)는 정답이 될 수 없다.

번역

남 : 이 드라마 재미 있니?
여 : 구성이 유치해.
남 : 그런데 넌 한 편도 빠뜨리지 않고 뭐하러 보는 건데?
여 : ______________________________

(a) 다른 것도 뭐 볼 만한 것이 없어서!
(b) 난 이런 영화를 가장 즐겨 보거든.
(c) 드라마를 보는 것보다는 더 낫거든.
(d) 나에게는 정말로 바쁜 가운데서 즐기는 여유야.

자구풀이

* 情节(qíngjié) 구성, 플롯.
* 幼稚(yòuzhì) 유치하다.
* 没什么可看的 '没有什么可看的'에서 '有'가 생략된 형태. '有'의 빈어로 의문대명사인 '什么'가 왔고 이를 수식해 주는 말인 '可看'이 빈어 뒤에 온 연동문이다.
* 强(qiáng) (주로 비교구문에 쓰여) 낫다, 좋다, 우월하다.
* 忙里偷闲(mánglǐ-tōuxián) 바쁜 가운데서 즐기는 여유, 망중한.

26

女：你的脸色怎么这么差？
男：我好像感冒了。头疼，咳嗽，还有点儿发烧。
女：那怎么也不去医院看看？
男：____________________。

(a) 身体可是本钱啊
(b) 养生之道样样精通啊
(c) 我说什么你都当耳旁风
(d) 我现在是凡事身不由己啊

해설 감기 기운이 있음에도 병원에 가지 않은 이유를 묻는 여자의 물음에 대해 알맞은 답변을 고르는 문제이다. 정답은 (d)이다. (a)와 같이 몸이 본전이라면 당연히 병원에 가야만 논리적으로 맞는 말이 되며, (b)라면 감기에 걸릴 일이 없기 때문에 정답이 될 수 없다. (c)는 여자의 말과 내용적으로 아무런 연관이 없다.

번역 여 : 너 안색이 왜 이렇게 안 좋니?
남 : 감기 걸린 것 같아. 머리도 아프고 기침도 하고, 열도 약간 있어.
여 : 그런데도 왜 병원에 가서 치료받지 않았니?
남 : ____.

(a) 몸이 그래도 본전이니까
(b) 양생의 도를 여러 가지 다 정통했거든
(c) 내가 뭐라고 말해도 너는 다 들은 척 만 척 한다
(d) 난 지금 모든 일이 내 마음 먹은 대로 되지 않고 있거든

자구풀이
* 差(chà) 안 좋다, 차이가 나다, 수준이 떨어지다.
* 可是(kěshi) 부사로, '그래도, 아무래도, 대단히' 정도의 뜻.
* 养生之道(yǎngshēng zhī dào) 정신과 신체를 잘 보존하여 기르는 길, 방도.
* 样样(yàngyàng) 각양각색, 온갖.
* 精通(jīngtōng) 핵심을 꿰뚫다, 정수를 통달하다.
* 身不由己(shēnbùyóujǐ) 몸이 마음처럼 움직이지 않다. 일이 뜻대로 진행되지 않다.
* 当耳旁风(dāngěrpángfēng) 들은 척 만 척 하다, 마이동풍. '当耳边风'이라고도 쓴다.

27

男：咱们的春游计划没什么变化吧？
女：看今天的天气，恐怕够呛。
男：那怎么办？
女：__________________。

(a) 你问我，我又去问谁呢？
(b) 你们春游，关我什么事？
(c) 真是儿行千里母担忧啊。
(d) 真是一寸光阴一寸金啊。

해설

날씨 탓에 취소된 봄놀이 계획을 어떻게 해야 좋을지를 묻는 남자의 물음에 대한 적당한 답변을 고르는 문제이다. 정답은 (a)이다. '咱们'은 통상 화자와 청자를 포함하여 '우리'라고 지칭할 때 쓰인다. 남자가 '咱们'이라고 한 만큼 여자도 함께 봄놀이에 가기로 했던 것으로 봐야 하므로 (b)는 정답이 될 수 없다. (c)와 (d)는 해결방안을 묻는 남자의 물음과 내용적으로 아무런 연관이 없다.

번역

남 : 우리 봄놀이 계획은 바뀌지 않은 거지?
여 : 오늘 날씨를 보니 힘들 것 같아.
남 : 그럼 어떡해?
여 : ______________________________

(a) 네가 내게 물으면 난 또 누구에게 물어보란 말이니?
(b) 너희들 봄놀이와 내가 무슨 상관이 있니?
(c) 정말로 우물가에 내놓은 아이들처럼 늘 걱정된다니까.
(d) 정말 촌각이라도 황금만 한 가치가 있다니까.

자구풀이

* 春游(chūnyóu) 봄놀이.
* 够呛(gòu qiàng) 힘겹다, 지독하다.
* 儿行千里母担忧(ér xíng qiān lǐ mǔ dānyōu) 자식이 멀리 길을 떠나면 어머니는 늘 걱정에 잠긴다.
* 一寸光阴一寸金(yī cùn guāngyīn yī cùn jīn) 촌각의 시간이라도 금과 같은 값어치가 있다. '光阴'은 '시간, 세월'을 비유하는 말.

28

女：听说，公司要派人去北京工作，你想报名吗？
男：还没想好，你呢？
女：我倒想去一边工作一边学点儿汉语。
男：＿＿＿＿＿＿＿＿＿＿。

(a) 这可是礼轻情义重啊
(b) 对，一心不可二用
(c) 那可真叫一举两得呀
(d) 这就叫一语双关嘛

해설

베이징에 주재하며 근무할 수 있는 기회를 이용하여 중국어도 배우고 싶다는 여자의 생각에 대해 남자가 보인 반응으로 적당한 것을 고르는 문제이다. 정답은 (c)이다. (b)는 여자의 의향과 정반대되는 진술을 하고 있으므로 정답이 될 수 없지만, 문두의 '对'가 없다면 '한 가지 일에 집중하는 것이 좋다'는 취지에서 정답이 될 수도 있다. 한편 이 문항은 '礼轻情义重', '一心不可二用', '一举两得'와 같은 성어를 비롯하여 '一语双关'와 같은 전문용어가 사용되었는데, 고급 수준의 중국어를 구사하기 위해서는 이러한 전문적인 표현을 많이 알아 둘 필요가 있다.

번역

여 : 회사에서 베이징으로 사람을 보내 근무하게 한다고 하던데, 너 지원할 거니?
남 : 아직 생각을 끝내지 못했어. 너는?
여 : 나는 가서 근무도 하고 중국어도 배우고 싶어.
남 : ＿＿＿＿＿＿＿＿＿＿＿＿＿＿＿＿＿＿＿＿.

(a) 이거야말로 예물은 변변치 못하나 그 정성은 대단하다는 것이구먼
(b) 맞아, 동시에 두 가지 일을 하진 못해
(c) 그거야말로 진짜 일거양득이네
(d) 이를 두고 한 마디 말에 두 가지 뜻이 있다고 하지

자구풀이

* 报名(bàomíng) 지원하다, 등록하다.
* 倒(dào) 도리어, 오히려. 여기서는 상대방의 생각이나 입장과 반대됨을 표시해 준다. 이런 경우는 '도리어, 오히려' 등으로 번역하는 것보다는 번역하지 않는 것이 더 자연스러울 때가 있다.

* 一边~, 一边… 한편으론 ~하고, 또 한편으로 …하다.
* 礼轻情义重(lǐ qīng qíngyì zhòng) 예물은 변변치 못하나 그 마음은 도탑다.
* 一心不可二用(yī xīn bù kě èr yòng) 한 마음을 두 가지 용도로 사용하지 못한다. 동시에 두 가지 일을 하지 못한다는 뜻.
* 一举两得(yījǔ-liǎngdé) 한 번에 두 가지 소득을 얻다.
* 呀(ya) 긍정이나 찬성 또는 감탄이나 찬탄의 어기를 표시한다. 보통 같은 어기를 표시하는 어기조사인 '啊'의 앞에 'i, ü'음이 오면 '啊' 대신에 '呀'를 쓴다.
* 一语双关(yī yǔ shuāng guān) 한 마디 말에 두 가지 뜻이 포함되어 있다. 이를 '双关语'라고도 한다.
* 嘛(ma) 자신감이나 확신의 어기를 나타내 준다.

29

男：哎？桌子上的草莓呢？
女：对不起，让我给吃了。
男：嘿！我还没洗呢！
女：______________。

(a) 怎么搞的，一片狼藉
(b) 就是，不声不响，一如既往
(c) 可不，不知不觉，成了习惯了
(d) 没事儿！不干不净，吃了没病

해설

탁자 위에 있던 씻지 않은 딸기를 먹은 여자와 그녀가 먹은 딸기는 씻지 않은 것임을 말해 주는 남자 사이에 오간 대화이다. 씻지 않았다는 남자의 말에 대한 대꾸로 어울리는 것을 고르는 문제이다. 정답은 (d)이다. 대화로 보건대 이미 여자가 딸기를 다 먹은 상태이므로 (a)는 정답이 될 수 없으며, (b)와 (c)는 일반적으로 벌어질 수 있는 대화라고 보기 어려우므로 정답이 될 수 없다.

번역

남 : 어? 탁자 위의 딸기는?
여 : 미안해, 내가 먹었어.
남 : 허! 아직 씻지 않았는데!
여 : ______________.

(a) 어찌 된 거야, 온통 어질러졌어
(b) 그래, 묵묵히 예전과 똑같이 하는 거야
(c) 그러게 말이야. 부지불식간에 습관이 되어 버렸어
(d) 괜찮아. 더럽다고 해서 먹는다고 병이 나는 건 아니야

자구풀이

* 让我给吃了 주어는 '草莓'로 생략되어 있다. 피동문으로, 직역하면 "草莓는 나에 의해 먹음을 당했다."는 뜻이 된다. '让'과 '给'는 피동의 표지어들이다.
* 嘿(hēi) 놀라움이나 경탄을 나타내는 어기조사. '허'나 '야' 정도에 해당됨.
* 一片狼藉(yī piàn lángjí) 온통 어질러져 있다. '一片'은 뭔가로 가득 찬 상태를 나타내는 부사.
* 不声不响(bù shēng bù xiǎng) 한 마디 말조차 없이, 묵묵히.

* 一如既往(yīrú-jìwǎng) 예전과 똑같다.
* 可不(kěbu) 그렇고말고. 그렇지. '可不是'를 줄여 말한 경우로, 상대방의 의견이나 말에 강한 동의를 표시할 때 사용하는 표현.
* 不知不觉(bùzhī-bùjué) 자신도 모르게, 부지불식간에.
* 不干不净(bùgān-bùjìng) 더럽다, 불결하다.

30

女：听说，你要参加这次的汉语演讲比赛？
男：是啊，你不参加吗？
女：我要是参加，你可不是我的对手。
男：＿＿＿＿＿＿＿＿

(a) 那可是锦囊妙计啊。
(b) 那可是指桑骂槐啊。
(c) 还不知道谁是谁非呢？
(d) 还不知道鹿死谁手呢？

해설

자신의 적수가 되지 못할 것이라고 자부하는 여자의 말에 대한 남자의 반응으로 적절한 것을 고르는 문제이다. 정답은 (d)이다. (a)는 대화 내용과 무관한 언급이고, (b)는 대화의 내용으로 보건대 여자가 남자를 빈정거린다고 볼 수 있는 근거가 없으므로 둘 다 정답이 될 수 없다. (c)는 시비를 판단할 때 쓸 수 있는 말이므로 또한 정답이 될 수 없다. 한편 이 문항은 '锦囊妙计', '指桑骂槐', '鹿死谁手'와 같은 성어를 이해하고 있어야 풀 수 있는 문제 유형으로, 이들 역시 일상생활에서 활용 빈도가 높은 성어이므로, 익혀 둘 필요가 있다.

번역

여 : 너 이번 중국어강연대회에 참가하려 한다면서?
남 : 응, 너는 참가하지 않니?
여 : 내가 참가한다면, 너는 내 적수가 되지 못할 거야.
남 : ＿＿＿＿＿＿＿＿＿＿＿＿＿＿＿＿

(a) 그건 위급할 때 유용하게 쓸 수 있는 묘책이다.
(b) 그건 남을 빗대어 나를 빈정대는 것이야.
(c) 누가 맞고 누가 그른지를 아직도 모르겠니?
(d) 길고 짧은 것은 대봐야 알 수 있다는 것을 아직도 모르고 있니?

자구풀이

* 对手(duìshǒu) 적수, 라이벌.
* 锦囊妙计(jǐnnáng-miàojì) 『삼국지(三国志)』에서 유래된 고사성어로, '비단 주머니에 들어 있는 기가 막힌 계책'이라는 뜻으로, 위급할 때 활용할 수 있는 묘책을 말한다.

* 指桑骂槐(zhǐsāng-màhuái) 뽕나무를 가리키면서 홰나무를 욕한다는 뜻으로, 겉으로는 어떤 사람을 욕하는 듯하지만 실제로는 다른 사람을 욕하는 행위를 말한다. '指槐骂柳'라고도 쓴다.
* 鹿死谁手(lù sǐ shuí shǒu) 사슴이 누구 손에서 죽을 것인가라는 뜻으로, 누가 최종적으로 권력을 잡을 것인지는 알 수 없다는 뜻이다. '鹿'는 권력을 비유한 말이다. 여기서는 누가 최후의 승자가 될지 모른다는 뜻으로, 길고 짧은 것은 대봐야 알 수 있다는 것이다.

Part III

(31~40) 다음 대화를 잘 듣고 제시하는 질문에 대한 가장 적절한 응답을 고르시오.

31

男：吃点儿什么呢？
女：你说吧。
男：吃饺子吧，行吗？
女：又是饺子，能不能吃点儿别的？
男：那咱们吃包子吧，怎么样？
女：你自己吃吧，我得吃点儿带汤的。

问：根据上段对话，女的想吃什么？

(a) 馄饨
(b) 包子
(c) 饺子
(d) 馒头

해설 외국어를 학습하면서 해당 국가나 지역의 음식문화를 이해하는 것은 필수적이라고 할 수 있다. 이 문항은 '馄饨'이나 '包子', '饺子', '馒头'와 같이, 중국인들이 일상적으로 먹는 음식에 대해 얼마나 이해하고 있는가를 묻는 문제이다. 정답은 (a)이고, 나머지 '包子', '饺子', '馒头'는 찌거나 튀겨서 먹는 음식인 까닭에 정답이 될 수 없다.

번역 남 : 뭘 좀 먹을까?
여 : 네가 말해 봐.
남 : 교자 먹는 건 어때?
여 : 또 교자야, 다른 거 먹을 수는 없을까?
남 : 그럼 우리 만두 먹자, 어때?
여 : 넌 그걸 먹어. 난 국물이 나오는 것을 먹어야 되겠어.

문제 : 대화로 보건대, 여자가 먹고 싶은 것은?

(a) 훈툰
(b) 만두
(c) 교자
(d) 만토우

자구
풀이

* 带汤(dài tāng) 국물이 같이 나오다.
* 馄饨(húntun) 훈툰. 일종의 만둣국 같은 것으로, 일반적으로 만두를 작게 만들어 국물에 넣어 끓인 후 함께 먹는 음식이다.
* 包子(bāozi) 만두. 주로 피가 찐빵처럼 두터운 만두를 가리킨다.
* 饺子(jiǎozi) 교자.
* 馒头(mántou) 만토우. 일반적으로 소가 없는 만두나 앙꼬가 들어 있지 않은 찐빵을 가리킨다.

32

女：你怎么现在才来？
男：什么呀，我一直在二楼的咖啡厅等你。
女：不是说好在外边的售票处吗？
男：我忘了，后来才突然想起来。
女：瞧你这记性。
男：电影要开演了，快进去吧。

问：他们现在在哪儿说话？

(a) 在男的家里
(b) 在电影院门口
(c) 在火车站售票处
(d) 在地下的咖啡厅

해설 남자가 만남 장소를 잘못 기억하는 바람에 여자가 오래 기다리게 되었고, 서둘러야만 영화를 볼 수 있게 됐다는 내용의 대화이다. 정답은 (b)이다. 대화에 '售票处', '咖啡厅'이 나오기 때문에 (c)와 (d)에 현혹될 수 있지만, "电影要开演了"라고 했기 때문에 둘 다 대화 내용에 위배된다.

번역 여 : 왜 이제 오는 거니?
남 : 무슨, 난 2층 커피점에서 계속 기다리고 있었어.
여 : 바깥의 매표소라고 분명하게 말했잖아?
남 : 까먹고 있다가 나중에서야 갑자기 생각이 나지 뭐니.
여 : 네 기억력은 참!
남 : 영화가 곧 시작할 거야. 얼른 들어가자.

문제 : 이들은 지금 어디에서 대화하고 있는가?

(a) 남자의 집에서
(b) 극장 입구에서
(c) 기차역 매표소에서
(d) 지하 커피점에서

자구 풀이

* 售票处(shòupiàochù) 매표소.
* 后来(hòulái) 나중에, 그 후에.
* 突然(tūrán) 갑자기, 돌연히.
* 瞧你这记性 직역하면 "네 기억력 좀 봐라."는 뜻이다. 약속 등을 자주 까먹는 사람에게 우회적으로 불만이나 화를 드러낸 표현이다.
* 要(yào)~了(le) 곧/바로 ~할 것이다. '要~了'는 '快(要)~了'와 같이 가까운 미래에 동작 등이 실현됨을 표시해 준다.

33

男：别出来了。
女：我开车送你吧。
男：不用，我知道路。
女：天这么黑，走错了怎么办？
男：你放心，我坐公交车。
女：这儿没有公交车，还是听我的吧。

问：根据上段对话，男的是怎么回的家？

(a) 走着回去的。
(b) 坐出租车回的家。
(c) 坐公交车回的家。
(d) 坐朋友的车回去的。

해설

여자의 집 앞에서 나누는 대화로, 대화 중간에 '开车送你', '走', '公交车' 등, 운송수단과 관련된 표현이 나오기 때문에 대화 내용을 정확하게 파악하는 것이 문제 풀이의 관건이다. 남자는 자기 차로 데려다주겠다는 여자의 제안을 거절했고, 걸어가다 길을 잃을지도 모른다고 여자가 걱정하자 시내버스를 타고 가겠다고 말한다. 이에 여자는 여기에는 시내버스가 없다면서 재차 자신의 제안대로 하자고 권유하는 내용이다. 따라서 정답은 (d)이다.

번역

남 : 나오지 마.
여 : 내 차로 데려다줄게.
남 : 됐어. 나도 길을 알고 있어.
여 : 날이 많이 어두워졌는데, 길을 잘못 들면 어떻게 하려고?
남 : 안심해. 버스 탈게.
여 : 여긴 버스가 없어. 그러니 내 말대로 하자.

문제 : 대화로 보건대, 남자는 어떻게 귀가할 것인가?

(a) 걸어서 돌아갈 것이다.
(b) 택시를 타고서 귀가할 것이다.
(c) 버스를 타고 귀가할 것이다.
(d) 친구의 차를 타고서 갈 것이다.

자구 풀이

* 走错(zǒucuò) 길을 잘못 들다. '错'는 동작을 한 결과가 잘못됐음을 나타내 주는 결과보어이다.
* 公交(gōng-jiāo) 시내버스. '公共交通'의 줄임말로 보통 시내버스와 같은 대중교통수단을 가리킨다.

34

女：老王，我上次托你的那件事儿，怎么样了？
男：现在没有位置，还得再等等啊。
女：唉，不是我不能等，是我那孩子有点儿等不及了。
男：这个忙我一定帮，你就劝他再等等吧。
女：真太谢谢你了。
男：别那么客气。

问：根据上段对话，男的答应女的做什么？

(a) 帮她找孩子。
(b) 帮她的孩子找工作。
(c) 请女的来家里吃饭。
(d) 陪女的去百货商店。

해설

여자가 남자에게 이전에 부탁한 바를 다시 부탁하고 이에 남자가 그 부탁을 반드시 들어주겠다는 내용의 대화이다. 여자가 부탁한 내용은 '现在没有位置'라는 말로 보아 취업문제임을 알 수 있다. 정답은 (b)이다.

번역

여 : 라오왕, 내가 지난번에 부탁했던 일은 어떻게 됐니?
남 : 지금은 자리가 없어, 조금만 더 기다려 줘.
여 : 응, 내가 기다리지 못하는 것이 아니라, 우리 아이가 좀 기다리질 못해서.
남 : 이 부탁만큼은 반드시 도와줄게. 그에게 다시 조금만 기다리라고 해 줘.
여 : 정말 고마워.
남 : 그렇게 격식 차리지 마.

문제 : 대화로 보건대, 남자는 여자에게 무엇을 한다고 대답했는가?

(a) 그녀가 아이 찾는 것을 돕는다.
(b) 그녀의 아이가 취업하는 것을 돕는다.
(c) 여자에게 집에 와서 식사할 것을 청한다.
(d) 여자를 쫓아 백화점에 간다.

자구 풀이

* 托(tuō) 부탁하다, 의뢰하다.
* 唉(āi) '응', '예' 정도에 해당하는 대답 소리.
* 等不及(děng bu jí) 기다릴 수 없다, 기다리지 못하다.
* 答应(dāying) 약속하다, 승낙하다.

35

男：我爸妈说明天想见你。
女：你怎么不早说？我得准备准备。
男：有什么好准备的？
女：你说咱俩的事，你爸妈能同意吗？
男：那得看你的表现了。
女：你这一说，我就更紧张了。

问：根据上段对话，男的和女的是什么关系？

(a) 父女　　(b) 姐弟
(c) 恋人　　(d) 母子

해설 남자 측의 부모님을 만나게 된 여자가 남자와 나눈 대화를 토대로, 여자와 남자의 관계를 유추하는 문제이다. 대화에 '你爸妈'라는 말이 나오므로 (a)와 (b), (d)는 정답이 될 수 없다. 정답은 (c)이다.

번역
남 : 부모님께서 내일 널 보자고 하셨어.
여 : 왜 일찍 말해 주지 않았니? 나도 좀 준비를 해야 돼.
남 : 뭐 딱히 준비할 게 있겠어?
여 : 생각 좀 해봐. 우리 둘의 일을 너희 부모님께서 동의하실 수 있을 것 같니?
남 : 그건 네가 하는 것을 보셔야 하겠지.
여 : 그렇게 말하니까 더 긴장돼.

문제 : 대화로 보건대, 남자와 여자는 어떠한 관계인가?

(a) 아버지와 딸　　(b) 누나와 남동생
(c) 연인　　(d) 어머니와 아들

자구풀이
* 准备准备(zhǔnbèi zhǔnbèi) 이것저것 준비하다. 동사를 중첩함으로써 동작이 몇 차례 반복적으로 일어났음을 표시할 수 있다.
* 表现(biǎoxiàn) 태도, 언동.
* 姐弟(jiě dì) 누나와 남동생.

36

女：你昨天去了吗？
男：去是去了，可不如不去。
女：怎么了？
男：人家一看我的毕业证就说不行。
女：毕业证怎么了？
男：说什么学历太高，用不起。

问：他们在谈什么？

(a) 毕业问题　　(b) 就业问题
(c) 技术问题　　(d) 考试问题

해설

높은 학력이 오히려 취업에 장애가 된 경우를 다룬 대화이다. 이러한 내용과 관련된 화제를 찾는 문제로, 남자의 마지막 말인 '用不起'가 힌트이다. 정답은 (b)이다.

번역

여 : 너 어제 갔었니?
남 : 가긴 갔는데 안 간 것만 못했어.
여 : 왜?
남 : 그들이 내 졸업장을 보자마자 안 된다고 말했거든.
여 : 졸업장이 어때서?
남 : 뭐 학력이 너무 높으면 고용할 수 없다고 하더라고.

문제 : 이들은 무엇에 관해 얘기하고 있는가?

(a) 졸업 문제　　(b) 취업 문제
(c) 기술 문제　　(d) 고시 문제

자구풀이

* 不如(bùrú) 'A不如B'의 형태로 쓰여 'A는 B만 못하다'는 열등비교구문으로 쓰인다.
* 一…就～ …하자마자 곧 ~하다.
* 毕业证(bìyè zhèng) 졸업장. '毕业证书'라고도 쓴다.
* 用不起(yòng bu qǐ) 고용할 수 없다. 가능보어구문의 부정형으로, '起'는 가능보어로 쓰여 할 수 있음을 표시한다.

37

男：我看这台空调就很好。
女：俗话说，"货比三家"嘛，再到别的商店看看。
男：大热的天儿，别跑来跑去了，就在这儿买了算了。
女：你呀，过日子一点儿都不精打细算。
男：好吧，去哪儿买，你说了算还不行吗？
女：这还差不多。

问：根据上段对话，他们打算做什么？

(a) 买下这台空调。
(b) 分头做市场调查。
(c) 不买空调了，一起回家。
(d) 再去别的电器商场转转。

해설 상품을 구입하는 방식이 다른 부부의 대화 내용을 보고 그들의 다음 행동을 유추하는 문제이다. 매장마다 비슷할 것이라는 태도를 보인 남편에게 핀잔을 주며 아내는 다른 매장에 더 가 보고 결정하자고 말한다. 이에 남편이, 아내가 자신의 뜻대로 해야 직성이 풀린다는 점을 환기하면서 아내의 뜻대로 하기로 한다. 따라서 정답은 (d)이다.

번역 남 : 내가 보기에 이 에어컨이 좋은 것 같아.
여 : 속담에 "물건은 세 군데를 비교해야 한다."라는 말이 있잖아. 다른 상점에 가서 더 봐 보자.
남 : 무척 더운 날인데 왔다 갔다 하지 말고, 여기서 사는 걸로 하자.
여 : 당신은 말이지, 살아가면서 조금도 주도면밀하게 계산을 하지 않아.
남 : 그래, 어디에 가서 사든 당신이 괜찮다고 해야 되는 거겠지?
여 : 이제 좀 됐네.

문제 : 대화로 보건대, 이들은 무엇을 하려고 하는가?

(a) 이 에어컨을 산다.
(b) 따로따로 시장조사를 한다.

(c) 에어컨을 사지 않고 함께 귀가한다.
(d) 다시 다른 전자상품 매장을 돌아다닌다.

자구 풀이

* 空调(kōngtiáo) 에어컨.
* 货比三家(huò bǐ sān jiā) 직역하면 "물건은 세 군데를 비교해야 한다."라는 뜻으로 여러 곳에서 가격을 비교하는 행위를 가리킨다.
* 跑来跑去(pǎolái pǎoqù) 왔다 갔다 하다.
* 一点儿都(yīdiǎnr dōu) 조금도. '都'는 '조금, 약간'이라는 의미를 강조해 준다.
* 精打细算(jīngdǎ-xìsuàn) 주도면밀하게 계산하다.
* 你说了算还不行吗 직역하면 "네가 괜찮다고 말해야 그래야 괜찮지 않겠어?" 정도의 뜻으로, 상대가 하자는 대로 하겠다는 의사를 표시한다.
* 这还差不多 직역하면 "얼추 다 됐다."라는 뜻이다. 여기서는 '这'는 아내의 뜻대로 하겠다는 남자의 말을 받고 있으며, '差不多'는 자신의 뜻을 상대가 거의 다 이해했음을 나타낸다. 따라서 '이제 좀 됐네' 정도로 의역될 수 있다.
* 分头(fēntóu) 일을 나누어서 하다. 각각, 따로따로.

38

女：怎么样？个人问题解决了吗？
男：哪儿那么容易啊？
女：你这么聪明能干，怎么会没有人看上你？
男：像我这样要钱没钱，要房没房，恐怕没戏了。
女：是不是你眼光太高了？
男：没那回事儿。

问：他们在谈论什么？

(a) 在谈炒股票的事儿。
(b) 在谈买房子的事儿。
(c) 在谈找工作的事儿。
(d) 在谈找对象的事儿。

해설

총명하고 유능하지만, 경제적 여건이 받쳐 주지 못해 결혼 상대자를 만나지 못하는 상황으로 인해 나누게 된 대화이다. 이와 관련된 화제를 찾는 문제이다. 정답은 (d)이다.

번역

여 : 어때? 개인적인 문제는 해결되었니?
남 : 어떻게 그리 쉽게 되겠어?
여 : 넌 매우 총명하고 유능한데 어째서 네게 반하는 사람이 없지?
남 : 나처럼 돈이 필요한데 돈이 없고, 집이 필요한데 집이 없는 경우는 가망이 없지.
여 : 너 안목이 너무 높은 것은 아니니?
남 : 그런 일은 없어.

문제 : 그들은 무엇에 관해 얘기하고 있는가?

(a) 주식 투자에 대해 얘기하고 있다.
(b) 집 매매에 대해 얘기하고 있다.
(c) 취직에 대해 얘기하고 있다.
(d) 배우자를 찾는 일에 대해 얘기하고 있다.

자구 풀이

* 能干(nénggàn) 유능하다.
* 看上(kànshang) 마음에 들다, 반하다.
* 没戏(méixì) 가망이 없다, 시시하다.
* 眼光(yǎnguāng) 안목, 시각.
* 找对象(zhǎo duìxiàng) 결혼 상대자를 찾다, 배우자를 구하다.
* 炒股票(chǎo gǔpiào) 주식 투자를 하다.

39

男：你怎么又不说话了？
女：不都让你说了吗？
男：那你是同意还是不同意啊？表个态吧。
女：还用我表态吗？真可笑！
男：那你是同意了？
女：你是不是欺人太甚了？

问：根据上段对话，女的是什么态度？

(a) 同意
(b) 谦虚
(c) 愤怒
(d) 哀悼

해설 대화를 나누는 당사자들의 분위기를 파악해야 여자의 태도를 알 수 있게 된다. 정답은 (c)이다.

번역 남 : 너 어째서 또 말을 안 하고 있는 거니?
여 : 네가 다 말했잖아?
남 : 그러면 너는 동의하는 거야 아니야? 태도를 분명히 해 봐.
여 : 아직도 나의 태도 표명이 필요해? 정말 웃기는군!
남 : 그러면 너 동의한 것이니?
여 : 너 사람을 너무 깔보는 거 아니니?

문제 : 대화로 보건대, 여자는 어떤 태도를 지니고 있는가?

(a) 동의
(b) 겸손
(c) 분노
(d) 애도

자구 풀이

* 不都让你说了吗 직역하면 "너로 하여금 모든 것을 말하게 하지 않았니?"라는 뜻이 된다. 곧 '네가 다 말했잖아?'라는 뜻이다. 여기에서 '让'은 피동의 의미를 가져서 '被'와 같다. 즉 '不都被你说了吗'의 의미로 직역하면 "전부 너에 의해서 말해졌잖아"가 되어 "(나한테 기회를 주지도 않고) 네가 다 말했잖아?"의 의미이다.
* 表态(biǎo tài) 공개적으로 의견을 표명하다, 태도를 분명히 하다.
* 欺(qī) 깔보다, 업신여기다.
* 谦虚(qiānxū) 겸손, 겸손하다.
* 哀悼(āidào) 애도, 슬퍼하다.

40

女：我跟我爸闹翻了，我想开家公司，他死活不同意。
男：什么？开公司？我说你还是三思而后行吧。
女：连你也给我泼冷水。
男：开公司谈何容易，弄不好会倾家荡产。
女：我周围的朋友创业，个个都成功了。
男：他们是他们，你是你！

问：男的对女的开公司持什么态度？

(a) 爱莫能助。
(b) 漠不关心。
(c) 慷慨相助。
(d) 婉言相劝。

해설

대화는 창업을 하려는 여자에게 남자가 신중하게 행동할 것을 재삼재사 권고하는 내용으로 이루어져 있다. 이를 통해 추출할 수 있는 남자의 태도로 적당한 것을 찾는 문제이다. 정답은 (d)이다. 지문에 나오는 '倾家荡产'이나 '爱莫能助', '漠不关心'와 같은 사자성어와 '慷慨', '婉言'과 같은 한문 투의 어휘를 많이 알고 있어야 풀 수 있는 문제 유형이다.

번역

여 : 나 아버지랑 격렬하게 다퉜어. 나는 창업을 하려고 하는데 아버지께서는 한사코 말리셨거든.
남 : 뭐? 창업을 한다고? 내 생각에는 네가 그래도 심사숙고한 후에 결행했으면 해.
여 : 너까지도 내게 찬물을 끼얹는구나.
남 : 창업을 한다는 것이 말하기는 쉽지만, 잘못하면 집안이 기울고 가산을 탕진할 수도 있어.
여 : 내 주위의 친구들은 창업을 했는데 다들 성공했더라.
남 : 그들은 그들이고 너는 너야!

문제 : 남자는 창업을 한다는 여자에게 어떤 태도를 가지고 있는가?

(a) 돕고는 싶지만 도울 방도가 없다.

(b) 일말의 관심조차 없다.
(c) 격앙되어서 도와주려 하다.
(d) 완곡한 말로 권계하다.

자구 풀이

* 开家公司(kāi jiā gōngsī) 회사를 차리다, 창업하다. '家'는 회사 등을 셀 때 쓰는 양사.
* 闹翻(nàofān) 격렬하게 다투다, 심하게 논쟁하다.
* 死活(sǐhuó) 막무가내, 한사코.
* 三思(sān sī) 여러 번 생각하다, 심사숙고하다. '三'은 개수(概数)로서, 딱 세 번을 의미하지 않고 '여러 번, 누차'라는 뜻으로 쓰였다.
* 连(lián) 보통 '也'와 함께 쓰여 '~조차도, ~까지도'의 뜻.
* 泼(pō) 물을 뿌리다, 끼얹다.
* 何(hé) 얼마나, 얼마큼.
* 倾家荡产(qīngjiā-dàngchǎn) 가세가 기울고 가산을 탕진하다.
* 爱莫能助(ài mò néng zhù) 돕고는 싶지만 도울 방도나 능력이 없다.
* 漠不关心(mòbù-guānxīn) 추호도 관심이 없다.
* 慷慨相助(kāngkǎi-xiāngzhù) 격앙되어서 도와주다.
* 婉言相劝(wǎnyán-xiāngquàn) 완곡한 말로 권계하다.

Part IV

(41~50) 다음 글을 듣고 제시하는 질문에 대한 가장 적절한 답을 고르시오.

41

今天一下班，王兰就忙着去幼儿园接孩子，买菜，收拾房间，至于给朋友打电话问旅游的事，她给忘得一干二净。

问：根据上段话，王兰忘了哪件事？

(a) 买菜　　(b) 打电话
(c) 接孩子　　(d) 整理房间

해설 지문에는 왕란이 행한 여러 가지 행동이 나온다. 이 중 왕란이 하지 못한 행동을 찾는 문제이다. 정답은 (b)이다.

번역 오늘 퇴근하자마자 왕란은 서둘러 유치원으로 가서 아이를 데려오고 장을 보고 집안을 청소하다가, 친구에게 전화해서 여행에 대해 물어본다는 것을 까맣게 까먹고 말았다.

문제 : 윗글에 따르면, 왕란은 무엇을 잊어버렸는가?

(a) 시장보기　　(b) 전화하기
(c) 아이 데려오기　　(d) 집 청소

자구풀이

* 一…就~ …하자마자 곧 ~하다.
* 接孩子(jiē háizi) 아이를 데려오다.
* 买菜(mǎicài) 시장보다.
* 至于(zhìyú) ~의 경우에는, ~으로 말하자면.
* 给(gěi) 여기서는 어기조사로 쓰여, 피동이나 처치(处置)를 나타내 주는 동사 앞에 와서, 피동이나 처치의 어기를 강하게 해주는 역할을 한 경우이다.
* 一干二净(yīgān-èrjìng) 남김없이, 철두철미하게.

42

龙是中国古代传说中的一种神奇动物，是人们创造出来的崇拜物，也就是图腾。中国人坚信，龙与中国人有血缘关系，是中国人的图腾。因此，中国人自称是“龙的传人”。

问：中国人为什么自称是“龙的传人”？

(a) 喜欢龙的气质。
(b) 龙的样子十分可爱。
(c) 认为龙是自己的祖先。
(d) 认为龙创造了中国文化。

해설

지문에 나오는 '传人'의 뜻을 정확하게 파악하는 것이 문제 풀이의 관건이다. 정답은 (c)이다. 용은 중국문화와 떼려야 뗄 수 없는 문화적 상징인데, 이와 같은 중국문화 일반에 대한 폭넓고 속 깊은 이해는, 실생활은 물론이고 각종 업무 현장에서 중국어를 정확하게 구사하고 중국인과 중국을 이해하는 데에 필수적이다.

번역

용은 중국 고대 전설 속의 신기한 동물로, 사람들이 창조한 숭배 대상 곧 토템이다. 중국인들은, 용과 중국인은 혈연관계에 놓여 있으며 용이 중국인의 토템이라고 굳게 믿고 있다. 그래서 중국인은 자칭 '용의 후예'라고 한다.

문제 : 중국인은 왜 스스로를 '용의 후예'라고 칭하는가?

(a) 용의 기질을 좋아해서.
(b) 용의 용모가 매우 귀여워서.
(c) 용이 자신의 선조라고 여겨서.
(d) 용이 중국문화를 창조했다고 여겨서.

자구 풀이

* 崇拜物(chóngbàiwù) 숭배 대상이 되는 사물.
* 图腾(túténg) 토템.
* 坚信(jiānxìn) 굳건하게 믿다, 확신하다.
* 传人(chuánrén) (정신, 비법 등을) 이어받은 사람.

43

李丽是本校有名的高材生。她活泼可爱，老师和同学们都很喜欢她。可是最近，因为一次数学小考没考好，她竟一连两天，一句话也不说，同学们怎么劝也没用，这下可急坏了她周围的人。

问：根据上段话，李丽是一个什么样的人？

(a) 是个马马虎虎的人。
(b) 是个不爱学习的人。
(c) 是个对自己要求很严的人。
(d) 是个不受同学们欢迎的人。

해설

이 문항은 지문의 내용을 정확하게 파악한 후 이를 근거로 정답을 유추하는 문제이다. '数学小考'를 못 보았다는 이유로 쾌활했던 리리가 아무 말도 않고 있다는 진술을 보건대 정답은 (c)이다. '우리 학교에서 유명한 高材生'이라는 진술로 보건대 (a)와 (b)는 유추될 수 없으며, (d)는 지문의 내용과 위배된다.

번역

리리는 우리 학교의 유명한 뛰어난 인재이다. 그녀는 쾌활하고 귀여워서 선생님들과 동학들 모두가 그녀를 매우 좋아한다. 그러나 최근 수학 쪽지시험에서 시험을 못 본 탓에 그녀는 급기야 이틀 연속 한 마디도 말하지 않았고, 동학들이 아무리 권계해도 쓸모없다 보니 이번에는 그녀 주변사람들을 몹시 애태우게 했다.

문제 : 윗글에 따르면 리리는 어떠한 사람인가?

(a) 산만한 사람이다.
(b) 공부하기를 좋아하지 않는 사람이다.
(c) 자기에 대한 요구가 엄격한 사람이다.
(d) 동학들로부터 환영받지 못하는 사람이다.

자구풀이

* 高材生(gāocáishēng) 비범한 인재. '高才生'이라고도 쓴다.
* 活泼(huópō) 활발하다, 쾌활하다.
* 小考(xiǎokǎo) 수업 시간 중에 보는 시험이나 퀴즈, 쪽지 시험.
* 一连(yīlián) 연속해서, 잇따라.

* 一句话也不说 한 마디조차도 말하지 않다. 구두에 '连(lián)'이 생략된 구문으로 '也' 대신에 '都'를 쓸 수도 있다.
* 怎么~也 아무리 ~해도.
* 急坏(jíhuài) 몹시 당황하다, 애태우다.
* 马马虎虎(mǎma-hūhū) 산만하다, 부주의하다.

44

周志强在杭州上班的时候, 每天一下班，就和女友一起骑着自行车去西湖公园。他们总是把车存在车棚里，手拉着手，走在美丽的西湖边上，要多浪漫有多浪漫。如今想起来也是甜甜的，美美的。

问：下面哪一项符合上段话的内容?

(a) 周志强曾去杭州旅游过。
(b) 周志强很想念杭州的同事们。
(c) 周志强以前常和女友去游西湖。
(d) 周志强常和女友骑着自行车在西湖边上转。

해설 지문의 내용은 저우즈창이 항저우에서 직장을 다닐 때 여자친구와 늘 자전거를 타고 시후(西湖)에 간 후 호숫가를 함께 걸으며 낭만을 즐겼다는 회고이다. 정답은 (c)이다. (a)와 (b)는 지문에서 언급되지 않은 사항이며, (d)의 경우, 지문에서는 자전거로 시후까지는 갔지만, 시후에 도착하면 자전거를 세워 놓고 걸어서 호숫가를 다녔다고 회고했으므로 정답이 아니다.

번역 저우즈창은 항저우에서 직장에 다닐 때 매일 퇴근하자마자 여자친구와 함께 자전거를 타고 시후공원으로 갔다. 그들은 늘 자전거를 자전거 차고에 두고는 손에 손을 잡고서 아름다운 시후의 물가를 걸으며, 마음껏 낭만을 즐겼다. 지금 생각해 보아도 달콤하고 아름다울 지경이다.

문제 : 다음 중 윗글의 내용과 부합하는 것은?

(a) 저우즈창은 항저우에 여행을 간 적이 있다.
(b) 저우즈창은 항저우의 직장 동료들을 매우 그리워한다.
(c) 저우즈창은 예전에 늘 여자친구와 시후에 놀러 갔다.
(d) 저우즈창은 늘 여자친구와 자전거를 타고 시후 물가를 돌았다.

자구풀이
* 一(yī)~就(jìu)… ~하자마자 곧/바로 …하다.
* 车棚(chēpéng) 차고. 여기서는 자전거 주차용 차고.
* 要多浪漫有多浪漫 얼마큼의 낭만을 요구하든지 그만큼의 낭만을 지니게 되다.

원하는 만큼 낭만을 즐겼다는 뜻이다. '多'는 의문대명사이다. 동일한 의문대명사를 앞뒤에 반복하여 씀으로써 동일한 사람이나 사물, 방법, 시간, 장소 등을 지시할 수 있다. 이때 앞의 의문대명사는 특정되지 않은 대상을 지칭하고, 뒤의 의문대명사는 앞의 의문대명사가 지시한 것을 다시 가리킨다.

* 美美(měiměi) 매우 아름답다.
* 想念(xiǎngniàn) 그리워하다.

45

电脑操作者要特别注意用眼卫生。长时间操作电脑，会出现不同程度的眼角膜干燥、眼干涩、视力下降等症状。从预防角度上讲，电脑操作者应该多吃一些富含维生素A的食物，如豆制品、鱼、牛奶、核桃、青菜及新鲜水果等。

问：下面哪一项符合上段话的内容？

(a) 电脑操作者要每天喝点儿绿茶。
(b) 电脑最好不要放置在窗户的对面。
(c) 电脑操作者要多吃一些鱼和蔬菜、水果。
(d) 电脑操作者要注意保持工作环境的清洁卫生。

해설

지문은 컴퓨터를 오래 사용하면 눈 건강에 이상이 생길 수 있으므로 비타민A가 풍부하게 함유된 음식을 많이 먹을 필요가 있다는 내용이다. 이와 부합하는 내용을 찾는 문제이다. 정답은 (c)이다. (a), (b), (d)는 지문에서 언급되지 않은 사항이다.

번역

컴퓨터 사용자는 특히 눈 건강에 주의하여야 한다. 오랜 시간 컴퓨터를 다루다 보면 정도는 다르지만 각막 건조, 안구 건조, 시력 저하 등의 증상이 나타날 수 있다. 예방 차원에서 말하자면, 컴퓨터 사용자는 비타민A가 풍부하게 함유된 음식물, 예컨대 콩으로 만든 식품, 생선, 우유, 호두, 채소 및 신선한 과일 등을 많이 먹어야 한다.

문제 : 다음 중 윗글의 내용과 부합하는 것은?

(a) 컴퓨터 사용자는 매일 약간의 녹차를 마셔야 한다.
(b) 컴퓨터는 가장 좋기로는 창문의 맞은편에 놓아서는 안 된다.
(c) 컴퓨터 사용자는 생선과 채소, 과일 등을 많이 먹어야 한다.
(d) 컴퓨터 사용자는 작업환경의 청결과 위생을 유지하는 데에 주의해야 한다.

자구풀이

* 用眼卫生(yòng yǎn wèishēng) 눈을 사용할 때의 위생. 곧 눈 건강.
* 角膜(jiǎomó) 각막.
* 干涩(gānsè) 마르다, 건조해지다.
* 富含(fù hán) 풍부하게 함유하다.

46

从前，用户最常用的网络服务是电子邮箱、搜索引擎和查看新闻。但是现在，用户已不仅仅满足于上述应用，人们的上网用途正朝多元化方向发展。调查数据表明，以休闲娱乐为目的的网民比例呈现不断增加的趋势。

问：根据上段话，哪一类网民越来越多？

(a) 查看新闻的网民
(b) 查看邮箱的网民
(c) 玩儿网络游戏的网民
(d) 发送电子邮件的网民

해설

지문에는 인터넷 용도가 전자우편, 검색엔진, 뉴스검색에서 다원화되고 있다는 내용이 실려 있다. 이러한 내용과 부합하는 답을 찾는 문제이다. 정답은 (c)이다. 인터넷은 현대사회에서 일상적으로 사용되는 문명의 이기이기 때문에, '用户', '网络', '电子邮箱', '搜索引擎', '上网', '网民', '网页(wǎngyè, 홈페이지)', '网志(wǎngzhì, 블로그)' 등과 같은 관련 용어를 반드시 익혀야 한다.

번역

종전에 사용자들이 가장 널리 사용하던 인터넷 서비스는 전자우편과 검색엔진 및 뉴스 검색이었다. 그러나 지금은 사용자들이 단지 상술한 바의 활용에 만족하지 않아서 사람들이 인터넷에 접속하는 용도는 한창 다원화 방향으로 발전되고 있다. 조사결과에 의하면 여가선용과 오락을 목적으로 하는 네티즌의 비율이 부단히 증가하는 추세이다.

문제 : 윗글에 따르면, 어떤 유형의 네티즌이 갈수록 많아지는가?

(a) 뉴스 검색하는 네티즌
(b) 전자우편을 살펴보는 네티즌
(c) 인터넷 게임을 하는 네티즌
(d) 전자우편을 발송하는 네티즌

자구 풀이

* 用户(yònghù) 사용자, 소비자.
* 网络(wǎngluò) 인터넷.
* 搜索引擎(sōusuǒ yǐnqíng) 검색 엔진.
* 仅仅(jǐnjǐn) 단지, 다만, 오로지.
* 上网(shàngwǎng) 인터넷에 접속하다, 인터넷을 사용하다.
* 数据(shùjù) (실험이나 조사 등을 통해 얻은) 수치.
* 呈现(chéngxiàn) 보여 주다, 나타내다.
* 以(yǐ)…为(wéi)~ …을/를 ~로 삼다.
* 调查数据表明，以休闲娱乐为目的的网民比例呈现不断增加的趋势 직역하면 "한 조사 결과는 여가선용과 오락을 목적으로 하는 네티즌의 비율이 부단히 증가하는 추세임을 보여 주고 있다."의 뜻이다. 위의 번역에서는 자연스럽게 풀어서 번역했다. '网民(wǎngmín)'은 '네티즌'.

47

丽丽在一家杂志社当编辑。工作干得不错，工资也不少，但她现在想去电视台找个差事，就因为她的一个大学同学最近进电视台当上了新闻主播。上大学时，丽丽可是个有名的校花，风光无限，而那个同学当时是名不见经传。可命运偏就跟她开了这样一个玩笑，这让丽丽的心怎么能平衡呢。

问：根据上段话，丽丽为什么要去电视台工作？

(a) 因为工作干得不好。
(b) 因为想找回一种心理平衡。
(c) 因为现在的工作工资太少。
(d) 因为她想和大学同学在一起工作。

해설

이 문항은 지문의 내용을 토대로 정답을 유추하는 유형의 문제이다. 지문에서는 방송국으로 이직하고 싶어하는 리리의 심정이 다뤄지고 있다. 대학 시절, 잘 나가던 자신에 비해 전혀 주목받지 못했던 대학 동창이 뉴스 앵커가 된 것을 알고 난 후부터, 현재 만족할 만한 조건에서 일을 하고 있음에도 방송국에 입사하여 허드렛일이라도 하고 싶어하는 리리의 심정이 묘사되어 있다. 이를 근거로 유추 가능한 정답을 찾으면 된다. 정답은 (b)이다. (a)와 (c)는 지문과 위배되는 내용이며 (d)는 지문에서 언급되지 않은 사항이다.

번역

리리는 잡지사에서 편집을 담당하고 있다. 일도 잘 하고 월급도 적지 않다. 그러나 그녀는 지금 방송국에서 허드렛일을 찾아보려고 하는데, 그녀의 대학 동학이 최근에 방송국에 들어가 뉴스 앵커가 되었기 때문이다. 대학에 다닐 때, 리리는 학교에서 유명했던 미녀로, 모든 면에서 무척 잘 나갔던 반면에 그 동학은 당시에 이름조차 들어보지 못했다. 그러나 운명이 공교롭게도 그녀를 이렇게 희롱하였으니, 이런 상황에서 리리의 마음이 어떻게 평정을 이룰 수 있겠는가.

문제 : 윗글에 따르면, 리리는 왜 방송국에서 일하고자 하는가?

(a) 하고 있는 일을 잘 하지 못해서.
(b) 심리적인 평정 상태를 되찾고 싶어서.
(c) 현재 하고 있는 일의 월급이 너무 작아서.

(d) 그녀가 대학 동창과 함께 일하고 싶어 하기 때문에.

자구 풀이

* 编辑(biānjí) 출판이나 인쇄할 원고를 전문적으로 다루는 사람, 편집인.
* 工资(gōngzī) 급료, 임금.
* 差事(chāishi) 잔심부름, 허드렛일.
* 当上(dāng shàng) (일이나 직무 등을) 맡다, 담당하다. '上'은 결과보어로, 동작의 결과로 떨어져 있던 것이 붙게 되거나 목적이 실현됐음을 나타낸다.
* 新闻主播(xīnwén zhǔbō) 뉴스 진행자, 앵커.
* 校花(xiàohuā) 대학에서 가장 아름다운 여학생을 일컫는 말.
* 风光无限(fēngguāng wúxiàn) 본래는 풍광이 매우 아름답고 수려하다는 뜻이나, 여기서는 몹시 아름답고 능력도 빼어나 인기가 매우 높고 평판도 자자한 상태를 비유적으로 표현한 말로 쓰였다.
* 不见经传(bùjiàn-jīngzhuàn) 직역하면 "경전에 보이지 않는다."라는 뜻으로, 명성이 잘 알려져 있지 않다는 뜻이다.
* 偏(piān) 공교롭게, 뜻하지 않게.
* 开玩笑(kāi wánxiào) 농담하다, 희롱하다.
* 这让丽丽的心怎么能平衡呢 직역하면 "이 상황이 리리로 하여금 어떻게 평정을 이룰 수 있게 하겠는가?"의 뜻이다. 중국어의 사역형 문장을 한국어로 번역할 때에는 능동형으로 바꿔 주는 것이 자연스러울 때가 많다.
* 找回(zhǎohuí) 되돌리다, 복구하다.

48

这里的一花一草，都是由张先生精心浇灌而成。为了建造这座精巧别致的庭园，他几乎用尽了毕生的精力。他说，建立它的目的就是希望人们都能够遵循大自然的规律，像树木花草那样互相爱护，建设一个和平的世界。他怀着无限感激之情，把这座庭园献给世界上所有爱好和平的人们。

问：根据上段话，“这里”是一个什么地方？

(a) 历史古迹
(b) 名人故居
(c) 儿童游乐场
(d) 盆栽艺术园

해설

이 문항은 지문의 내용을 토대로 정답을 유추하는 유형의 문제이다. 지문에서는 평생 동안 온 힘을 다해 가꾼 아름다운 정원을 평화를 사랑하는 세상 사람들에게 헌정한 장 선생이란 사람의 이야기가 나온다. 이러한 내용을 토대로, 이러한 정원이 있을 수 있는 곳을 유추하는 문제이다. 정답은 (d)이다. 지문의 첫 문장인 '꽃 한 송이 풀 한 포기 모두 장 선생이 심혈을 기울여 가꿨다'는 언급이 힌트였다.

번역

이곳의 꽃 한 송이 풀 한 포기는 모두 장 선생님이 정성을 기울여서 키운 것이다. 이 정교하고도 색다른 정원을 만들기 위해 그는 거의 필생의 노력을 다하였다. 그는, 정원을 조성한 목적은 사람들 모두가 대자연의 섭리를 따라서 마치 수목과 화초처럼 서로 아껴 주어 화평한 세계를 건설할 수 있기를 바라는 것이라고 말했다. 그는 무한히 감격스런 심정을 품은 채 이 정원을 평화를 사랑하는 세상 모든 사람들에게 헌정하였다.

문제 : 윗글에 따르면 '여기'는 어떤 곳인가?

(a) 역사 유적
(b) 명인들의 고거
(c) 어린이 놀이동산
(d) 분재 예술원

자구 풀이

* 由(yóu) 의미상으로 피동을 표시하는 전치사. '由'의 빈어는 어떤 일을 처리하거나 수행하는 주체를 나타낸다. 곧 지문에서, 주어인 '这里的一花一草'와 '由'의 빈어인 '张先生'의 관계는, '这里的一花一草'가 '张先生'에 의해 길러진 것이기 때문에 피동이 된다.
* 精心(jīngxīn) 마음을 다하여, 주도면밀하게.
* 浇灌(jiāoguàn) 주입하다, 부어 넣다.
* 精巧(jīngqiǎo) 정교하다, 아름답다.
* 别致(biézhì) 비범하다, 색다르다.
* 遵循(zūnxún) 따르다, 좇다.
* 像(xiàng)~这样/那样 ~처럼 이렇게/그렇게. '这样' 대신에 '这么'를, '那样' 대신에 '那么'를 쓸 수 있으며, 우리말로 옮길 때에는 번역을 안할 수도 있다.
* 把(bǎ)~献给(xiàngěi) ~을 바치다, 헌납하다. '把'는 처치식 구문을 이끄는 전치사로, 빈어를 술어 앞으로 도치시킬 때 사용한다.
* 故居(gùjū) (옛 사람이 살던) 집.
* 盆栽(pénzāi) 화초나 나무를 화분에 심어 보기 좋게 기르는 것.

49

面对日益严重的环境污染问题，是否有行之有效的解决办法？一项调查显示，超过半数的受访人认为“提高全民的环保意识”是解决环境问题的根本。有两成多的人寄希望于国家的宏观政策法规：认为应该严惩造成环境污染的个人或集体，同时加快健全环保法规并加强监管力度。尽管有相当数量的人对环境问题的现状表示担忧，但依然有70%的受访者相信在不久的将来环境问题能够得到很大改善。

问：下面哪一项符合上段话的内容？

(a) 大部分人对目前的环境问题很悲观。
(b) 国家的宏观政策法规是解决环境问题的根本。
(c) 提高全民的环保意识是解决环境问题的根本。
(d) 大部分人认为健全环保法规，才是解决环境问题的唯一办法。

해설

이 문항은 지문의 내용을 얼마큼 상세하고도 정확하게 듣고 이해했는지를 평가하는 문제이다. 지문에는 환경오염에 대한 우려와 해결 방안 및 문제 해결에 대한 낙관 등의 내용이 나온다. 특히 해결 방안에 관해서는 기본적 차원에서의 환경문제에 대한 인식의 전환과 제도 차원에서의 정책과 법규의 완비라는 두 차원을 제시하고 있다. 이 문항은 이 두 차원을 정확하게 가려들을 수 있는가를 묻는 문제이다. 정답은 (c)이다. (a), (b), (d)는 지문의 내용과 위배된다.

번역

나날이 심각해지는 환경오염 문제에 직면하여, 효과적으로 시행할 수 있는 해결 방안이 있는가? 한 조사에 따르면, 과반수의 인터뷰 응답자들이 ‘전 인민의 환경보호 의식을 제고하는 것’이 환경문제 해결의 기본이라고 인식하고 있다. 20%가 넘는 사람들은 국가의 거시적인 정책과 법규에 희망을 걸었는데, 환경오염을 일으킨 개인과 집단을 마땅히 엄격하게 처벌해야 한다고 했으며, 동시에 시급히 환경보호 법규를 완비하여 감시와 규제의 강도를 더욱 높여야 한다고 생각하였다. 상당수의 사람들이 환경문제의 현실에 대한 우려를 표현했음에도 불구하고 여전히 70%가량의 인터뷰 응답자들은 멀지 않은 미래에 환경문제가 매우 많이 개선될 것임을 확신하고 있었다.

문제 : 다음 중 윗글의 내용에 부합하는 것은?

(a) 대부분의 사람들은 눈앞의 환경문제에 대하여 매우 비관적이다.

(b) 국가의 거시 정책과 법규는 환경문제 해결의 기본이다.

(c) 전 인민의 환경보호 의식을 제고하는 것이 환경문제 해결의 기본이다.

(d) 대부분의 사람들은 환경보호 법규를 완비하는 것만이 환경문제를 풀 수 있는 유일한 방법이라고 생각한다.

자구 풀이

* 日益(rìyì) 나날이, 날이 갈수록.
* 行之有效(xíng zhī yǒu xiào) 행하여 효과를 보다.
* 受访(shòufǎng) 인터뷰를 하다.
* 两成(liǎng chéng) 2할, 20%.
* 寄希望(jì xīwàng) 희망을 걸다.
* 宏观(hóngguān) 거시, 거시적으로.
* 严惩(yánchéng) 엄격하게 처벌하다.
* 加快(jiākuài) 시급하게, 서둘러.
* 健全(jiànquán) 완비하다.
* 力度(lìdù) 힘의 세기, 강도.
* 监管(jiānguǎn) (범죄 따위를) 감시하고 규제하다.
* 尽管(jǐnguǎn) 설령 ~할지라도, 설사 ~일지라도. 양보를 표시하는 접속사[连词]로, 뒤의 문장에는 주로 '可是, 但(是), 还是, 却' 등이 온다.
* 担忧(dānyōu) 우려, 근심.
* 依然(yīrán) 여전히, 예전처럼.

50

打瞌睡是大脑需要休息的信号，其原因有二：一是睡眠不足，二是供氧不足。睡眠不足的主要原因是该睡的时候不睡，导致大脑兴奋过度或睡觉时间过短而致。供氧不足大多出现在夏季，夏季昼长夜短，加上气温和湿度的原因，气压经常比冬季低很多，人体缺少氧气，导致大脑负担增加，人脑也就需要更多的休息。而学生上课打瞌睡则是除了前一天贪玩儿或作业太多睡眠时间少以外，老师讲课水平低，没有趣味性，太过乏味，也是促使学生昏昏欲睡的重要原因。

问：上段话主要说了哪方面的内容？

(a) 暗示了如何防止打瞌睡。
(b) 说明了打瞌睡主要是由于一种习惯。
(c) 分析了学生上课打瞌睡是因为授课时间太长。
(d) 分析了夏季气压过低，是由于夏天的气温高，湿度大。

해설 이 문제를 풀기 위해서는 최소한 다음의 두 관문을 통과해야 한다. 첫째는 답지 네 개 모두 지문에서 언급한 단어와 내용이 들어 있기 때문에 지문의 내용을 정확하게 파악해야 한다는 점이며, 둘째는 이를 토대로 정답을 바르게 유추해야 한다는 점이다. 지문에서는 일반적으로 졸음이 유발되는 원인을 분석한 다음 수업시간에 학생들이 조는 원인을 추가적으로 분석하고 있다. 이러한 분석은 역으로 유추하면 졸음을 방지하기 위한 방안이 되기도 한다. 따라서 정답은 (a)이다. (b), (c), (d)는 지문에서 언급되지 않은 내용이다.

번역 조는 것은 대뇌가 휴식이 필요하다는 신호로, 그 원인은 다음의 두 가지이다. 첫째는 수면부족이고, 둘째는 산소공급 부족이다. 수면부족의 주원인은 자야 할 시간에 자지 않아 대뇌가 과도하게 흥분되는 데에 이르거나, 수면 시간이 너무 짧아서 그렇게 된 경우이다. 산소공급의 부족은 대부분 여름철에 발생한다. 여름철은 낮이 길고 밤이 짧은데다가 기온과 습도 탓에 기압이 늘 겨울철보다 매우 낮다 보니, 인체에 산소가 결핍되어 대뇌의 부담이 증가되기에 이르고 사람의 뇌 또한 더 많은 휴식이 필요하게 된다. 그러나 학생들이 수업 시간에 조는 것은, 그 전날 지나치게 놀았거나 숙제를 너무 많이 해서 잘 시간이 부족했던 것 외에도, 교사의 강의 수준이 낮거나 흥미롭지 못해 너무너무 재미가 없는 것 또한 학생들이 멍하니 꾸벅꾸벅 졸게 되는 중요한 원인이다.

문제 : 윗글은 주로 어떤 내용에 대해 말하고 있는가?

(a) 어떻게 하면 졸음을 방지할 수 있는가에 대해 암시하였다.
(b) 조는 것은 주로 습관으로부터 비롯된 것임을 설명하였다.
(c) 학생들이 수업시간에 조는 원인이 지나치게 긴 수업 시간 때문임을 분석하였다.
(d) 여름철에 기압이 지나치게 낮은 것은 여름철에는 기온이 높고 습도가 높기 때문임을 분석하였다.

자구 풀이

* 瞌睡(kēshuì) 졸다, 졸음.
* 氧(yǎng) 산소.
* 导致(dǎozhì) (~한 결과나 상태 등을) 생기게 하다, 초래하다.
* 过短而致(guò duǎn ér zhì) 과도하게 짧아서 (어떠어떠한 결과나 상태에) 이르게 되다.
* 贪玩儿(tān wánr) 지나치게 놀다, 놀 생각만 하다.
* 趣味性(qùwèixìng) 흥미, 흥취 또는 그러한 성향.
* 乏味(fáwèi) 흥미나 정취 등이 결핍되다.
* 促使(cùshǐ) (~한 목표나 결과에) 이르게 하다.
* 昏昏欲睡(hūnhūn-yùshuì) 꾸벅꾸벅 졸다, 매우 졸리다. '昏昏'은 멍하거나 정신을 놓은 상태를 가리키는 의태어.

Part I

(51~54) 다음 대화문의 빈칸에 들어갈 가장 적절한 표현을 고르시오.

51

A：你一天练多长时间？
B：__________。

(a) 三周
(b) 三点
(c) 三个多月
(d) 三个小时

해설 문맥에 맞는 답변을 찾는 문제이다. 정답은 (d)이다. A가 '하루에'라는 전제를 달아 물어보았기 때문에 (a)와 (c)는 정답이 될 수 없다. (b)의 '三点(sān diǎn)'은 '세 시'라는 시각을 표현하지, 기간을 표현할 수는 없다.

번역 A : 너 하루에 몇 시간 연습하니?
B : 3시간.

(a) 3주
(b) 3시
(c) 3개월 여
(d) 3시간

자구풀이 * 练多长时间 몇 시간 동안 연습하다. '多长时间'은 동사 '练(liàn)'의 시량보어(时量补语)로 쓰였다.

52

A：你就别等我了。
B：怎么，走不＿＿＿了？

(a) 饱
(b) 动
(c) 住
(d) 大

해설

'더 이상 걸을 수 없다'는 표현에 들어갈 가능보어를 찾는 문제이다. 정답은 (b)이다.

번역

A : 나를 기다리지 마.
B : 왜, 더 이상 걸을 수 없어?

(a) 배부르다
(b) 움직이다
(c) 살다
(d) 크다

자구 풀이

* 走不动(zǒu bu dòng) 더 이상 걸을 수 없다. 가능보어구문의 부정형이다. '动'은 보어로 쓰여 힘이 움직일 정도로 충분하거나 동작을 행한 효과가 충분히 미치는 것을 나타낸다.
* 住(zhù) 동사로는 '살다, 거주하다'의 뜻이지만, 결과보어로 쓰이면 어떤 동작의 결과 사람이나 사물 등이 특정 장소에 고정되거나 움직이지 않음을 표시해 준다.

53

A：唉，今天又这么热。
B：可不是，真________。

(a) 受不了
(b) 好不了
(c) 亮极了
(d) 棒极了

해설 A는 '오늘도 날씨가 매우 더운 데'에 대한 불만을 표시하고 있다. 이에 어울리는 대답을 찾는 문제이다. 정답은 (a)이다. (b)는 병세나 상황 등이 나쁜 상태에서 좋아지는 것을 나타낸다. 날씨가 매우 더운 것 자체가 '나쁜 것'이라고 할 수는 없기 때문에 답이 될 수 없다. (c)는 대화의 내용과 무관한 진술이고, (d)는 불만을 표시하는 A에 대한 대꾸로는 적당치 못하다.

번역 A : 에이, 오늘 또 이렇게 덥네.
B : 누가 아니래, 정말로 견디기 어려워.

(a) 견디기 어렵다
(b) 호전될 수 없다
(c) 무척 환하다
(d) 무척 훌륭하다

자구풀이
* 唉(ài) 감탄사로서 '아이, 에이' 정도로 번역되며, 아쉬움이나 실망 등의 기분을 나타낸다.
* 受不了(shòu bu liǎo) 견디지 못하다. '동사+不+了'의 가능보어구문으로, '了'는 보어로 쓰여 종결이나 완수의 뜻을 표시한다.
* 极(jí) 결과보어로 쓰이면 정도가 최고조에 이르렀음을 표시해 준다.

54

A：哎呦，你在这儿哪！
B：你找我_____？

(a) 呗
(b) 嘛
(c) 来着
(d) 什么

해설

어기조사의 용례를 정확히 알고 있어야 풀 수 있는 문제이다. A의 말로 보아 A는 B를 계속 찾고 있었음을 알 수 있다. 따라서 행위나 상태의 지속을 나타내는 (c)가 정답이다. (a)도 어기조사이지만, 반문의 어기를 나타내는 B의 말과 어울리지 않는다. (b)의 경우는, 해석을 해놓고 보면 답이 될 수 있는 것처럼 보이지만, (b)는 단순히 반문만을 표시하는 어기조사이기 때문에, A의 말을 통해 그가 자신을 계속 찾고 있었음을 알게 된 B의 답변으로는 어울리지 않는다. 의문사인 (d)가 오면 문장이 성립되지 않는다.

번역

A : 어이쿠, 너 여기 있었구나 !
B : 너는 날 찾고 있었댔어?

자구풀이

* 哪(na) 감탄을 표시하는 어기조사로 '~이구나' 정도의 어기를 표시한다.
* 呗(bei) 주어진 상황에 개의치 않음 또는 이치가 간단하여 많은 말을 할 필요가 없음을 나타내는 어기조사로 '…일 따름이다', '…하고 있었지' 정도로 풀이될 수 있다. 말할 필요조차 없다는 어기를 담고 있기 때문에 종종 화자의 불만을 나타내기도 한다.
* 嘛(ma) 주로 반문이나 추측 등을 나타내는 의문문이나 사실을 강조하는 감탄문에 사용되어, 이치상 마땅히 그래야 함 또는 분명히 그렇다는 화자의 자신감을 나타내는 어기조사이다.
* 来着(lái zhe) 문장의 끝에 오면, 과거 어느 시점을 나타내는 시간사와 함께 쓰여 그 시점에서 진행되는 행위를 현재의 시점에서 서술하는 경우를 나타낸다. 주로 구어에서 사용되는 어기조사로, 만일 시간사와 함께 쓰이지 않으면 과거에 발생한 행위가 발화시점까지 계속되고 있음을 표시한다. 우리말로는 주로 '…을/를 하고 있었댔어', '…하고 있었다' 정도로 번역될 수 있다.

(55~58) 다음 문장의 빈칸에 들어갈 가장 적절한 표현을 고르시오.

55

王立平是班长，所以平时忙得___。

(a) 完
(b) 很
(c) 累
(d) 了

해설

문맥에 어울리는 정도보어를 찾는 문제이다. 정답은 (b)이다. (a)의 '完(wán)'은 동작의 완수를 나타내고, (c)의 '累(lèi)'는 '피곤하다'는 뜻이어서 문맥에 맞지 않는다. (d)의 '了(le)'는 동사 또는 형용사 뒤에 쓰여 완료 또는 변화를 나타내는 조사이므로 정도보어가 될 수 없으며, '了(liǎo)'로 쓰일 경우에도 주로 '不'와 결합하여 불가능을 나타내는 가능보어로 쓰인다. 한편 정도보어구문을 한국어로 번역할 때에는 주로 부사어로 번역되곤 한다.

번역

왕리핑은 반장이어서 평상시에 매우 바쁘다.

(a) 끝내다
(b) 매우
(c) 피곤하다
(d) 끝내다

자구풀이

* 平时(píngshí) 평소에, 평상시에.

56 这么多年来，他_____违背过上面的指示。

(a) 从没
(b) 从来
(c) 从而
(d) 从小

해설 '从'자가 포함되어 있는 표현 가운데서 문맥에 맞는 표현을 고르는 문제이다. 문제에 있는 '违背过'와 호응하는 내용을 찾아야 한다. 정답은 (a)이다. (b)는 부정구문에서만 경험을 표시하는 동태조사 '过'를 사용할 수 있으며, (c)는 어느 경우든 '过'와 어울리지 않는다. '从没(cóng méi)'는 '从来没有'의 줄임말로 '부사+동사부정형'으로 구성된 구[词组]이고, (b), (c), (d)는 모두 부사이며 하나의 어휘[词汇]이다.

번역 이렇게 여러 해 동안 그는 상부의 지시를 어긴 적이 없었다.

(a) 여태껏 ~하지 않았다
(b) 지금껏
(c) 그리하여
(d) 어릴 때부터

자구풀이
* 违背(wéibèi) 어기다, 위배하다.
* 上面(shàngmiàn) 상부, 상사.
* 从而(cóngér) 그리하여, 따라서.
* 从小(cóngxiǎo) 어려서부터, 어릴 적부터.

57 夜幕降临了，黑暗迅速地将大地笼罩了_____。

(a) 过来
(b) 上来
(c) 起来
(d) 上去

해설 다양한 용법을 지닌 복합방향보어 '起来(qǐlai)'에 관한 문제이다. 정답은 (c)이다. '起来'는 방향보어로 쓰여 '일어나다'라는 복합적인 방향을 표시하는 기능 외에 '~하기 시작하다'라는 어기를 풍기는 특수한 기능도 수행한다. (a)의 '过来'는 공간 따위를 가로지르면서 다가오는 것을 가리키는 복합방향보어이고, (b)와 (d)는 각각 '위로 다가오는', '위로 다가가는' 방향을 표시해 주는 복합방향보어이기 때문에, '하강'의 방향을 내포하는 동사 '笼罩'와 함께 쓰일 수 없다.

번역 땅거미가 내리자 어둠이 신속하게 대지를 뒤덮기 시작했다.

자구풀이
* 夜幕(yèmù) 땅거미.
* 降临(jiànglín) 닥쳐오다, 내려오다.
* 笼罩(lǒngzhào) 덮어씌우다, 뒤덮다.

58

乐园宠物寄养中心是一家大型宠物寄养训练专门企业，是___北京市农委批准成立的正规宠物寄养服务机构。

(a) 从
(b) 以
(c) 按
(d) 经

해설 문맥에 알맞은 전치사[介词]를 찾는 문제이다. 정답은 (d)로, '经(jīng)'은 사람의 손이나 가공, 처리 등의 과정을 거치는 것을 표시한다. (a)의 '从(cóng)'은 행위의 출발점이나 시점을 나타내거나 '从…上看'의 형식을 취하여 판단의 기준을 나타내며, (b)의 '以(yǐ)'는 수단이나 도구를 나타내므로 정답이 될 수 없다. (c)의 '按(àn)'은 기준을 표시하는 전치사로서, '~에 의거하여, ~에 비추어' 정도의 뜻으로 쓰인다. 여기서는 베이징 시 농업위원회의 비준은 기준이 아니라 행위이기 때문에 '按'을 쓸 수 없다.

번역 러위앤 애완동물 양육센터는 애완동물을 양육하고 훈련하는 대형 전문 기업으로, 베이징 시 농업위원회의 비준을 거쳐 성립된 정규 애완동물 봉사 기구이다.

(a) ~로부터
(b) ~로써
(c) ~에 의거하여
(d) ~을 거쳐서

자구풀이

* 宠物(chǒngwù) 애완동물.
* 寄养(jìyǎng) 양육하다.
* 农委(nóng wěi) 농업위원회. '农业委员会'의 준말.

(59) 다음 대화에서 어법상 틀리거나 어색한 부분을 고르시오.

59

(a) 男：这次合同签得很顺利。
(b) 女：是啊，这多亏您的支持。
(c) 男：哪里，是贵公司的条件比较很理想。
(d) 女：谢谢！希望以后合作愉快！

해설

비교를 나타내는 부사의 쓰임새를 묻는 문제이다. 정답은 (c)이다. 정도가 그다지 높지 않은 상태를 나타내는 부사 '比较(bǐjiào)'와 정도가 높은 상태를 나타내는 '很(hěn)'이 연용될 수는 없다. '理想(lǐxiǎng)'은 명사와 형용사의 기능을 다 지니고 있는데, 여기서는 형용사로 사용되었다.

번역

(a) 남 : 이번 계약은 무척 순조롭게 체결되었어요.
(b) 여 : 맞아요, 이번엔 당신의 지원에 크게 빚졌습니다.
(c) 남 : 천만에요, 귀사의 조건이 매우 이상적이었습니다.
(d) 여 : 감사합니다! 앞으로의 합작이 즐겁기를 희망합니다!

자구 풀이

* 合同(hétong) 계약.
* 亏(kuī) 신세를 지다, 덕분이다.
* 贵公司(guì gōngsī) 상대방의 회사를 높여서 부르는 말.

(60) 다음 글에서 어법상 틀리거나 어색한 부분을 고르시오.

60

(a) 根据有关法律规定，(b) 注册会计师在执行任务时，(c) 可以根据需要查阅委托人的会计资料和文件，(d) 要求委托人供给其他必要的协助。

해설

동사의 쓰임이 적절했는가를 묻는 문제로 정답은 (d)이다. (d)의 '供给(gōnggěi)' 대신에 '提供(tígōng)'이라는 동사를 썼어야 한다. '供给'는 물질이나 물건 따위를 공급할 경우에 사용되므로 도움이나 서비스처럼 비물질적인 것을 제공하는 경우에서는 사용되지 않는다. (c)의 '可以'는 (d)의 '要求(yāoqiú)'에 걸리는 조동사이다. 따라서 (c)에는 어색하거나 잘못된 표현이 없다.

번역

(a) 관련 법규와 규정에 근거하면, (b) 등록된 회계사가 임무를 수행할 때에는, (c) 필요에 따라 의뢰인의 회계 자료와 문건을 조사할 수 있고, (d) 의뢰인에게 기타 필요한 협조의 제공을 요청할 수 있다.

자구풀이

* 注册(zhùcè) 등록하다, 등기하다.
* 查阅(cháyuè) 검열하다, 조사하다.
* 委托人(wěituō rén) 의뢰인.

Part II

(61~65) 다음 대화문의 빈칸에 들어갈 가장 적절한 표현을 고르시오.

61

A：最近的电视剧真没意思。
B：是没意思，都没_____。

(a) 内容
(b) 时间
(c) 剧本
(d) 剧组

해설 근자의 TV 드라마가 영 재미없다는 A의 말에 B가 동조하였기 때문에, 문맥상 빈칸에는 '재미가 없는' 이유가 와야 한다. 정답은 (a)이다.

번역 A : 요새 TV 드라마가 영 재미없어.
B : 그래 재미가 없어. 모두 내용이 없어.

(a) 내용
(b) 시간
(c) 극본
(d) 제작팀

자구풀이 * 剧组(jùzǔ) 감독, 연기자, 조명, 섭외 등으로 구성된 영화제작팀 혹은 TV 드라마 제작팀을 말한다.

62

A：今天校庆，休息。
B：怪不得校园里连个_____都看不见。

(a) 个人
(b) 群众
(c) 人影儿
(d) 同伴儿

해설

대화의 문맥에 맞는 표현을 찾는 문제이다. B의 '个'자 앞에는 '一'자가 생략되어 있다. 따라서 사람이 복수로 있음을 환기하는 (b)와 (d)는 정답이 될 수 없다. 정답은 (c)이다. (a)의 경우는 '人'자 하나만 있으면 정답이 될 수 있다.

번역

A : 오늘은 개교기념일이어서 놀아.
B : 어쩐지 오늘 교정에선 사람 그림자조차 볼 수 없더라.

(a) 개인
(b) 군중
(c) 사람 그림자
(d) 길동무

자구 풀이

* 校庆(xiàoqìng) 개교기념일.
* 怪不得(guàibude) 어쩐지, 과연.
* 校园(xiàoyuán) 교정.
* 连个人影儿都看不见 사람 그림자조차 볼 수 없다. '连~都…'의 형식은 '~조차 모두 …하지 않다'는 뜻으로 쓰인다.
* 同伴儿(tóngbànr) 동반자, 길동무.

63

A：给你钱。
B：这是找您的零钱，请_____。

(a) 换一下
(b) 花一下
(c) 弄一下
(d) 数一下

해설 거스름돈을 거슬러 주면서 할 수 있는 말을 찾는 문제이다. 정답은 (d)이다.

번역 A : 돈 여기 있어요.
B : 이건 거스름돈이니 세어 보십시오.

(a) 바꿔 주십시오
(b) 써 보십시오
(c) 해 보십시오
(d) 세어 보십시오

자구풀이

* 给你钱 직역하면 "당신에게 돈을 줍니다."라는 뜻으로, 돈을 지불할 때 쓰는 표현이다.
* 找您的零钱 직역하면 "당신의 잔돈을 거슬러 준다."라는 뜻으로, 거스름 돈을 건네줄 때 쓰는 표현이다.
* 一下(yīxià) 한 번, 한 차례. 동사의 바로 뒤에 오면 권유, 부탁의 어기를 나타낸다.

64

A：她这个人，说了多少遍，就是听不懂。
B：我也觉得她是个______。

(a) 老黄牛
(b) 老大难
(c) 老来俏
(d) 老来宝

해설

'老'자가 들어 있는 관용적 표현 가운데서 대화의 문맥에 맞는 것을 고르는 문제이다. 정답은 (b)이다. (a), (c), (d)는 여러 차례 문제를 일으킨 '她'에 대한 설명으로는 적당치 않은 표현이다.

번역

A : 그녀는, 여러 차례 얘기해 줘도 좀처럼 알아듣지를 못한다.
B : 나도 그녀는 오랫동안 해결되지 않는 문젯거리라고 생각하고 있었어.

(a) 성실하게 남을 위해 봉사하는 사람
(b) 오랫동안 해결되지 않는 문젯거리
(c) 젊은이들처럼 옷을 입고 치장한 중년
(d) 노년이 되었음에도 정말 보배같이 아름다운 이

자구 풀이

* 她这个人 '그녀'를 강조한 표현이다. '这个人'이 인칭대명사와 결합하면, 그 인칭대명사를 강하게 부각시키는 효과를 자아낸다.
* 遍(biàn) 차례, 번.
* 就是听不懂 좀처럼 알아듣지를 못하다. '就是(jiùshì)'는 강조의 어기를 나타내는 부사로, 뒤에 나오는 서술어의 정도나 상태를 강조해 준다.
* 老黄牛(lǎohuángniú) 묵묵히 성실하게 남을 위해 봉사하는 사람.
* 老大难(lǎodànán) 오랫동안 해결되지 않는 문젯거리.
* 老来俏(lǎoláiqiào) 젊은이들처럼 옷을 입고 치장한 중년(maxi-bopper).
* 老来宝(lǎoláibǎo) 노년이 되었음에도 정말 보배같이 아름다운 이.

65

A：像他那么有经济头脑的人，怎么会干那种赔本的买卖呢？
B：就是，肯定是________他才干。

(a) 利少弊多
(b) 才貌双全
(c) 有利可图
(d) 蓬荜生辉

해설 문맥에 맞는 사자성어를 찾는 문제이다. 정답은 (c)이다.

번역 A : 그와 같이 경제 방면에 밝은 두뇌를 지닌 이가 어떻게 그러한 밑지는 거래를 할 수 있었어?
B : 그러게 말이야, 틀림없이 도모할 만한 이익이 있기 때문에 그는 거래했을 거야.

(a) 이익은 적고 손해는 많다
(b) 재주와 용모를 두루 갖추다
(c) 도모할 만한 이익이 있다
(d) 가난하고 천한 사람의 집에 영광스런 일이 생기다

자구풀이
* 像他那么 그와 같이. '像+인칭대명사+这么/那么~'의 형식을 취하여 '인칭대명사처럼 ~하다'는 뜻으로 쓰인다.
* 经济头脑(jīngjì tóunǎo) 경제방면에 밝고 많은 지식을 지닌 이를 빗대어 표현한 말이다.
* 赔本(péi běn) 손해를 보다.
* 利少弊多(lì shǎo bì duō) 이익은 적고 손해는 많다.
* 才貌双全(cáimào-shuāngquán) 재주와 용모를 두루 갖추다.
* 有利可图(yǒu lì kě tú) 도모할 만한 이익이 있다.
* 蓬荜生辉(péng bì shēng huī) 가난하고 천한 사람의 집에 영광스런 일이 생기다. '蓬荜'는 '蓬门荜户(péng mén bì hù)'의 준말이다. '쑥이나 콩대와 같은 집'이란 뜻으로 자신의 집에 대한 겸칭으로 쓰인다. 귀한 손님이 찾아오거나 서화(书画) 같은 선물을 받았을 때 건네는 감사의 표현으로도 종종 쓰인다.

(66~70) 다음 글의 빈칸에 들어갈 가장 적절한 표현을 고르시오.

66

这种菜的做法看起来很复杂，其实很_____。

(a) 简单
(b) 复杂
(c) 好吃
(d) 鲜美

해설 전환의 기능을 수행하는 '其实(qíshí)'의 용법에 관한 문제이다. '其实'의 앞뒤에는 상반된 진술이 나와야 하므로 정답은 (a)이다.

번역 이 음식의 조리법은 보기에는 매우 복잡하지만, 사실은 매우 간단하다.

(a) 간단하다
(b) 복잡하다
(c) 맛있다
(d) 매우 맛있다

자구풀이

* 看起来 보자면, 보기에는. '起来(qǐlai)'는 복합방향보어로, 동작이 시작됐음을, 곧 동작이 행해지지 않은 상태에서 동작이 일어나는 상태로 변화됨을 표시한다. 여기서의 경우, 보고 있지 않다가 보는 행위를 시작했음을 나타낸다.
* 鲜美(xiānměi) (맛 등이) 매우 좋다. (색채 등이) 산뜻하다.

67

人们在自动取款机前都自觉地排队等候，很有_____。

(a) 制度
(b) 规则
(c) 礼仪
(d) 秩序

해설

'자각적으로 줄을 서서 기다린다[自觉排队等候]'는 진술과 호응하는 단어를 찾는 문제이다. 정답은 (d)이다. (a)의 '제도(制度)'와 (b)의 '규칙(规则)'은 '자각적'이라는 표현과 호응하지 못하며, (c)의 '예의(礼仪)'는 문맥과 어울리지 않는다.

번역

사람들이 모두 자동 입출금기 앞에서는 자발적으로 줄을 서서 기다리니 매우 질서 정연하다.

(a) 제도
(b) 규칙
(c) 예의
(d) 질서

자구풀이

* 自动取款机(zìdòng qǔkuǎnjī) 자동 입출금기.
* 自觉(zìjué) '자각하다'는 뜻의 동사 또는 '자발적인'이라는 뜻의 형용사로 쓰인다.

68

自古以来，大部分被称为清官的人，他们的共同点就是不讲_____。

(a) 情理
(b) 情面
(c) 道理
(d) 实际

해설

'不讲____'은 앞 구에 나오는 청백리[清官]라는 낱말과 어울릴 수 있는 내용이어야 한다. 따라서 정답은 (b)이다. (a)의 '情理'는 우리말에서는 마치 '인정'만을 지시하는 것으로 쓰이는 듯하지만, 사실은 '인정'과 함께 '도리'도 아울러 지시하는 단어임에 유의할 필요가 있다. 따라서 정답이 될 수 없다.

번역

자고이래로 대부분의 청렴한 관리라고 칭해졌던 사람들, 그들의 공통점은 정실을 따지지 않았다는 점이다.

(a) 사리
(b) 정실
(c) 도리
(d) 실제

자구풀이

* 被称为清官　청렴한 관리라고 칭해지다. '被(bèi)'는 피동문을 이끌고, '称为(chēngwéi)'는 '동사+결과보어' 구문으로 '~라고 불리다'는 뜻으로 쓰인다. '为' 대신에 '做(zuò)'를 쓰기도 한다. '清官(qīngguān)'은 '청백리'라는 뜻.
* 讲(jiǎng)　따지다, 강구하다.
* 情理(qínglǐ)　도리, 사리.
* 情面(qíngmiàn)　정실(情实), 안면, 인연.
* 道理(dàolǐ)　이치, 도리.

69

虎跳峡是世界著名的峡谷之一，峡谷垂直高差3790米，两侧山体多为绝壁，地势极其_____。

(a) 险峻
(b) 严厉
(c) 厉害
(d) 阴险

해설 문맥에 알맞은 형용사를 찾는 문제이다. 정답은 (a)이다. (b), (c), (d)는 지세를 형용할 때에 사용될 수 없는 형용사이다.

번역 후타오 협곡은 세계적으로 유명한 협곡의 하나로, 협곡의 수직 고도 차이는 3,790미터이고 양쪽의 산은 대개가 절벽이며 지세가 매우 험준하다.

(a) 험준하다
(b) 준엄하다
(c) 지독하다
(d) 음흉하다

자구 풀이

* 虎跳峡(hǔ tiào xiá) 후탸오 협곡. 중국의 매우 깊은 협곡의 하나로, 윈난(云南) 성 리장(丽江)의 나시(纳西) 족 자치 지역인 스구(石鼓) 현의 동북쪽에 있다.
* 垂直(chuízhí) 수직.
* 高差(gāo chā) 해수면으로부터의 고도, 해발고도.
* 山体(shāntǐ) 거대한 산(massif) 혹은 산들의 군락.
* 极其(jíqí) 지극히, 몹시.
* 险峻(xiǎnjùn) 험준하다.
* 严厉(yánlì) 준엄하다, 매섭다.
* 厉害(lìhai) 지독하다, 무섭다, 대단하다, 굉장하다.
* 阴险(yīnxiǎn) 음험하다, 음흉하다.

70

在日常生活中，我们难免会接触到__________的人：友善的人、挑剔的人、古怪的人等等。

(a) 异彩纷呈
(b) 形式多样
(c) 各种各样
(d) 琳琅满目

해설

콜론(colon, 冒号)은 앞에 오는 말과 관련된 내용을 예시하거나 나열할 때 사용된다. 여기서 콜론 뒤에 다양한 유형의 사람들이 예시되고 있으므로 콜론 앞에는 이러한 예시들을 대표할 수 있는 또는 이들과 연관되어 있는 말이 와야 한다. 정답은 (c)이다. (a)는 '다정한 사람[友善的人]'을 이채롭다고 할 수 없으므로 정답이 될 수 없으며, (d)는 '까다로운 사람[挑剔的人]'이나 '괴팍한 사람[古怪的人]'을 보배에 비유할 수 없기 때문에 정답이 될 수 없다. 또한 '友善的人', '挑剔的人', '古怪的人' 등은 형식이 아니라 성격 면에서 사람의 유형을 나눈 것이므로 (b) 역시 정답이 될 수 없다.

번역

일상생활에서 우리는, 예컨대 다정한 사람 · 까다로운 사람 · 괴팍한 사람 등등, 각양각색의 사람과 접촉하는 것을 피하기 어렵다.

(a) 이채로움이 분분히 드러나다
(b) 형식이 다양하다
(c) 각양각색이다
(d) 진귀하고 보배로운 물건이 가득하다

자구풀이

* 友善(yǒushàn) 다정하다, 의좋다.
* 挑剔(tiāoti) 까다롭다, 트집 잡다.
* 古怪(gǔguài) 괴팍하다, 기괴하다.
* 异彩纷呈(yìcǎi fēn chéng) 이채로움이 분분히 드러나다.
* 琳琅满目(línláng-mǎnmù) 진귀하고 보배로운 물건이 가득하다. '琳琅'은 '아름다운 옥구슬'을 말한다.

Part III

(71~85) 다음 글을 읽고 빈칸에 들어갈 가장 알맞은 표현을 고르시오.

71

年纪大了，开夜车怎么挺也＿＿＿＿＿＿＿＿。

(a) 挺得过去
(b) 开到天亮
(c) 挺不到后半夜
(d) 总结出了经验

해설

'아무리 버티려고 해도[怎么挺也]'라는 표현과 호응될 수 있는 내용을 찾는 문제이다. 정답은 (c)이다. (a)는 '怎么挺也'와 내용상 어울릴 수 없다. (b)의 '开夜车'는 글자 그대로의 뜻으로 쓰이면 답이 될 수 있지만, 통상 그렇게는 쓰이지 않으므로 답이 될 수 없다. (d)는 문제와 무관한 내용이다.

번역

나이를 먹으니 밤새 일하고자 아무리 버티려 해도 한밤중까지 버티지를 못한다.

(a) 버텨 낼 수 있다
(b) 새벽까지 운전하다
(c) 한밤중까지 버티지를 못하다
(d) 경험을 총괄해 냈다

자구풀이

* 开夜车(kāi yèchē) 직역하면 "야간열차를 운전하다."는 뜻이지만, 이 뜻으로는 쓰이지 않고, '밤을 새워 일하다'는 비유적인 뜻으로 널리 쓰인다.
* 怎么挺也(zěnme tǐng yě) 아무리 버티려 해도. '怎么~也…'는 '아무리 ~한다 해도 …하다'라는 뜻. '挺'는 '견디다, 버티다'.
* 挺得过去(tǐng de guòqu) 버텨 낼 수 있다. '过去'는 지속을 나타내는 가능보어이다.
* 天亮(tiān liàng) 동이 트다, 새벽이 되다.
* 后半夜(hòubànyè) 한밤중. 주로 자정을 넘긴 이후의 시간대를 가리킨다.

72

真诚是言谈的原则，也是__________。

(a) 心中的偶像
(b) 做人的美德
(c) 冷漠的表现
(d) 顽强的表现

해설 부사 '也'의 용법에 관한 문제이다. '也'는 '~임과 동시에 또한/그리고'의 어기로, 앞의 진술과 의미상의 연관을 지닌 말이 뒤에 와야 한다. 여기서는 앞부분에 진실[真诚]이라는 긍정적인 의미를 지닌 말이 왔으므로 뒤에도 긍정적인 의미를 지닌 말이 와야 한다. 정답은 (b)이다. (a), (c), (d)는 모두 부정적인 의미를 풍기므로 정답이 될 수 없다.

번역 진실은 말의 원칙이며 또한 인간다움의 미덕이다.

(a) 마음의 우상
(b) 인간다움의 미덕
(c) 무관심의 표현
(d) 완강함의 표현

자구풀이
* 真诚(zhēnchéng) 진실, 진정.
* 言谈(yántán) 말, 언담.
* 偶像(ǒuxiàng) 우상.
* 做人(zuòrén) 인간다워지다, 사람답게 되다.
* 冷漠(lěngmò) 무관심, 냉담.
* 顽强(wánqiáng) 완강하다.

73

成都是个风景秀丽的好地方，历史悠久，＿＿＿＿＿＿＿＿＿＿。

(a) 有很多名胜古迹
(b) 搬走不少成都市民
(c) 是个游人罕至的新都市
(d) 具有新兴城市的独特气息

해설 빈칸의 앞부분에 '风景秀丽'와 '历史悠久'가 병렬되고 있으므로, 빈칸에도 이 둘과 의미상 밀접하게 연관된 내용이 와야 한다. 따라서 정답은 (a)이다. (b)의 경우는 빈칸 앞부분과 직, 간접적인 연관이 없는 내용이고, (c)와 (d)의 경우는 빈칸 직전의 '历史悠久'라는 진술에 위배되므로 모두 정답이 될 수 없다.

번역 청두는 풍경이 수려한 빼어난 곳이며 역사가 유구하고 명승고적이 매우 많다.

(a) 명승고적이 매우 많다
(b) 적지 않은 청두 시민이 이사 갔다
(c) 여행객들이 거의 가지 않는 신도시이다
(d) 신흥도시로서의 독특한 분위기를 지니고 있다

자구풀이

* 名胜古迹(míngshèng gǔjì) 명승고적.
* 搬走(bānzǒu) 이사하여 가다. '搬'은 '이사하다'라는 행위만을 표시하고, '走'가 결과보어로 쓰여 이사한 결과 옮겨 가게 됐다는 결과를 표시한다.
* 罕(hǎn) 거의 ~하지 않다.
* 气息(qìxī) 숨결, 기운, 분위기.

74

现在年轻人的就业观已与以往大不相同。他们认为不管做什么工作，只要自己喜欢，那就是__________。

(a) 有成见
(b) 有偏见
(c) 好职业
(d) 找职业

해설

문맥과 호응하는 내용을 찾는 문제로 정답은 (c)이다. (a), (b), (d)는 '술어+빈어'구로 이는 '是'의 빈어로 올 수 없으므로 정답이 될 수 없다.

번역

요새 젊은이들의 취업관은 이전과 매우 다르다. 그들은 무슨 일을 하느냐와 무관하게 자신이 좋아하기만 하면 그것이 곧 좋은 직업이라고 생각한다.

(a) 선입견이 있다
(b) 편견이 있다
(c) 좋은 직업
(d) 직장을 구하다

자구풀이

* 大不相同(dà bù xiāngtóng) 크게 다르다.
* 不管(bùguǎn) '不管~也(ye)/都(dōu)/反正(fǎnzhèng)…'의 형식으로 쓰여 '~와 상관없이 …하다'의 뜻으로 쓰인다. '~'에는 의문형이 와야 한다.
* 只要(zhǐyào) 주로 '只要~ 就是…'의 형식을 취하며, '~하기만 하면 곧 …하다'의 뜻으로 쓰인다.
* 成见(chéngjiàn) 선입견.

75

小英很清楚，在父母威逼下，摆在她面前的只有两条路，要么嫁给这个她不爱的人，要么＿＿＿＿＿＿＿＿。

(a) 选择两条出路
(b) 跟不爱的人商量
(c) 跟心爱的人结婚
(d) 被赶出这个家门

해설

'要么(yàome)～, 要么…'의 형식을 써서, 부모님의 협박 아래 양자택일을 해야 하는 샤오잉의 상황을 소개하고 있다. '~하든지 아니면 …하다' 정도의 뜻으로 쓰이는 '要么～, 要么…'에서, '~'와 '…' 자리에는 주로 명확하게 대조되는 것들이 온다. 문제에서는 양자택일을 하게 된 원인으로 '부모님의 위협'이 제시되었고, 이러한 대전제 아래 ~ 부분에 '그녀가 사랑하지 않는 사람과 결혼한다'는 경우가 제시되었으므로, 빈칸에는 이와 대조적인 경우이면서 동시에 그러한 전제와 호응할 수 있는 내용이 나와야 한다. 정답은 (d)이다. (a)와 (b)는 대조적인 경우가 아니고, (c)는 대전제와 어울리지 않는 경우이므로 정답이 될 수 없다.

번역

샤오잉은 상황을 잘 알고 있었다. 부모의 협박 속에 그녀 앞에는 단지 두 갈래의 길만이 놓여 있어서, 그녀가 사랑하지 않는 이 사람과 결혼하든지 아니면 이 집안에서 쫓겨나든지 해야 한다.

(a) 두 가지 출로를 선택하다
(b) 사랑하지 않는 이와 상의하다
(c) 사랑하는 사람과 결혼하다
(d) 이 집안에서 쫓겨나다

자구풀이

* 小英很清楚 샤오잉은 상황을 매우 잘 이해하고 있었다.
* 威逼(wēibī) 위협, 협박.
* 摆(bǎi) 놓다, 진열하다.
* 嫁(jià) 시집가다.
* 赶出(gǎnchū) 쫓아내다, 밀어내다.
* 商量(shāng·liang) 상의하다, 상담하다.

76

自远古时代起，人类就选择了群体生活。这种生存方式使人类的生活无时无刻不受社会法则的________。

(a) 影响和制约
(b) 鼓励和煽动
(c) 骚扰和破坏
(d) 谴责和牵碍

해설

문제에는 집단생활을 선택한 인류와 사회법칙 사이의 관련 양상이 서술되어 있다. 정답은 (a)이다. 사회법칙은 일반적으로 사회구성원들의 선한 의지와 도덕률 등을 기반으로 수립되는 것이기 때문에 (b), (c), (d)의 '煽动', '破坏', '牵碍' 등과는 어울리지 않는다.

번역

먼 옛날부터 인류는 집단생활을 선택하였다. 이러한 생존방식으로 인해 인류의 생활은 사회법칙의 영향과 제약을 받지 않을 때가 없었다.

(a) 영향과 제약
(b) 고무와 선동
(c) 소요와 파괴
(d) 질책과 방해

자구풀이

* 自远古时代起 먼 옛날부터. '自～起'는 '～로부터', '远古(yuǎngǔ)'는 '아주 먼 옛날, 상고시대'.
* 无时无刻不受 받지 않을 때가 조금도 없다. '无时无刻(wú shí wú kè)'는 '시시각각으로, 무시로'.
* 煽动(shāndòng) 선동, 선동하다.
* 骚扰(sāorǎo) 소요.
* 谴责(qiǎnzé) 질책, 꾸짖다.
* 牵碍(qiān ài) 장애, 방해하다.

77

幼教专家提倡多陪幼儿做一些游戏。他们指出，游戏对培养小朋友的团队合作精神和语言表达能力__________________。

(a) 有了进一步的提高
(b) 有着不同常人的反应
(c) 起着至关重要的作用
(d) 起到的作用是不值一提的

해설

문제에는 유아교육에 있어서 놀이의 중요성에 대한 언급이 소개되어 있다. 첫 문장에서 아이와 많이 놀아 주어야 함을 제창하였기 때문에 뒤 문장에서 놀이의 장점에 대해 언급해야 논리적인 진술이 될 수 있다. 따라서 정답은 (c)이다. (a)는 의미상 앞부분의 전치사구와 어울리지 않으며, (b)는 문맥상 어울리지 않는 내용이다. (d)는 논리적으로 앞부분과 위배되는 내용이므로 모두 정답이 될 수 없다.

번역

유아교육 전문가들은 유아들과 놀이를 많이 할 것을 제안한다. 그들은, 놀이는 어린이들의 단체 협조 정신과 언어 표현 능력을 배양하는 데에 매우 중요한 역할을 수행한다고 지적한다.

(a) 더욱 나아졌다
(b) 정상인과는 다른 반응을 보이고 있다
(c) 매우 중요한 역할을 수행하고 있다
(d) 수행한 역할은 언급할 만한 가치조차 없다

자구풀이

* 幼教(yòujiào) 유아교육. '幼儿教育'의 줄임말.
* 培养(péiyǎng) 배양하다, 재배하다.
* 团队(tuánduì) 팀, 단체.
* 起~作用 ~한 역할을 수행하다.
* 至关重要(zhì guān zhòngyào) 매우 중요한. '至关紧要(zhì guān jǐnyào)'라고도 쓴다.
* 不值一提(bù zhí yī tí) 한 번 언급할 만한 가치조차 없다.

78

打电话，可说是一种非常普及的社交方式。在社交生活中如果不懂得使用电话的礼仪规范，往往会影响工作任务的完成，甚至损害________。

(a) 个人的成长发育
(b) 个人或单位的形象
(c) 本人及他人的健康
(d) 本人及他人的名誉

해설

문제에는 전화 예절의 영향력에 대한 내용이 실려 있다. 전화 예절의 준수 여부가 담당 업무의 완수에 영향을 준다는 설명 뒤에 바로 '심지어는[甚至]'이라는 표현이 나온다. 이 표현은 뒤의 경우가 앞의 경우보다 정도가 더함을 표현할 때 주로 사용되는데, 그 앞에 '담당 업무[工作任务]'란 말이 나오므로 이와 연관되되, 정도가 더한 경우를 답지 가운데서 찾으면 된다. 정답은 (b)이다.

번역

전화 통화는 매우 널리 보급된 사교방식이라고 말할 수 있다. 사교 생활에서 전화사용의 예의규범을 모른다면 왕왕 담당 업무를 완수하는 데에 영향을 받게 되며 심지어는 개인 혹은 회사의 이미지를 훼손하기도 한다.

(a) 개인의 성장 발육
(b) 개인 또는 회사의 이미지
(c) 본인과 타인의 건강
(d) 본인과 타인의 명예

자구풀이

* 普及(pǔjí) 보급되다, 널리 퍼지다.
* 工作任务(gōngzuò rènwù) 맡은 일, 담당 업무.
* 形象(xíngxiàng) 형상, 이미지.
* 单位(dānwèi) 기관이나 기구. 조직 또는 회사 등을 일컫는 말.
* 名誉(míngyù) 명예.

79

爱好，跟金钱与地位完全无关。有钱人可以拥有自己所谓高尚的爱好，贫穷的人也可以拥有一个适合于自己生活方式的爱好。爱好，只是________。

(a) 一种感觉问题
(b) 一种经济问题
(c) 衣食住的问题
(d) 身分高下的问题

해설

문제에서는 취미가 금전이나 사회적 지위와 무관하게 누구나 지닐 수 있는 것이라는 설명이 나와 있다. 따라서 (b)와 (d)는 답이 될 수 없다. 정답은 (a)이다. 취미를 뜻하는 중국어가 '爱好'(글자 그대로 풀면 '사랑하고 좋아하다')인 데서 취미가 감각과 연관된 문제임을 추론해 낼 줄 알아야 한다. (c)는 문제의 내용만으로는 도출될 수 없는 내용이다.

번역

취미는 금전이나 지위와는 완전히 무관하다. 돈 있는 사람들은 자신들의 이른바 고상한 취미를 지닐 수도 있지만, 빈궁한 이들 또한 자신의 생활방식에 적합한 취미를 지닐 수 있다. 취미는 단지 일종의 감각 문제이다.

(a) 일종의 감각 문제이다
(b) 일종의 경제 문제이다
(c) 의식주의 문제이다
(d) 신분 고하의 문제이다

자구풀이

* 拥有(yōngyǒu) 지니다, 갖고 있다.
* 身分(shēnfen) 사회적인 지위, 신분.

80

生活中，精神愉快自然好，但是人就注定会面对一些自己不愿面对的东西。保健专家建议您在繁忙的工作之余，伸一伸懒腰，或者看看窗外的浓荫，这样会______________。

(a) 合理地安排您的日程　　(b) 有效地调整您的时间
(c) 暂时地减轻您的压力　　(d) 化解您面临的危险

해설 문제에서는 업무 수행 중이라도 허리를 펴 주거나 창밖의 풍경을 바라보는 등의 행위를 하면 정신 건강 유지에 도움이 된다는 내용이 서술되어 있다. 이러한 문맥에 어울리는 답을 찾는 문제이다. 정답은 (c)이다. (a), (b), (d)는 지문의 내용만으로는 도출될 수 없는 내용이다.

번역 일상생활에서 정신이 유쾌할 수 있다면 물론 좋겠지만, 그러나 사람은 반드시 자기가 대면하기 싫어하는 것들과 대면하게 됩니다. 보건 전문가들은 정신없이 바쁜 업무 사이사이에 피로해진 허리를 펴 주거나 창밖의 짙은 녹음을 한번 바라볼 것을 제안합니다. 이렇게 하면 당신의 스트레스를 잠시라도 덜게 될 것입니다.

(a) 당신의 일정을 합리적으로 안배하다
(b) 당신의 시간을 효과적으로 조정하다
(c) 당신의 스트레스를 잠시라도 덜게 되다
(d) 당신의 당면한 위기를 해소하다

자구풀이

* 注定(zhùdìng) 반드시, 필히.
* 专家(zhuānjiā) 전문가.
* 繁忙(fánmáng) 쉴 틈도 없이 바쁘다.
* 伸懒腰(shēn lǎnyāo) 피로해진 허리를 펴다. 동사를 반복하면 상대가 듣기에 부담 없고 편안한 어기를 나타낼 수 있다. 우리말로는 '좀, 조금, 한번' 정도로 번역될 수 있다. 여기서의 '한번'은 '1회'를 의미하는 것이 아니라, 상대에 대한 부드러운 권고를 나타낸다. 동사를 중첩할 때에 동사 사이에 '一'을 넣기도 한다.
* 浓荫(nóng yīn) 짙은 녹음.
* 化解(huàjiě) 해소하다.

81

近年来，汽车市场不断发展壮大。有车的人越来越多了；还没有车的人，也都盘算着怎么才能省出一笔开销，买辆车潇洒潇洒。这不，这款车型上市没多久，可______________。

(a) 却无人问津
(b) 却销声匿迹了
(c) 已经供过于求了
(d) 已被抢购一空

해설

문제에서는 호황을 누리는 자동차 시장의 양상이 소개되어 있다. 곧 자동차를 소유한 사람의 수가 갈수록 늘고 있고, 미소유자 또한 자동차를 구입하기 위해 궁리하고 있다 보니, 갓 출시되어 잘 알려지지 않은 새 모델의 자동차조차 순식간에 팔리게 되었다는 것이다. 이러한 문맥에 어울리는 답을 찾는 문제이다. 정답은 (d)이다. (a), (b), (c)는 지문과는 상반되는 내용이다.

번역

근자에 들어 자동차시장은 지속적으로 발전하고 확대되고 있다. 차를 소유한 사람들도 갈수록 많아지고 있으며, 아직 차가 없는 사람들도 모두 어떻게든 돈을 쪼개 모아 목돈을 만든 다음 차를 구매하여 멋지게 지낼 수 있을까를 궁리하고 있다. 자, 이 모델의 차는 출시된 지 얼마 안 됐지만, 이미 순식간에 다 팔렸다.

(a) 오히려 물어보는 사람들이 없다
(b) 오히려 아무런 소리도 없이 자취를 감췄다
(c) 이미 공급이 수요를 초과하였다
(d) 이미 순식간에 다 팔렸다

자구풀이

* 壮大(zhuàngdà) 확대되다, 강화되다.
* 盘算(pánsuan) 궁리하다, 계획하다.
* 一笔开销(yìbǐ kāi xiāo) '笔'는 '큰돈, 목돈을 세는 양사'이고, '开销'는 '지출, 씀씀이'라는 뜻으로 '큰돈이 들어가는 지출'을 의미한다.
* 潇洒(xiāosǎ) 멋지다, 스마트하다.
* 这不(zhè bù) 일종의 관용어로서, '자, 봐봐, 이렇지 않니?' 정도의 어기로 쓰인다.
* 款(kuǎn) 디자인, 모델. 원래 명사이나 여기서처럼 '디자인, 모델, 양식' 등과

관련된 뜻을 지닌 명사의 양사로도 전환되어 사용될 수 있다.

* 上市(shàngshì) 출시되다, 시장에 나오다.
* 问津(wènjīn) 묻다, 자문하다.
* 销声匿迹(xiāo shēng nì jì) 소리 소문 없이 종적을 감추다.
* 供过于求(gōng guò yú qiú) 공급이 수요를 초과하다.
* 抢购(qiǎnggòu) 앞다투어 구매하다.
* 一空(yīkōng) 텅 비나, (상품 등이) 다 떨어지다. 여기서 '一'는 '온, 전, 모든'의 뜻이다.

82

杂志《人生》中有一篇文章介绍了一部似乎已被人淡忘了的名著。在当时那个黑暗的时代，这部作品曾是大众的最爱。因为它站在受苦受难的老百姓立场上，对统治阶层＿＿＿＿＿＿＿＿＿＿。

(a) 有着无限期待
(b) 加以美化和赞扬
(c) 给予了无限同情
(d) 进行了辛辣的讽刺

해설

문제에서는『인생』이라는 잡지에 소개된, 그러나 지금은 잊힌 명작이 당시에 왜 대중들로부터 사랑을 받았는지에 대해 분석하고 있다. 문제 풀이의 핵심은 '암흑의 시절[黑暗的时代]'이라는 표현과 '고통을 받는 평민의 입장에 서서[站在受苦受难的老百姓立场上]'라는 표현을 연계하여 답을 추론하는 데에 있다. 정답은 (d)이다. (a), (b), (c)는 문제의 문맥과는 상반되는 내용이다.

번역

잡지『인생』에는 사람들의 기억에서 사라진 듯한 한 편의 명작을 소개하는 글이 실려 있다. 암흑의 시절이었던 당시 이 작품은 일찍이 대중들에게 가장 사랑받았다. 왜냐하면 이 작품이 고통 받는 평민의 입장에 서서 통치계층에 대해 신랄한 풍자를 수행했기 때문이다.

(a) 무한한 기대가 담겨 있기
(b) 미화와 찬양을 보탰기
(c) 무한한 동정을 보냈기
(d) 신랄한 풍자를 수행했기

자구풀이

* 淡忘(dànwàng) 기억이 흐려져 잊어버리다.
* 这部作品曾是大众的最爱 '曾(céng)'은 '일찍이, 전에, 이미'.
* 受苦受难(shòu kǔ shòu nàn) 고난을 당하다, 고통을 입다.

83

喜怒哀乐注定要伴随所有人的一生，命运之神对你再宽厚，也还是会在很多时候让你遇到＿＿＿＿＿＿，这时就需要我们保持一种乐观的心态去战胜它。这也许就是那些"尽人事，待天命"的人之所以能够幸福的原因吧。

(a) 幸福与欢乐
(b) 挫折与坎坷
(c) 梦想与成功
(d) 浪漫与感伤

해설 문제에는 역경에 처하더라도 낙관적인 태도를 유지하며 그것과 맞서 이겨내는 것이 행복의 원인이라는 설명이 나온다. 빈칸 다음에 바로 이러한 내용이 나오므로 빈칸에는 역경과 관련 있는 표현이 나와야 한다. 따라서 정답은 (b)이다.

번역 희노애락은 어떤 사람의 일생이든 늘 따라붙게 마련이어서, 운명의 신이 재차 당신에게 관대하게 군다고 해도 또다시 오랜 시간 동안 당신이 좌절과 고난을 겪도록 할 것이다. 이럴 때 우리들은 낙관적인 심리상태를 유지하며 그것들과 싸워 이기려 해야 한다. 이것이 바로 '사람의 할 일을 다 한 후에 하늘의 명을 기다리는' 사람들이 행복할 수 있는 원인일 것이다.

(a) 행복과 환락
(b) 좌절과 험난
(c) 몽상과 성공
(d) 낭만과 감상

자구풀이
* 注定(zhùdìng) 반드시, 필히.
* 伴随(bànsuí) 수반하다, 동반하다.
* 宽厚(kuānhòu) 너그럽다, 관대하다.
* 心态(xīntài) 심리상태.
* 尽人事, 待天命(jìn rénshì, dài tiānmìng) 사람의 할 일을 다 한 후에 천명을 기다리다. 최선의 노력을 다 한 후 하늘의 뜻에 맡기다.
* 坎坷(kǎnkě) 길이 울퉁불퉁하다, 불우하다.

84

在日常生活中，一个人的着装方式不仅会给别人留下深刻的印象，_____ 也是其身份、地位、修养与品位的象征。

(a) 可
(b) 却
(c) 而且
(d) 宁可

해설

문맥에 맞는 접속사[连词]를 고르는 문제로, '~일 뿐만 아니라 또한 …이다'란 뜻으로 쓰이는 '不仅~, 而且也/还…' 형식을 물었다. '不仅(bùjǐn)' 대신에 '不但(bùdàn)'을, '而且(érqiě)' 대신에 '并且(bìngqiě)'를 쓰기도 한다. (d)의 '宁可(nìngkě)'는 주로 '宁可~, 与其…'의 형식으로 쓰여 '차라리 ~할지언정 …하지는 않겠다' 정도의 뜻으로 쓰인다. 여기서 '~' 부분은 취하고 '…' 부분은 버리는 경우이며, '与其(yǔqí)' 대신에 '决不(juébù)/也不(yěbù)/也别(yěbie)' 등의 부사를 쓰기도 한다. 정답은 (c)이다.

번역

일상생활에서 개인의 옷차림새는 다른 이들에게 깊은 인상을 남겨 줄 수 있을 뿐 아니라 또한 그 자신의 신분이나 지위, 수양 및 품위의 상징이기도 하다.

(a) 그러나
(b) 도리어
(c) 또한
(d) 차라리

자구풀이

* 着装方式(zhuó zhuāng fāngshì) 옷을 입는 방식, 옷차림새.

85

现在是信息共享的网络时代，这件事想遮掩下去，是不大可能的。反正早晚得公开，与其掩人耳目，_____早公开早轻松。

(a) 纵然
(b) 不如
(c) 即使
(d) 任凭

해설 문맥에 맞는 접속사를 고르는 문제로, '~하는 것은 …하는 것만 못하다, ~하느니 차라리 …하는 것이 낫다'의 뜻으로 쓰이는 '与其(yǔqí)~不如(bùrú)…'란 형식에 대해 물었다. (a)의 '纵然(zòngrán)'은 '纵然~也(yě)…'의 형식으로 '설령 ~라 하더라도 또한 …이다'는 뜻의 양보의 어기를 나타내며, (c)의 '即使(jíshǐ)' 또한 양보를 나타내는 접속사인 까닭에 둘 다 정답이 될 수 없다. (d)의 '任凭(rènpíng)'은 '任凭~也(yě)/都(dōu)/就是(jiùshì)…'의 형식을 취하여 '아무리 ~하여도 또한 …하다'의 뜻으로 쓰이며, '~' 부분에는 의문형이 온다. 따라서 정답이 될 수 없다. 정답은 (b)이다.

번역 현재는 정보를 공유하는 인터넷 시대로 이 일을 은폐하는 것은 그다지 가능해보이지 않는다. 어차피 조만간 공개해야만 하니, 사람들의 이목을 가리는 것은 일찍 공개하여 일찍 홀가분해지는 것만 못하다.

(a) 설령 ~하더라도 (b) ~만 못하다
(c) 설사 ~일지라도 (d) 아무리 ~하여도

자구풀이
* 信息(xìnxī) 정보(information).
* 共享(gòngxiǎng) 함께 누리다, 공유하다.
* 遮掩下去 은폐해 가다. '遮掩(zhēyǎn)'은 '가리다, 은폐하다', '下去(xiàqù)'는 복합방향보어로 지속의 어기를 나타낸다.
* 不大(bù dà) 부분부정의 표현으로, '그다지 ~하지 않다'.
* 反正(fǎnzhèng) 아무튼, 어차피.
* 早晚(zǎowǎn) 조만간.

Part IV

(86~100) 다음 글을 읽고 주어진 질문에 가장 알맞은 답을 고르시오.

86

每次出游，看到的无非是差不多的山山水水，但是每次的经历必然不同，每次的遭遇肯定迥异，旅游的意义就在于这不同的体验。

问：上文认为，旅游的意义是什么？

(a) 看山看水最重要。 (b) 体验不同的感受。
(c) 经历相同的遭遇。 (d) 可作炫耀的资本。

해설 내용을 정확하게 파악한 후 지문에서 밝힌 여행의 진정한 의의를 찾는 문제이다. 정답은 (b)이다. (a)와 (c)는 문제의 내용에 위배된 경우이고, (d)는 지문의 내용만으로는 단정할 수 없는 경우이다.

번역 매번 여행을 할 때마다 그게 그것인 산이나 물을 보게 될 것이 빤하지만, 매 차례마다 그 경험은 반드시 다 다르며, 매번 만나는 상황도 틀림없이 많이 다르다. 여행의 의의는 바로 이러한 상이한 체험에 있는 것이다.

문제 : 윗글에 의하면 여행의 의의는 무엇인가?

(a) 산과 하천 관찰이 가장 중요하다. (b) 상이한 감상을 체험한다.
(c) 동일한 상황을 겪게 된다. (d) 자랑할 수 있는 거리로 삼을 수 있다.

자구풀이

* 无非是(wúfēi shì) 틀림없이 ~이다, ~이 아닌 것이 없다.
* 差不多的山山水水 별다를 바가 없는 산과 하천. '山水(shānshuǐ)'를 반복함으로써 비슷비슷한 산과 하천이 반복된다는 어기를 나타내고 있다.
* 遭遇(zāoyù) 경우, 상황, 경험.
* 迥异(jiǒngyì) 매우 다르다, 아주 다르다.
* 炫耀(xuànyào) 자랑하다, 뽐내다.
* 资本(zīběn) 밑천, 자본.

87

素描就是单色画，是各种造型艺术对造型能力训练的基础课程，也是一件成熟创作的前期写生或草稿。当然，它也可以成为一件独立的艺术作品。

问：根据上文，下面哪一项是有关“素描”的内容？

(a) 它的色彩多样。
(b) 它是造型艺术的高峰。
(c) 是涂鸦，没有艺术性可言。
(d) 是训练造型能力的一门课程。

해설 지문에서 설명한 소묘에 대한 내용과 부합하는 것을 선택지에서 찾으면 된다. 정답은 (d)이다. (a), (b), (c)는 지문의 설명에 위배되는 내용이다.

번역 소묘는 단색으로 그린 그림으로 각종 조형예술에서 조형 능력을 훈련하는 기초과정이며, 창작품을 완성하기 전 단계의 스케치 또는 밑그림이기도 하다. 물론 그것은 독립된 예술작품이 될 수도 있다.

문제 : 윗글로 보건대 다음 중 ‘소묘’와 관련이 있는 내용은?

(a) 소묘의 색채는 다양하다.
(b) 소묘는 조형예술 가운데 최고봉이다.
(c) 조잡한 수준의 그림으로 예술성이라 할 만한 것이 없다.
(d) 조형능력을 훈련하기 위한 과정이다.

자구풀이

* 素描(sùmiáo) 소묘, 데생.
* 写生(xiěshēng) 스케치.
* 草稿(cǎogǎo) 밑그림, 초안.
* 高峰(gāofēng) 최고봉, 절정기, 최고 수준.
* 涂鸦(túyā) 제멋대로 쓰인 글씨. 조잡한 수준의 작품을 빗댄 말.
* 没有艺术性可言 언급할 만한 예술성이 없다. ‘有’ 동사가 쓰인 연동문(连动文)에서는 빈어 다음에 빈어를 수식해 주는 말이 위치한다.

88

自卑只是一时的心理现象，它并不像有些人想的那么可怕。要想战胜自卑，最好的办法就是在做每一件事之前，都做好充分的准备，这样就会为自己树立自信心理打下基础，为自己取得成功提供可能性。

问：上文写的是什么内容？

(a) 描述了自卑的表现。
(b) 分析了自卑的后果。
(c) 介绍了树立自信的方法。
(d) 写了过分自信会招致自满。

해설

열등감에 대해 설명한 지문의 내용과 부합하는 것을 선택지에서 찾으면 된다. 정답은 (c)이다. (a), (b), (d)는 지문에서 언급되지 않은 내용이다.

번역

열등감은 단지 일시적인 심리현상으로 그것은 결코 몇몇 사람들이 생각하는 것처럼 그렇게 두려운 것이 아니다. 열등감을 이겨 내고자 한다면 가장 좋은 방법은 매번 일을 하기 전에 늘 충분한 준비를 하는 것이다. 이렇게 하면 스스로 자신감을 확립하는 데에 바탕을 다질 수 있으며, 스스로 성공하는 데에 가능성을 제공할 수 있게 된다.

문제 : 윗글은 무슨 내용에 대한 서술인가?

(a) 열등감의 표현을 서술하였다.
(b) 열등감의 후유증을 분석하였다.
(c) 자신감을 수립하는 방법을 소개하였다.
(d) 과분한 자신감은 자만을 초래함을 서술하였다.

자구풀이

* 自卑(zìbēi) 열등감, 열등의식.
* 像(xiàng)~这么/那么 ~처럼 이렇게/그렇게. 이 표현에서 '这么/那么'는 우리말로 옮길 때에 해석하지 않는 것이 더 자연스러울 때도 있다.
* 取得成功(qǔdé chénggōng) 성공하다.
* 招致(zhāozhì) 야기하다, 초래하다, 초빙하다.

89

"漫游"指的是蜂窝移动电话的用户在离开本地区或本国时，仍可以在其他一些地区或国家继续使用他们的移动电话手机。"漫游"只能在网络制式兼容且已经联网的国内城市之间或已经签署双边漫游协议的地区或国家之间进行。

问：上文主要写了什么内容？

(a) "漫游"的概念
(b) 网络制式兼容的定义
(c) "蜂窝移动电话"的用户
(d) 签署"漫游"协议的方法

해설

전문용어가 제법 사용되어 있고, 선택지 모두에 지문에 나온 표현이 들어 있는 문제 유형이다. 따라서 지문의 내용을 정확히 파악해야 풀 수 있는 문제이다. 지문은 서비스 지역 외의 지역이나 국가에서도 자신의 이동전화기기를 그대로 사용할 수 있는 제도인 로밍에 대한 설명이다. 정답은 (a)이다.

번역

'로밍'은 벌집형 이동전화 사용자들이 사용지역이나 본국을 떠났을 때, 다른 지역이나 국가에서도 여전히 자신들의 이동전화기기를 계속 사용할 수 있는 것을 가리킨다. '로밍'은 단지 WCDMA 방식이 겸용되고 이미 인터넷이 연계된 국내 도시 사이나 이미 양방향 로밍 협약을 체결한 지역 혹은 국가 사이에서만 이뤄질 수 있다.

문제 : 윗글의 내용은 무엇에 대한 설명인가?

(a) '로밍'의 개념
(b) WCDMA 방식 겸용의 정의
(c) '벌집형 이동전화'의 사용자
(d) '로밍' 협약 체결 방법

자구 풀이

* 漫游(mànyóu) 자유롭게 유람하다. 여기서는 서비스 가능 지역 외의 지역이나 해외 로밍을 빗댄 표현이다.
* 蜂窝移动电话 이동전화 서비스 구역을 서로 연접되어 있는 작은 구역으로 나

눈 후 각각의 작은 구역에 기점 역할을 하는 기지국을 설치하는 방식을 말한다. 육각형 모양으로 된 개개의 작은 구역이 서로 연접되어 있는 모습이 벌집 모양과 닮았다고 하여 붙여진 이름이다. '蜂窝(fēngwō)'는 벌집.

* 用户(yònghù) 사용자. 특히 인터넷이나 이동전화 등의 사용자를 가리킨다.
* 网络制式(wǎngluò zhìshì) WCDMA 방식.
* 概念(gàiniàn) 개념.
* 签署(qiānshǔ) 서명하다.

90

光源对环境的影响很大。灯光不同，整个环境也可以显现出不同的效果，利用灯光，可以满足不同心情和不同场合的要求。另外，不少后期软装饰的风格，也要靠科学的灯光来映衬，才能取得更好的效果。

问：根据上文，灯光的作用是什么？

(a) 可以节省人力。
(b) 防止他人进入。
(c) 可以防止环境污染。
(d) 可以产生不同的视觉效果。

해설 조명하는 방식에 따라 상이한 효과를 연출할 수 있다는 지문의 내용을 토대로 조명의 역할을 추론하여 정답을 찾는 문제이다. 정답은 (d)이다. (a), (b), (c)는 지문에서 유추할 수 있는 내용이 아니므로 정답이 될 수 없다.

번역 광원이 환경에 미치는 영향은 매우 크다. 조명이 다르면 전체 환경에도 상이한 효과가 나타날 수 있기에, 조명을 이용하여 서로 다른 기분과 입장에 따른 요구를 만족시킬 수 있다. 그 밖에 적지 않은 후기 실내장식의 풍격은 과학적인 조명에 의거하여 비쳐져야만 비로소 더욱 괜찮은 효과를 얻을 수 있게 된다.

문제 : 윗글에 따르면, 조명의 역할은 무엇인가?

(a) 인력을 절감할 수 있다.
(b) 타인이 들어오는 것을 막을 수 있다.
(c) 환경오염을 방지할 수 있다.
(d) 상이한 시각 효과를 창출할 수 있다.

자구풀이
* 心情(xīnqíng) 심정, 기분, 심리상태.
* 场合(chǎnghé) 입장, 처지.
* 软装饰(ruǎn zhuāngshì) 실내장식. 인테리어 장식.
* 风格(fēnggé) 풍격 (작품 등에 구현된) 예술적 · 사상적 분위기.
* 映衬(yìngchèn) 비추다, 조명하다.

91

本书打破了专业书籍和大众书籍的界限，集知识性和趣味性于一体，既可以作为一本古代常识的速查手册，也可以作为一本谈古论今的休闲读物。在广大历史爱好者的要求下，本书一版再版，重印40多次，改写了专业书籍进不了畅销排行榜的历史。

问：这是一本什么读物？

(a) 音乐书
(b) 历史书
(c) 电视剧本
(d) 天文杂志

해설 지문의 대의를 파악하기만 해도 쉽게 정답을 찾을 수 있는 문제이다. 지문에서는 전문서적이면서도 많이 판매된 역사 분야의 읽을거리에 대해, 성공적인 판매가 가능했던 이유를 분석, 제시하고 있다. 정답은 (b)이다.

번역 이 책은 전문서적과 대중서적의 경계를 타파하여 학술성과 대중성을 하나로 모았다. 고대 상식에 관해 손쉽게 찾아볼 수 있는 핸드북으로 삼을 수도 있고, 옛일과 지금의 일을 폭넓게 논의한 여가용 읽을거리로 삼을 수도 있다. 수많은 역사 애호가들의 요구에 힘입어 이 책은 초판과 재판에 이르기까지 40여 차례 거듭 인쇄됨으로써, 전문서적은 베스트셀러 순위표에 낄 수 없다는 역사를 고쳐 썼다.

문제 : 이것은 어떤 유형의 읽을거리인가?

(a) 음악서적　(b) 역사서적
(c) 텔레비전 극본　(d) 천문학 잡지

자구풀이
* 专业书籍(zhuānyè shūjí) 전문서적.
* 集知识性和趣味性于一体 학술성과 대중성을 한 몸에 모았다. 곧 한 권의 책에 학술성과 대중성 모두를 갖추었다는 뜻이다. 여기서 '一体(yītǐ)'는 책을 비유적으로 가리킨다. '趣味性(qùwèixìng)'은 '흥미로운 성격'이라는 뜻이나, 여기서는 바로 앞부분에 '대중서적'이 언급되어 있으므로, '대중성'으로 의역할 수 있다.

* 既~，也… ~도 하고 또한 …도 하다.
* 作为(zuòwéi) ~으로 삼다, ~이 되다. 결과보어 '为'는 동사와 결합하여 어떤 행위를 함으로써 생긴 변화의 결과를 나타낸다.
* 速查(sù chá) 얼른 찾아보다, 손쉽게 찾아보다.
* 手册(shǒucè) 안내서, 핸드북(handbook).
* 谈古论今(tán gǔ lùn jīn) 옛일도 담론하고 지금의 일도 논하다. 곧 옛일로부터 지금에 이르기까지 논의하지 않는 것이 없다는 뜻.
* 休闲(xiūxián) 여가, 레저.
* 读物(dúwù) 책과 같은 읽을거리.
* 在广大历史爱好者的要求下 광범위한 역사 애호가의 요구 아래. 곧 '수많은 역사 애호가들의 요구에 힘입어'라는 뜻이다. '广大(guǎngdà)'는 주로 범위나 공간 등이 드넓고 거대함을 의미하나, 여기서는 '历史爱好者(lìshǐàihǎo zhě)'를 수식하므로, 수량의 많음을 나타내 주는 말로 의역했다.
* 畅销(chàngxiāo) 잘 팔리다, 널리 판매되다, 베스트셀러.
* 排行榜(páiháng bǎng) 순위표.

92

现在，旅行已成为人们生活不可分割的一部分。若您出行时选择坐飞机，那么就请关注旅行专家对您的提醒。他们告诫登机前切莫吃得菜足饭饱，那样， 会给您空中旅行带来不适。比如会使您感到恶心，甚至造成呕吐。还有，您最好是静静地睡一觉，这样既可消除空中旅行时出现的头晕症状，又可使您有足够精力在空中饱览大地风光。

问：根据上文，登机前要注意什么？

(a) 吃饱喝足后，最好不要睡觉。
(b) 饮食要适量，休息也要得当。
(c) 坐飞机会发生呕吐现象，登机前最好不进食。
(d) 多准备一些旅游景点资料，以便充分享受旅行带来的快乐。

해설

지문의 내용을 정확하게 이해한 후 이를 종합하거나 추론하여 정답을 찾아야 하는 문제이다. 정답은 (b)이다. (a)와 (d)는 지문에서 언급되지 않은 내용이며, (c)는 너무 배부르지 않을 정도로 먹으라는 지문의 내용에 위배되는 진술이다. 한편 지문에는 물주(무생물주어, inanimate subject)구문과 사역형 구문이 많이 쓰였는데, 이들은 직역하는 것보다는 아래의 번역에서처럼 사람을 주어로 하는 형태로 의역하는 것이 훨씬 자연스럽다.

번역

현재, 여행은 이미 사람들의 생활에서 떼어낼 수 없는 일부가 되었습니다. 만약 당신이 여행을 떠날 때 비행기를 타기로 선택한다면, 여행 전문가가 당신에게 하는 주의에 유의하시기 바랍니다. 전문가들은 비행기 탑승 전에 절대로 음식을 너무 배부를 정도로 먹지 말라고 경고합니다. 만약 그렇게 한다면 하늘을 날고 있을 때 당신은 불편함을 겪게 될 것입니다. 예컨대 당신은 구역질을 하게 될 수도 있고 심지어는 구토를 하게 될 수도 있습니다. 그리고 당신에게 가장 좋은 것은 조용히 잠시 잠을 자는 것입니다. 그러면 비행할 때 나타나는 현기증을 없앨 수도 있고, 당신이 비행 중에 대지의 풍광을 실컷 볼 수 있도록 힘을 실어 줄 것입니다.

문제 : 윗글에 따르면, 비행기 탑승 전에 주의할 것은 무엇인가?

(a) 배부르게 먹고 마신 후에는 자지 않는 것이 가장 좋다.

(b) 음식은 적당량이어야 하고, 휴식 또한 적당해야 한다.

(c) 비행기에 타면 구토 현상이 나타날 수 있으므로, 탑승 전에 음식을 먹지 않는 것이 가장 좋다.

(d) 관광 명소에 관한 자료를 많이 준비해야 여행이 가져다주는 즐거움을 충분히 누릴 수 있다.

자구 풀이

* 出行(chūxíng) 출타하다, 외출하다. 여기서는 '여행을 떠나다'는 뜻이다.
* 告诫(gàojiè) 경고하다, 일깨우다.
* 登机(dēng jī) 비행기에 탑승하다.
* 切莫(qièmò) 절대로 ~하지 않다.
* 菜足饭饱(cài zú fàn bǎo) 음식을 아주 배부르게 먹다. '菜'와 '饭'은 모두 '음식'이라는 뜻이고, '足'와 '饱'는 모두 '배부르다'는 뜻이다. 같은 뜻을 반복했기 때문에 일종의 강조이다.
* 那样, 会给您空中旅行带来不适 '那样'은 지나치게 배부르게 먹게 되는 상황을 가리킨다. '会给您空中旅行带来不适'의 주어는 그렇게 배부르게 먹는 행위로, 직역하면 "(지나치게 배부르게 먹는 것은) 당신에게 비행 중 불편함을 가져다 줄 것이다."가 된다. 이를 자연스런 말로 바꾸면 "(지나치게 배부르게 먹게 되면) 당신은 비행 중에 불편함을 겪게 될 것이다."가 된다. '不适(bùshì)'는 '편치 않다, 불편하다'는 뜻이나, 여기서는 '불편'이라는 뜻의 명사로 쓰였다.
* 比如会使您感到恶心 직역하면 "(지나치게 배부르게 먹는 것은) 예컨대 당신으로 하여금 구역질을 느끼게 할 것이다."가 된다. 이를 자연스런 말로 바꾸면 "(지나치게 배부르게 먹게 되면) 당신은 구역질을 느끼게 된다."이다. '恶心(ěxīn)'은 '구역질나다'.
* 既~, 又… ~이기도 하고 또 …이기도 하다.
* 睡一觉(shuì yī jiào) 잠시 잠을 자다. '睡觉'는 동사와 빈어가 분리되는 술빈이합사(述宾离合词)이므로, 빈어인 '觉' 앞에 수식하는 말이 온다. '一'는 '잠시, 잠깐, 다소'의 뜻이다.
* 头晕症状(tóuyūn zhèngzhuàng) 어지러운 증상, 현기증.
* 饱览(bǎo lǎn) 실컷 관람하다, 충분히 관람하다.
* 得当(dédàng) 딱 알맞다, 타당하다.
* 旅游景点(lǚyóu jǐngdiǎn) 관광 명소. '景点'은 볼거리가 집중적으로 모여 있는 곳.

93

现代人饱受各种压力的折磨，胃部不适已成了人们的通病。每逢吃饭时，没胃口，没食欲成了许多人的口头禅，而帮助消化，增加胃动力的各种药物更是在电视广告中大行其道。其实，有一样健胃食品是最绿色也最没有副作用的，那就是小米。据《本草纲目》记载，小米有一定的药用价值，对脾胃虚弱、糖尿病、乳汁不足等都有很好的防治效果。世界上有不少国家都把小米作为养生保健食品。

问：根据上文，为什么说小米是保健食品？

(a) 因为广告大肆宣传小米的功效。
(b) 因为是一种新研制开发的药品。
(c) 因为小米具有一定的药用价值。
(d) 因为小米是世界人的首选食品。

해설

지문의 내용을 정확하게 파악한 후 이를 토대로 지문의 내용과 부합하는 정답을 찾는 문제이다. 정답은 (c)이다. (d)의 경우, 많은 세계인들이 양생과 보건용 식품으로 좁쌀을 꼽고 있음은 사실이나, 이는 좁쌀이 보건식품이기 때문에 나타난 결과이지, 많이 선택됐기 때문에 좁쌀이 보건식품이 된 것은 아니라는 점에서 정답이 아니다.

번역

현대인은 갖가지 스트레스로 인한 고통을 많이 받고 있다 보니, 위장의 불편함은 이미 사람들이 널리 지니는 병증이 되었다. 매번 밥을 먹을 때마다 많은 사람들은 입맛이 없다, 식욕이 없다는 말을 입에 달고 다니게 되었고, 소화와 위의 연동력 증진에 도움이 되는 각종 약물이 텔레비전 광고에서 더욱 대대적으로 성행하고 있다. 사실, 위를 튼튼하게 해 주는 식품의 하나로 가장 친환경적이면서도 가장 부작용이 없는 것은 바로 좁쌀이다. 『본초강목』에 의하면, 좁쌀은 일정한 약용 가치를 지니고 있어 비장과 위장의 허약함, 당뇨병, 모유 부족 등에 무척 좋은 예방과 치료 효과가 있다. 세계적으로도 적지 않은 국가들이 다 좁쌀을 양생과 보건 식품으로 삼고 있다.

문제 : 윗글로 보건대, 좁쌀을 왜 보건식품이라고 하였는가?

(a) 광고에서 제멋대로 좁쌀의 효능을 선전했기 때문이다.
(b) 새로이 연구 제조하여 개발한 약품이기 때문이다.

(c) 좁쌀에는 일정한 약용가치가 있기 때문이다.

(d) 좁쌀은 세계인들이 우선적으로 선택하는 식품이기 때문이다.

자구 풀이

* 饱受(bǎoshòu) (고통 따위를) 잔뜩 당하다, 실컷 받다.
* 折磨(zhémó) (육체적, 정신적으로) 시달리다, 고통을 받다.
* 胃部(wèi bù) 위, 위 부위.
* 不适(bùshì) 편치 않다, 불편하다. 여기서는 명사로 '불편'이라는 뜻이다.
* 通病(tōngbìng) 일반적인 병폐, 통폐. 여기서는 '일반적으로 지니고 있는 병증' 정도의 뜻이다.
* 胃口(wèikǒu) 구미, 입맛.
* 口头禅(kǒutóuchán) 입에 달고 다니는 말, 입에 발린 말.
* 胃动力(wèi dònglì) 위를 수축하게 하는 힘.
* 大行其道(dàxíng qí dào) (해당 분야나 영역에서) 크게 성행하다.
* 健胃(jiàn wèi) 위를 튼튼하게 하다.
* 绿色(lǜsè) 녹색. 여기서는 형용사로 '친환경적'이라는 뜻으로 쓰였다.
* 小米(xiǎomǐ) 좁쌀.
* 『本草纲目』(Běncǎo gāngmù) 명대 이시진(李时珍)이 펴낸 본초학 관련 의서.
* 药用(yàoyòng) 약으로서의 쓰임새, 약으로 쓸 수 있는 용도.
* 脾胃(píwèi) 비장과 위장.
* 糖尿病(tángniàobìng) 당뇨병.
* 乳汁不足(rǔzhī bùzú) 모유 부족. '不足'는 여기서는 명사로 쓰였다.
* 养生(yǎngshēng) 양생. 심신을 건강하게 유지하다.
* 大肆(dàsì) 함부로, 멋대로.
* 研制(yánzhì) 연구 제작하다.
* 首选(shǒuxuǎn) 으뜸으로 꼽히다.

94

居安地产公司新开发的“雅宁”别墅区位于市郊。小区保卫森严，除了层层设置的保安线，还有无处不在的摄像镜头监控。别墅采用了苏州园林的设计方式，亭台楼阁，一应俱全。小区最大特点是全部房间都朝南，从窗户望出去，近百米以内看不到别的别墅，满目园林景致。而餐厅里更是别有一番风情，看着窗外池塘荷花，假山流水，使人恍若置身于仙境，忘了时间的流逝。

问：根据上文，“雅宁”别墅区的特点是什么？

(a) 项目地点坐落于核心城区。
(b) 露天餐厅别有风情，使人流连。
(c) 别墅设计传承了苏州园林的特色。
(d) 为安全起见，别墅之间隔园相望。

해설

지문은 쥐안부동산개발회사가 새로 개발한 '야닝' 빌라단지의 특색을 설명한 내용이다. 이를 정확하게 파악한 후 주어진 물음의 답을 찾는 문제이다. 정답은 (c)이다. (a)는 지문과 반대되는 내용이며, 지문에는 露天餐厅에 대한 언급이 없기 때문에 (b)도 답이 될 수 없다. (d)는 안전을 위해 빌라 주위에 정원을 설치하기는 했지만, 지문에서는 한 빌라에서 다른 빌라가 보이지 않는다고 하였기 때문에 정답이 아니다.

번역

쥐안부동산개발회사가 새로 개발한 '야닝' 빌라단지는 시 외곽에 위치해 있습니다. 이 작은 단지는 경비가 삼엄하여, 겹겹으로 설치된 보안선 외에 비디오 카메라가 곳곳에 빈틈없이 설치되어 있습니다. 빌라는 쑤저우 정원의 설계방식을 채용하였으며, 정자와 누각도 전부 갖추고 있습니다. 이 단지의 가장 큰 특징은 모든 집이 남향이고, 창밖을 내다보면 근 100m 이내에서는 다른 빌라를 볼 수 없으며, 정원의 경치만이 두 눈 가득 들어온다는 점입니다. 또한 식당은 더욱더 남다른 풍치가 있어, 창밖의 연못과 연꽃, 인공산과 흐르는 물을 바라보고 있노라면 사람들은 마치 선경에 있는 듯하여 시간이 흐르고 있음을 잊어버리게 됩니다.

문제 : 윗글에 따르면 '야닝' 빌라단지의 특징은 무엇인가?

(a) 입지 지점은 시 중심 지구에 위치해 있다.
(b) 노천 식당은 남다른 풍치가 있어 사람들이 발길을 떼지 못하게 한다.
(c) 빌라의 설계는 쑤저우 정원의 특색을 계승했다.
(d) 안전을 위하여 빌라 사이에는 정원을 두어 서로 마주보게 했다.

자구 풀이

* 别墅(biéshù) 별장, 빌라.
* 无处不在(wú chù bù zài) 없는 곳이 없다. 도처에 깔려 있다.
* 摄像镜头(shèxiàng jìngtóu) 비디오 카메라 렌즈. '摄像'은 '녹화하다', '镜头'는 '카메라 렌즈'.
* 监控(jiānkòng) 감시하고 통제하다.
* 苏州园林(Sūzhōu yuánlín) 苏州는 장쑤(江苏) 성에 있는 도시로, 역대 중국의 정원문화를 대표할 수 있는 정원이 밀집되어 있는 곳이다.
* 亭台(tíngtái) 규모가 비교적 큰 정자.
* 楼阁(lóugé) 누각.
* 一应(yīyīng) 모든.
* 俱全(jù quán) 모두 갖추다, 온전히 갖추다.
* 朝南(cháo nán) 남쪽을 향하다, 남향이다. '朝'는 '~로 향하다'는 뜻의 전치사이다.
* 满目(mǎnmù) 눈에 가득 찬 것 모두, 눈에 보이는 것 모두.
* 池塘荷花(chítáng héhuā) 연못과 그곳에 핀 연꽃. 정원 등의 경치가 수려함을 나타낼 때 쓰이는 표현이다.
* 假山流水(jiǎshān liúshuǐ) 인공으로 만든 산과 이를 휘감아 흐르는 내. 중국의 전통식 정원에는 산과 내를 인공으로 조성한다.
* 使人恍若置身于仙境 사역구문으로 직역하면, "사람으로 하여금 자신을 선경에 처한 듯하게 한다."는 뜻으로, 이를 자연스럽게 풀면 "사람들은 마치 선경에 있는 듯하게 된다." 정도가 된다. '恍若(huǎngruò)'는 '마치 ~인 듯하다'는 뜻으로 '恍如(huǎngrú)'라고도 쓴다. '置身(zhì shēn)'은 전치사[介词] '于(yú)'와 같이 쓰여 '~에 몸을 두다, ~에서 생활하다"는 뜻으로 쓰인다. '仙境(xiānjìng)'은 '신선세계, 선계'.
* 项目地点(xiàngmù dìdiǎn) 입지 지점, project location.
* 流连(liú lián) 떠나기를 싫어하다, 발길을 못 떼다.
* 起见(qǐjiàn) ~의 목적에서, ~의 견지에서.

95

甩，甩，甩！位于太原街北段的华鑫服装商品行将于下月改换经营品种，从即日起到本月25日止清仓处理现存货物。男士短袖纯棉衬衣，7折；休闲裤、牛仔裤、春秋上衣，6折；童装，5折；对持有本店优惠卡的顾客一律实行4折优惠。数量有限，欲购从速。切记，跳楼价出售，慎勿再砍！

问：通过上文，我们可以知道什么？

(a) 本店正值周年庆典。
(b) 本店老板生命垂危。
(c) 本店谢绝讨价还价。
(d) 所有商品优惠30%。

해설

지문에 제시된 정보를 정확하게 파악한 후 정답을 고르는 문제이다. (a), (b)는 지문에서 언급되지 않은 내용이며, (d)는 지문의 내용과 다르다. 화신의상점이 이미 전 품목을 할인된 가격으로 판매하고 있기 때문에 더 이상의 가격 흥정은 절대 안 된다는 정보가 마지막 구절에 담겨 있기 때문에 정답은 (c)이다.

번역

점포정리, 정리, 정리! 타이위앤지에 가 북단에 위치한 화신의상점은 다음 달에 영업 품종을 전환하려고 당일부터 이달 25일까지 창고를 열어 재고를 처리합니다. 신사용 순면 반팔 셔츠는 30% 할인, 캐주얼 바지와 청바지, 춘추복 상의는 40% 할인, 아동복은 50% 할인, 본점 우대카드를 지니고 있는 고객께는 일률적으로 60% 할인 우대를 시행합니다. 수량이 제한되어 있으므로 구매하시려면 서둘러야 합니다. 꼭 기억해주십시오. 헐값으로 파는 것이니 다시 깎으시면 안 됩니다.

문제 : 윗글을 통해 알 수 있는 것은?

(a) 그 상점은 마침 1주년 기념행사를 하고 있다.
(b) 그 상점의 사장은 생명이 위독하다.
(c) 그 상점은 가격 흥정을 사절한다.
(d) 모든 상품을 30% 할인으로 우대한다.

자구 풀이

* 甩(shuǎi) 처분하다, 정리하다.
* 华鑫服装商品行(huáxīn fúzhuāng shāngpǐnháng) 화신의상점. '华鑫'은 상점 이름이고, '商品'은 '상품, 파는 물건', '行'은 '점포, 가게'.
* 将(jiāng) 곧, 장차.
* 从即日起到本月25日止 그날로부터 이번 달 25일까지. '从(cóng)~起(qǐ)'는 '~로부터', '即日(jírì)'는 '당일, 그날', '到(dào)~止(zhǐ)'는 '~까지, ~을 기한으로 하여'.
* 清仓(qīngcāng) 창고를 정리하다, 창고 정리.
* 现存货物(xiàncún huòwù) 현재 남아 있는 물건. 곧 재고.
* 男士短袖纯棉衬衣(nánshì duǎnxiù chúnmián chènyī) 신사용 순면 짧은 셔츠. '短袖'는 '짧은 소매', '衬衣'는 '셔츠'.
* 7折(zhé) 7할이 되게끔 깎다. 곧 30%를 할인하다.
* 优惠卡(yōuhuì kǎ) 우대 카드.
* 一律(yīlǜ) 일률적으로.
* 从速(cóngsù) 서두르다, 속히 처리하다.
* 切记(qièjì) 꼭 기억하다, 똑바로 기억하다.
* 跳楼价(tiàolóu jià) 투매한 가격. '跳楼'는 '건물에서 뛰어내리다'는 뜻이지만, '투매하다'는 뜻으로 비유적으로 쓰였다.
* 砍(kǎn) 장작 등을 패다, 찍다. 여기서는 '가격을 깎다'는 뜻으로 비유적으로 사용됐다.
* 正值(zhèngzhí) 마침 ~인 때이다.
* 周年庆典(zhōunián qìngdiǎn) 1주년 기념 행사.
* 垂危(chuíwēi) 병세가 위독하다, 사경을 헤매다.

96

全国房价整体将会发生变化。理由如下：一是从当前宏观经济情况看，流动性过剩、人民币升值对包括房地产在内的资产价格有一定拉动；二是钢材、人工成本的快速上升；三是近期股市深幅调整，大量资金逃离股市，这些资金很可能选择再次进入房地产市场，从而拉动房价；四是居民在等待观望后也会逐步选择进入住房市场。

问：根据上文，全国房价会有什么变化？

(a) 加剧上涨趋势。
(b) 保持缓慢下跌趋势。
(c) 会反复上涨与下跌。
(d) 会发生急剧冻结现象。

해설 지문에는 부동산 가격이 요동칠 것임을 시사하는 네 가지 이유가 제시되어 있다. 이를 토대로 주어진 문제의 정답을 추론하는 유형의 문제이다. 정답은 (a)이다. (b), (c), (d)는 지문의 설명과 위배되므로 정답이 될 수 없다.

번역 전국의 부동산 가격은 전반에 변동이 생길 것이다. 이유는 다음과 같다. 첫째는 목전의 거시경제 상황에서 보자면, 유동성 과잉과 인민폐 가치절상이 부동산 자체의 자산 가치를 일정 정도 끌어올리고 있다는 점이다. 둘째는 철강재와 인건비가 급속도로 상승하고 있다는 점이다. 셋째는 근래 주식시장의 대대적인 조정으로 인해 대량의 자금이 주식시장을 이탈했고, 이들 자금이 다시 부동산 시장으로 유입될 가능성이 매우 높고, 그 결과 부동산 가격을 끌어올릴 것이라는 점이다. 넷째는 주민들이 관망을 하며 기다리다가 차츰 부동산 시장에 들어갈 것을 선택할 것이라는 점이다.

문제 : 윗글의 내용으로 볼 때, 전국의 부동산 가격에 어떠한 변화가 생기겠는가?

(a) 상승세가 격화된다.
(b) 완만한 하락세가 유지된다.
(c) 상승과 하락이 반복될 것이다.
(d) 급작스럽게 동결되는 현상이 발생할 것이다.

자구 풀이

* 房价(fángjià) 부동산 가격.
* 整体(zhěngtǐ) 총체, 전체, 전반.
* 从当前宏观经济情况看 목전의 거시경제 상황에서 보자면. '从(cóng)~看(kán)'은 '(~의 각도나 관점, 시각 등에서) 보다', '当前(dāngqián)'은 '목전, 현재', '宏观经济(hóngguān jīngjì)'는 '거시 경제'.
* 流动性过剩(liúdòngxìng guòshèng) '유동성 과잉'이라는 경제용어이다. 여기서 '유동성(liquidity)'은 흐르는 속성을 의미하는 것으로 경제학에서는 화폐를 가리킨다. 따라서 유동성 과잉이라 함은 시중에 화폐, 곧 돈이 너무 많이 풀려 있는 상태를 가리킨다.
* 升值(shēngzhí) 화폐가치의 상승, 가치절상.
* 这些资金很可能选择再次进入房地产市场 직역하면 "이들 자금은 거의 부동산시장으로 다시 투입되는 것으로 선택될 것이다."의 뜻이다. 위 번역에서는 이를 자연스럽게 풀었다. '可能(kěnéng)'은 '아마도'라는 뜻의 부사로 쓰였고, '很(hěn)'은 추측이 실현될 가능성이 꽤 높음을 말해 준다.
* 拉动(lādòng) 끌어올리다. '动'은 결과보어로, 움직일 수 있는 힘이 충분하거나 동작이 일어남으로 인해 발생한 효과를 목표한 데까지 미칠 수 있음을 나타낸다.
* 钢材(gāngcái) 철강재.
* 人工成本(réngōng chéngběn) 인건비. '成本'은 '원가, 생산비, 자본'.
* 深幅(shēn fú) 큰 폭.
* 逃离股市(táo lí gǔshì) 주식시장으로부터 이탈되다. '离'는 전치사로, 분리나 이탈 등을 나타낸다.
* 住房(zhùfáng) 주거용으로 공급된 가옥. 여기서는 '주거용 부동산'을 가리킨다.
* 上涨(shàngzhǎng) 물가나 수위 등이 오르다.
* 下跌(xiàdiē) 물가나 수위 등이 떨어지다, 하락하다.

97

生态学家认为，人类和其他生物一样，都必须以一定的生态环境、特定的生态系统作为其生存繁衍的基础。在这个最基本、最重要的生态系统中，人类一方面扮演着征服者的角色，对自然生态环境进行所谓的改造和征服；另一方面，又不得不依赖于其他生物和自然生态环境。人类和自然生态环境可谓是唇齿相依、唇亡齿寒。若对其进行大肆破坏，会引发生态危机，即自然环境或生态系统会严重失衡，那么后果将是不堪设想的。

问：根据上文，可以得出什么结论？

(a) 生态危机使人类支配其他生物。
(b) 生态危机关系到全人类的生死存亡。
(c) 对物种进行充分研究，会防止生态危机。
(d) 对环境的人为改造，是解决生态危机的唯一选择。

해설

지문의 내용을 정확하게 파악한 후, 이를 토대로 주어진 문제의 정답을 추론하는 유형의 문제이다. 정답은 (b)이다. 지문에서는 먼저 인류 또한 자연생태 환경에 의지할 수밖에 없는 존재이면서도 그것을 개발하고 정복하는 존재임을 밝혔다. 다음에서 인류와 자연생태 환경은 상호의존적인 관계일 수 있음을 전제한 후, 그렇기 때문에 자연생태 환경에 대한 무분별한 파괴는 상상하기 힘든 엄청난 후유증을 안겨줄 것이라고 경고하고 있다. 이러한 논지에서 유추될 수 있는 결론을 답지에서 찾으면 된다. (a)와 (d)는 지문의 논조와 상반된 내용이며, (c)는 지문에서 직접적으로 언급되지도 않았고 또 유추되지도 않기 때문에 정답이 될 수 없다.

번역

생태학자들은, 인류도 다른 생물들과 마찬가지로 생존과 번식의 토대로 일정한 생태 환경과 특수한 생태 시스템이 반드시 필요하다고 본다. 인류는, 이러한 가장 기본적이고도 가장 중요한 생태 시스템 아래서 한편으론 정복자의 역할을 맡아 자연생태 환경에 대해 이른바 개조와 정복을 수행하고 있으며, 다른 한편으론 다른 생물과 자연생태 환경에 부득불 의지할 수밖에 없다. 인류와 자연생태 환경은 입술과 치아가 서로 의지하고, 입술이 없어지면 치아가 시려지는 것과 같은 관계라고 할 수 있다. 만약 자연을 함부로 파괴하면 생태위기를 초래하게 되어 자연환경 혹은 생태 시스템이 심각하게 균형을 잃게 될 것이다. 그러면 그 후유증은 또한 상상조차 할 수 없게 될 것이다.

문제 : 윗글에 따르면 어떠한 결론을 도출할 수 있는가?

(a) 생태위기로 인해 인류는 다른 생물을 지배하게 된다.
(b) 생태위기는 전 인류의 생사존망과 관련되어 있다.
(c) 생물종에 대한 충분한 연구는 생태위기를 방지할 것이다.
(d) 환경에 대한 인위적인 개조는 생태위기를 해결하는 유일한 선택이다.

자구풀이

* 以~作为… ~을/를 …으로 삼다, 간주하다.
* 繁衍(fányǎn) (자손이나 새끼 등이) 많이 번지다, 번식하다.
* 扮演(bànyǎn) (~의 역할이나 배역을) 맡아 하다, ~역으로 출연하다.
* 依赖(yīlài) ~에 의지하다.
* 唇齿相依(chúnchǐ-xiāngyī), 唇亡齿寒(chúnwángchǐhán) 둘 다 서로 의지하며 서로에게 도움이 되는 밀접한 관계를 나타내는 사자성어이다.
* 大肆(dàsì) 제멋대로, 함부로, 마구.
* 引发(yǐnfā) 야기하다, 초래하다.
* 不堪(bùkān) ~할 수 없다.
* 后果(hòuguǒ) (주로 유해하거나 불행한) 결과, 후유증.
* 设想(shèxiǎng) 상상하다.
* 物种(wùzhǒng) 생물의 종(種).
* 生态危机使人类支配其他生物 직역하면 "생태위기가 인류로 하여금 다른 생물을 지배하게 할 것이다."라는 뜻이다. 물주(物主, inanimate subject)가 쓰인 사역 구문을 우리말로 옮길 때에는 위의 번역처럼 물주를 원인으로 풀어 주는 것이 자연스럽다.

98

据报道，长江上游连日来的大雨，导致江水猛涨，使得长江干堤黄州段河床冲刷加剧，长达2000米的江岸接连发生崩岸险情。长江黄州赤壁外滩大面积崩岸，已经影响到李家洲林场的万亩防洪林。大面积的防洪林和泥土崩入江中，造成长江河道淤塞和水土流失。该地区水利管理部门已向上级部门报告，并派出专班日夜观测和巡查险情，确保此处的长江干堤不受威胁。

问：上文是一篇有关什么内容的报道？

(a) 有关治理长江水质的报道。
(b) 有关暴雨洪灾的专题报道。
(c) 有关李家洲防洪林再造的专题报道。
(d) 有关黄州段长江干堤修复现场如何运作的报道。

해설

지문의 주요 내용은 창장(長江) 강 상류에 연일 내린 폭우로 인해 불어난 강물이 황저우 일대의 제방을 위협하고 있으며, 일부에서는 강안이 연이어 붕괴되고 있어 위험한 상황이 초래되고 있다는 내용이다. 이와 연관된 내용을 찾는 문제로, 정답은 (b)이다. (a)와 (c), (d)는 지문에서 언급되지 않은 내용이지만, 셋 모두 지문에서 언급된 표현과 고유명사들이 나와 있기 때문에 지문 전체를 정확하게 독해할 수 있는 능력의 구비가 요청된다.

번역

보도에 의하면, 창장 강 상류에 연일 내렸던 큰비로 인해 강의 유량이 갑자기 불어났고, 이로 인해 창장 강의 주요 제방인 황저우 구간의 하상 침식이 격화되어, 길이 2,000m에 이르는 강가에서 강안이 연거푸 붕괴되는 위험한 상황이 벌어졌다고 한다. 창장 강 황저우 적벽 일대의 강변에서는 대규모로 강안이 무너져 내려 벌써 리쟈저우 수목원의 만 무(亩)에 달하는 홍수 방지용 삼림에 영향을 미쳤다. 대단위의 홍수 방지용 삼림과 진흙이 무너져 내려 강물에 쓸려 들어가 창장 강의 물길이 막히고 수토(水土)가 유실되는 상황이 벌어졌다. 이 지구의 수리시설 관리부서는 이미 상급 기관에 이를 보고하였고, 전담반을 파견하여 밤낮없이 급박한 사태를 살펴보고 순찰을 돎으로써 이곳 창장 강의 주요 제방이 위협받지 않도록 만반의 대비를 하고 있다.

문제 : 윗글은 무슨 내용에 대한 보도인가?

(a) 창장 강의 수질 관리와 관련된 보도
(b) 폭우와 홍수 재해와 관련된 중점 보도
(c) 리쟈저우의 홍수방지용 삼림 재조성과 관련된 중점 보도
(d) 황저우 구간의 창장 강 주요 제방 복구 현장이 어떻게 운영되는가에 대한 보도

자구 풀이

* 上游(shàngyóu) 상류.
* 导致(dǎozhì) (~한 결과나 양상 등을) 낳다, 야기하다. '导致'는 통상 그 앞의 내용이 그 뒤의 내용을 초래하거나 촉발하는 경우에 사용되기 때문에 우리말로 옮길 때에는, 위의 번역에서처럼 앞부분을 원인으로 번역해 주는 것이 자연스럽다. 이점은 아래의 '使得'에서도 마찬가지이다.
* 猛涨(měngzhǎng) 수량이 갑자기 불어나다, 수위가 갑자기 높아지다.
* 使得(shǐde) (~한 결과나 상황 등이) 초래되다, ~하게 하다.
* 干堤(gàn dī) 골간이 되는 제방, 주요 제방.
* 冲刷(chōngshuā) 침식, 물로 씻어 내리다, 깎아내리다.
* 加剧(jiājù) 심해지다, 격해지다.
* 接连(jiēlián) 연거푸, 연이어.
* 崩岸(bēng àn) (해안이나 강안 등이) 무너져 내리다, 붕괴되다.
* 险情(xiǎnqíng) 위험한 상황, 사태.
* 黄州赤壁(Huángzhōu Chìbì) 후베이(湖北) 성 황강(黄冈) 시에 있는 적벽. 송대 소동파(苏东坡)가 「적벽부(赤壁赋)」를 읊은 장소로 유명한 곳.
* 林场(línchǎng) 인위적으로 숲을 조성해 놓은 곳, 수목원.
* 亩(mǔ) 토지 면적의 단위로, 1무는 6.667 아르.
* 防洪林(fánghónglín) 홍수 방지용으로 조성된 삼림.
* 泥土(nítǔ) 진흙.
* 淤塞(yūsè) 물길이나 수로 등이 진흙 따위로 막히다.
* 水土(shuǐtǔ) 지표면의 수분과 토양.
* 水利管理部门 수리시설을 관리하는 부서나 기관.
* 专班(zhuānbān) 특별 전담 처리반(special service team).
* 巡查(xúnchá) 순찰하며 살펴보다.
* 确保(quèbǎo) 확보하다, 확실히 보장하다. 여기서는 '만반의 대비를 갖추다' 정도의 뜻이다.
* 专题报道(zhuāntí bàodào) 한 가지 주제[专题]를 집중 취재하는 형식의 보도.

99

民间流传着“萝卜上市，郎中下市”的说法。虽有些夸张，但它是有医学根据的。萝卜又名莱菔、罗服。我国是萝卜的故乡，栽培食用历史悠久，早在《诗经》中就有关于栽培萝卜的记载。萝卜营养丰富，有很好的食用、医疗价值。萝卜含有能诱导人体产生干扰素的多种微量元素，可增强机体免疫力。萝卜中的B族维生素和钾、镁等矿物质可促进肠胃蠕动，有助于体内废物的排除。吃萝卜可降血脂、软化血管、稳定血压，预防冠心病，动脉硬化、胆结石等疾病。萝卜还是一味中药，其性良味甘，可消积滞、化痰清热、下气宽中、解毒。

问：下面哪一项符合上文内容？

(a) 《诗经》中记载了萝卜的药用价值。
(b) 多吃萝卜，会加重消化负担，应适当食用。
(c) 萝卜中含有导致机体免疫力下降的干扰因子。
(d) 萝卜可预防心血管疾病的发生，还有下气宽中，解毒等功效。

해설

무의 약용 가치를 상세하게 소개한 지문을 꼼꼼히 읽은 후, 이를 토대로 지문의 내용과 부합하는 진술을 찾는 문제이다. 정답은 (d)이다. (a)는, 지문에서 『시경』에는 무의 재배와 관련된 기술이 있다고 하였기 때문에, (b)와 (c)는 지문에서 설명한 내용과 반대되는 내용이 들어 있기 때문에 정답이 아니다.

번역

민간에는 “무가 시장에 나오면 의사는 철시한다.”라는 말이 전해 온다. 다소 과장되기는 했지만 이는 의학적 근거를 지닌 말이다. 무는 ‘라이푸(莱菔)’ · ‘루어푸(罗服)’라고도 불린다. 우리나라는 무의 본향으로 식용 재배한 역사가 무척 길어, 『시경』에 이미 무의 재배와 관련된 기록이 실려 있다. 무는 영양이 풍부하고 매우 우량한 식용 · 의료용 가치를 지니고 있다. 무에는 인체에서 인터페론의 생성을 유도할 수 있는 많은 종류의 미량원소가 함유되어 있어 인체의 면역력을 증강시킬 수 있다. 무에 들어 있는 비타민 B군과 칼륨 · 마그네슘 등의 광물질은 위와 장의 연동운동을 촉진시켜 체내의 노폐물을 제거하는 데에 도움을 준다. 무를 먹으면 혈중의 지방을 감소시키고, 혈관을 부드럽게 하며, 혈압을 안정시킬 수 있어 관상동맥 경화증 · 동맥 경화 · 담결석 등의 질병을 예방할 수 있다. 무는 한약의 일종으로, 그 효과가 우수하고 맛이 달며, 오랜 소화불량을 해소하고, 가래를 삭이며, 가슴이나 복부에 응결된 기운을 하체로 내려가게 함으로써 흉부와 복부의 기 순환을 원활하게 하고 해독작용을 할 수 있다.

문제 : 다음 중 윗글의 내용에 부합하는 것은?

(a)『시경』에는 무의 약용 가치가 기록되어 있다.
(b) 무를 많이 먹으면 소화 부담이 가중될 수 있으므로 적당히 섭취하여야 한다.
(c) 무에는 인체의 면역력 감퇴를 유도하는 방해 인자가 함유되어 있다.
(d) 무는 심혈관 질병의 발생을 예방할 수 있고, 하체의 기운이 상체로 돌 수 있게 하고, 독성을 해소할 수 있다.

자구 풀이

* 萝卜上市，郎中下市 무가 출시되면 의사는 철시한다. 무가 각종 병증에 효과가 있어서 사람들이 굳이 의사를 찾지 않게 된다는 뜻. '郎中(lángzhōng)'은 직책명이지만 여기서는 의사라는 뜻으로 사용되었다.
* 莱菔(láifú)，罗服(luófú) '무[萝卜]'의 다른 이름들.
*『诗经』(shījīng) 중국의 가장 오래된 시집으로, 춘추시대(772~412 BC)와 그 이전의 시가가 수록되어 있다.
* 干扰素(gānrǎosù) 인터페론(interferon). 바이러스에 감염된 동물의 세포에서 생산되는 항(抗)바이러스성 단백질을 말한다.
* 微量元素(wēiliàng yuánsù) 미량원소(trace element). 생물이 생명현상을 유지하는 데에 매우 적은 양이지만 꼭 필요한 원소를 말한다.
* 机体(jītǐ) 몸, 신체.
* B族维生素(Bzú wéishēngsù) 비타민 B군 .
* 钾(jiǎ) 칼륨.
* 镁(měi) 마그네슘.
* 蠕动(rúdòng) 연동운동, 연동운동을 하다.
* 助于(zhù yú) ~에 도움이 되다.
* 血脂(xuè zhī) 혈액에 녹아 있는 지방.
* 冠心病(guānxīnbìng) 관상동맥경화증.
* 一味(yīwèi) 한약의 한 종류를 가리킬 때 쓰는 표현이다.
* 中药(zhōngyào) 중국에서 한약을 가리키는 말이다.
* 性良味甘(xìng liáng wèi gān) 성질이 우수하고 맛이 달다.
* 积滞(jīzhì) 오래된 소화불량 증상.

* 化痰清热(huà tán qīng rè) 가래를 삭이고 열을 내리다.
* 下气宽中(xiàqì kuān zhōng) 가슴이나 복부에 응결된 기운을 하체로 내려가게 함으로써 흉부와 복부의 기 순환을 원활하게 하는 치료법을 말한다. 한의학에서는 몸을 '상 · 중 · 하'로 삼분한 후, 가슴이나 복부를 中에, 하체를 下에 귀속되는 것으로 본다.

100

大理因为曾经是大理国，那里的房子即便是民居，也有夸张的飞檐；丽江的民居则谦逊朴素得多；沙溪因为尚未被游客践踏过，更是沉浸在古朴之中。早晨7点钟，人们还没起床，沙溪静谧的老房子们却已经醒了，像讲着故事的神秘老人，无论是顺光还是逆光，无论从哪个角度，都可以看到、听到甚至捕捉到它们的悠长呼吸，以及它们所吐纳的一切人间烟火，悲欢离合，这时候即使关得上镜头也关不上错愕与惊诧。在北京的时候最喜欢做的事情也是骑着自行车迷失在胡同里，诺大的城市，只在这里才有市井的温暖气息，可以锁住偶然发现的惊喜，让生命的刹那在瞬间成为永恒。

问：上文的作者有什么爱好？

(a) 博览古今
(b) 摄影留念
(c) 游览名胜
(d) 收藏古玩

해설

지문의 내용을 토대로 지문을 쓴 이의 취미를 찾아내는 문제이다. '顺光', '逆光', '镜头' 등의 어휘와 '찰나와 같은 삶을 순식간에 영원이 될 수 있게 해 준다'는 마지막 구절 등에서 문제 풀이의 결정적인 힌트를 얻을 수 있다. 이들은 사진 촬영과 관련된 표현들이므로 정답은 (b)이다. 지문의 첫 부분은 大理와 丽江, 沙溪의 풍경을 비교한 내용을 세미콜론으로 연결한 것으로써, 大理에 비해서는 丽江이, 丽江에 비해서는 沙溪가 더욱 소박하고 질박하다고 말하고 있다. 大理 민간가옥의 처마가 높이 솟구쳐 있다는 진술은 大理의 경우는 민간가옥마저도 화려하다는 뜻이다. (a)와 (c)의 경우는 사진을 찍고 풍습을 채집하고자 하는 취미를 수행하는 데에 수반되는 부차적 행위이므로 답이 될 수 없다.

번역

다리는 일찍이 다리국이었던 까닭에 그곳의 집들은 민가일지라도 높이 솟구친 처마가 있는 데 비해, 리장의 민가는 훨씬 소탈하고 질박하며, 사시는 여행객들의 발길에 짓밟힌 적이 없기 때문에 더 한층 고졸함 속에 파묻혀 있다. 아침 7시, 사람들이 아직 일어나기 전에, 사시의 평온한 오랜 가옥들은 벌써 깨어난다. 마치 옛이야기를 말해 주는 신비로운 노인과 같아, 순광이든 역광이든 어느 각도에서든지, 그들의 유장한 숨결을 또 그들이 뱉어 내고 들이마시는 세속에서의 삶, 슬픔과 기쁨, 이별과 만남 모두를 볼 수 있고 들을 수 있으며 나아가 포착해 낼 수 있기까지 하다. 이때엔 설령 렌즈를 닫을 수는 있어도 그 놀라움과 경탄스러움은 닫을 수 없게 된다. 베이징에 있을 때 가장 즐겨 하던 일은 또한 자전거를 타고서 골목에서 길을 잃고 헤매는 것이었다. 이렇게 큰 도시 가운데 오로지 이곳에만 도회지의 따사로운 숨결이 있어, 우연하게 발견한 놀람과 기쁨을 안겨 주는 것들을 꽉 잡아 둘 수 있게 되며, 찰나와 같은 삶을 순식간에 영원이 될 수 있게 해 준다.

문제 : 윗글 필자의 취미는 무엇인가?

(a) 옛날과 현재의 물상 관찰
(b) 사진 촬영
(c) 명승지 유람
(d) 골동품 소장

자구 풀이

* 即便…, 也~ 설령 …할지라도 (또한) ~하다.
* 飞檐(feiyán) 으리으리하게 지은 집의 높이 솟구친 처마.
* 谦逊朴素得多 정도보어구문으로 '훨씬 소탈하고 질박하다'는 뜻이다. '谦逊(qiānxùn)'은 '겸손하다'는 뜻이지만, 여기서는 비유적으로 쓰여 리장의 민가[民居(mínjū)]가 소탈하게 지어졌음을 가리킨다. '朴素(pǔsù)'는 '소박하다, 질박하다'.
* 尚未~过 일찍이 ~한 적이 없다.
* 践踏(jiàntà) 마구 밟다, 짓밟다.
* 沉浸(chénjìn) 잠기다, 파묻히다.
* 静谧(jìngmì) 고요하고 평온하다.
* 无论是…, 还是~ …(이)든 ~(이)든 간에, …나 ~을 막론하고.
* 顺光(shùnguāng) 역광[逆光(nìguāng)]의 반대 경우. 촬영대상을 정면으로 비추어 주는 빛을 말한다.
* 捕捉(bǔzhuō) 포착하다, 잡다.
* 悠长(yōucháng) 주로 시간 따위가 길고 긴, 오랜.
* 吐纳(tǔnà) 뱉어내고 들이마시다.
* 人间烟火(rénjiān yānhuǒ) 속세에서의 삶, 생활. '人间'은 '人生世间(사람들이 삶을 살아가는 곳, 세상)'의 준말이며, '烟火'는 본래 '연기와 불'이라는 뜻이지만 '人间'과 같이 쓰일 때는 속세에서의 생활, 삶을 뜻한다.

* 悲欢离合(bēihuān-líhé) 인생의 슬픔과 기쁨, 이별과 만남.
* 镜头(jìngtóu) 카메라 렌즈.
* 错愕(cuòè) 뜻밖의 일로 깜짝 놀라다, 허둥대며 놀라다, 대경실색하다.
* 惊诧(jīngchà) 놀라며 의아하게 여기다.
* 诺大(nuò dà) 구어적인 표현으로 '매우 큰[很大]'이라는 뜻.
* 锁住(suǒ zhù) 꽉 잡아 두다, 굳게 잠그다. '住'는 결과보어로 쓰여 동작의 결과 고정되어 꼼짝하지 않거나 견고하게 붙어 있게 됨을 나타낸다.
* 惊喜(jīngxǐ) 놀람과 기쁨. 여기서는 놀라움이나 기쁨을 느끼게 해 주는 것들을 비유적으로 가리킨다.
* 博览古今(bólǎn gǔjīn) 옛날과 지금의 물상(物象)을 널리 둘러보다.
* 摄影留念(shèyǐng liúniàn) 직역하면, "사진을 촬영하여 기념으로 남기다."라는 뜻이나, 대개의 경우 사진촬영이 곧 기념하는 행위가 되므로 '사진촬영'이라고 번역하는 것이 좋다.
* 游览(yóulǎn) 유람하다.

SNULT 중국어

정답표

SET 1

청해

1. (b)	2. (d)	3. (c)	4. (a)	5. (b)
6. (c)	7. (d)	8. (c)	9. (a)	10. (d)
11. (c)	12. (c)	13. (a)	14. (b)	15. (d)
16. (b)	17. (b)	18. (c)	19. (b)	20. (b)
21. (b)	22. (d)	23. (c)	24. (a)	25. (c)
26. (d)	27. (c)	28. (b)	29. (a)	30. (d)
31. (c)	32. (b)	33. (a)	34. (d)	35. (d)
36. (c)	37. (b)	38. (c)	39. (d)	40. (c)
41. (d)	42. (b)	43. (a)	44. (c)	45. (d)
46. (a)	47. (c)	48. (a)	49. (a)	50. (c)

독해

51. (b)	52. (b)	53. (d)	54. (a)	55. (d)
56. (d)	57. (b)	58. (c)	59. (c)	60. (d)
61. (b)	62. (d)	63. (a)	64. (b)	65. (a)
66. (c)	67. (b)	68. (c)	69. (b)	70. (d)
71. (b)	72. (a)	73. (d)	74. (c)	75. (a)
76. (b)	77. (c)	78. (c)	79. (a)	80. (d)
81. (c)	82. (d)	83. (c)	84. (a)	85. (b)
86. (d)	87. (b)	88. (a)	89. (b)	90. (c)
91. (a)	92. (c)	93.(a)	94. (d)	95. (b)
96. (b)	97. (c)	98. (c)	99. (d)	100. (c)

SET 2

청해

1. (d)	2. (b)	3. (a)	4. (d)	5. (c)
6. (a)	7. (b)	8. (d)	9. (b)	10. (d)
11. (c)	12. (a)	13. (a)	14. (d)	15. (c)
16. (a)	17. (d)	18. (d)	19. (a)	20. (c)
21. (d)	22. (a)	23. (b)	24. (d)	25. (a)
26. (d)	27. (a)	28. (c)	29. (d)	30. (d)
31. (a)	32. (b)	33. (d)	34. (b)	35. (c)
36. (b)	37. (d)	38. (d)	39. (c)	40. (d)
41. (b)	42. (c)	43. (c)	44. (c)	45. (c)
46. (c)	47. (b)	48. (d)	49. (c)	50. (a)

독해

51. (d)	52. (b)	53. (a)	54. (c)	55. (b)
56. (a)	57. (c)	58. (d)	59. (c)	60. (d)
61. (a)	62. (c)	63. (d)	64. (b)	65. (c)
66. (a)	67. (d)	68. (b)	69. (a)	70. (c)
71. (c)	72. (b)	73. (a)	74. (c)	75. (d)
76. (a)	77. (c)	78. (b)	79. (a)	80. (c)
81. (d)	82. (d)	83. (b)	84. (c)	85. (b)
86. (b)	87. (d)	88. (c)	89. (a)	90. (d)
91. (b)	92. (b)	93. (c)	94. (c)	95. (c)
96. (a)	97. (b)	98. (b)	99. (d)	100. (b)

SNULT 응시 요강

SNULT 정기시험은 회차별로 지정된 접수기간 중 인터넷을 통하여 접수하실 수 있습니다.
응시대상은 제한이 없으며 응시료는 아래와 같습니다.

구분	응시료
정기접수	43,000원
추가접수	47,000원

접수방법

(1) 인터넷 접수
회차별로 지정된 정기접수기간 중 TEPS 홈페이지(www.teps.or.kr)에서 접수하실 수 있습니다.
(2) 결제 방법
신용카드, 실시간 계좌이체, 휴대폰 결제
(3) 고사장 선택
–고사장은 TEPS 홈페이지에서 현재 접수 중인 고사장을 확인하시고 가까운 곳을 선택하시면 됩니다.
–고사장은 일정에 따라 변동될 수 있으며 접수가 마감된 고사장은 접수가 불가능합니다.

신분증 규정

아래에 제시된 신분증 중 한 가지를 유효한 신분증으로 인정합니다.

구분	신분증
일반인	주민등록증(발급신청확인서), 운전면허증, 기간 만료 전의 여권, 공무원증, 장애인 복지카드 *주의: 대학(원)생 학생증은 사용하실 수 없습니다.
중고등학생	학생증(학생증 지참 시 유의사항 참조), 기간 만료 전의 여권, 청소년증(발급신청확인서), 주민등록증(발급신청확인서), TEPS신분확인증명서
초등학생	기간 만료 전의 여권, 청소년증(발급신청확인서), TEPS신분확인증명서
군인	주민등록증(발급신청확인서), 운전면허증, 기간 만료 전의 여권, 현역간부 신분증, 군무원증, TEPS신분확인증명서
외국인	외국인등록증, 기간 만료 전의 여권, 국내거소신고증(출입국 관리사무소 발행)

※ 유의사항
– 시험당일 위의 규정신분증 미소지자는 시험에 응시할 수 없습니다.
– 중 · 고등학교 학생증은 반드시 이름, 사진, 학교명이 식별가능해야 합니다. 위의 항목 중 하나라도 누락되거나 식별이 불가능할 경우 시험에 응시할 수 없습니다.

- TEPS관리위원회에서 규정하는 신분증 중 한 가지를 반드시 소지해야 하며, 규정신분증 이외의 신분증을 소지하거나 신분증을 소지하지 않은 경우 시험에 응시할 수 없습니다.
- 규정신분증 이외의 의료보험증, 주민등록등본, 각종 자격증, 대학교 및 대학원 학생증, 사진이 있는 카드 등은 절대 신분증으로 이용할 수 없습니다.
- 규정신분증 미소지자가 시험 도중 적발될 경우에는 시험규정 위반으로 해당 시험성적은 무효처리됩니다.

시험구성

구분	청해	독해	총계
시간	약 50분	50분	약 100분
문항/배점	50문항/100점	50문항/100점	100문항/100점

성적발표

(1) SNULT 정기시험 성적결과는 시험일 이후 2주차 화요일(또는 수요일) 오후 5시에 TEPS 홈페이지를 통해 발표되며 우편통보는 성적발표일로부터 7~10일가량 소요됩니다.
(2) 성적확인을 위해서는 성적확인 비밀번호를 반드시 입력해야 합니다. 성적확인 비밀번호는 가장 최근에 응시한 SNULT 정기시험 답안지에 기재하신 4자리 비밀번호입니다. 성적확인 비밀번호를 분실한 경우에는 성적확인 비밀번호 찾기를 통해 확인하시기 바랍니다.
(3) 성적발표일은 변경될 수 있으니 홈페이지 공지사항을 참고하시기 바랍니다.
※ 시험 성적은 응시일로부터 2년간 유효합니다.

성적표 발급

SNULT 정기시험 성적표는 최초 발급 1회에 한하여 무료로 발급받을 수 있으며 시험접수 단계에서 최초 발급 성적표 수령방법을 선택하실 수 있습니다.
(1) 수령방법
- 우편수령: 성적발표 후 일괄 우편 발송되며 성적발표일 기준으로 7~10일가량 소요됩니다.
- 주소변경: 시험시행 후 7일 이내에 TEPS 홈페이지 > 접수관리 > 성적표 수령방법 > 주소변경 메뉴에서 변경 가능합니다.

(2) 재발급 신청
인터넷 신청: 인터넷을 통해 신청한 후 발급받는 방법으로 발급신청 시 우편수령, 택배수령 중 선택할 수 있으며 TEPS 홈페이지 > 성적확인 > 성적확인, 성적표 · 인증서 발급신청 메뉴에서 신청할 수 있습니다.

앞면(Side1)

TEPS SNULT

응시일자 : 년 월 일

수험번호 Registration No.	
생년월일 Birth	
성명 Name	

문 제 지 번 호 Test Booklet No.	감독관확인란

청 해 Listening Comprehension (1–50)

독 해 Reading Comprehension (1–50)

고사실란 Room No.

성별 Gender: 남 Male / 여 Female

내/외국인 Dom./For.: 내국인 Domestic / 외국인 Foreigner

생년월일 Birth: Y Y M M D D

※ 생년월일과 수험번호를 정확히 작성바랍니다

비밀번호 Password

좌석번호 Seat No.

수 험 번 호 Registration No.

언 어 표 기 란

영 어	서 어
일 어	노 어
중 어	포 어
불 어	아 랍 어
독 어	

답안작성시 유의사항

1. 답안작성은 반드시 컴퓨터용 싸인펜을 사용해야 하며, 아래의 'GOOD'과 같이 올바르게 마킹해야 합니다.
   Good / Bad
2. 답안작성 도중 수정이 필요한 경우 반드시 수정테이프를 사용해야 합니다.(수정액 불가)
3. 올바른 필기구와 수정도구를 사용하지 않거나 본인의 부주의로 잘못 마킹한 경우 성적처리가 되지 않을 수 있으며 성적은 TEPS관리위원회 OMR 판독기의 판독결과에 따릅니다.
4. 성별, 생년월일, 수험번호 등의 인적정보는 성적처리를 위해 반드시 필요하므로 정확하게 기재해야 하며, 미기재 또는 기재오류 등으로 인해 인적정보가 올바르지 않는 경우 성적처리가 되지 않으며 그 결과는 응시자가 책임집니다.
5. 시험이 종료된 후 답안 및 인적사항의 수정 또는 정정이 불가능하므로 신중하게 답안을 작성하시기 바랍니다.
6. 답안지 상단의 타이밍마크(▮)를 찢거나 낙서 등으로 인해 답안지를 훼손하는 경우 성적처리가 되지 않을 수 있습니다.

서 약	본인은 답안 작성 시 유의사항을 준수하고 인적사항 및 답안 기재 오류, 답안지 훼손 시 그 결과에 책임지며 TEPS관리위원회의 부정행위 및 규정위반 처리규정을 준수할 것을 서약합니다.	

뒷면(Side2)

TEPS SNULT

수험번호 Registration No.		
성명 Name	영문	
	한자	

※ 접수 시 기재한 영문성명으로 작성하시기 바랍니다

<부정행위 및 규정위반 처리규정>

1. 모든 부정행위 및 규정위반 적발 및 이에 대한 조치는 TEPS관리위원회의 처리규정에 따라 이루어집니다.
2. 부정행위 및 규정위반 행위는 현장 적발 뿐만 아니라 사후에도 적발될 수 있으며 모두 동일한 조치가 취해집니다.
3. 부정행위 적발 시 이전회차 및 당해 성적은 무효화되며 사안에 따라 최대 5년까지 TEPS관리위원회에서 주관하는 모든 시험의 응시자격이 제한됩니다.
4. 문제지 이외에 메모를 하는 행위와 시험 문제의 일부 또는 전부를 유출하거나 공개하는 경우 부정행위로 처리됩니다.
5. 각 파트별 시간을 준수하지 않거나, 시험 종료 후 답안 작성을 계속할 경우 규정위반으로 처리됩니다.

성 명 (성·이름순으로 기재)

EX H O N G G I L D O N G

A B C D E F G H I J K L M N O P Q R S T U V W X Y Z

신 분	직 업		최종학력
초등학생	학생	공무원	초등학교졸업
중학생	전문직	전업주부	중학교졸업
고등학생	경영직	농/임/어업	고등학교졸업
전문대학생	사무직	자영업	전문대학졸업
대학생	서비스/영업/판매직	자유직/프리랜서	대학교졸업
대학원생	생산/기술직	기타/무직	대학원졸업
일반인	교사/강사		

질 문 란

1. 귀하의 SNULT 응시목적은?
ⓐ 취업준비 ⓑ 인사정책 ⓒ 개인실력측정 ⓓ 입시준비 ⓔ 국가고시지원 ⓕ 유학 ⓖ 교육목적

2. 제2외국어시험 선택의 고려 요인은?
ⓐ 성적의 활용도 ⓑ 시험인지도 ⓒ 공신력 ⓓ 난이도 ⓔ 응시료 ⓕ 주변평판 ⓖ 교재/학원

3. 귀하는 SNULT가 평가목적(다양한 소재의 질의를 통해 제2외국어의 실제 의사소통 능력을 측정)에 대체로 부합한다고 생각하십니까?
ⓐ 매우 그렇다 ⓑ 그렇다 ⓒ 보통 ⓓ 아니다 ⓔ 매우 아니다

4. 다음 중 가장 중점적으로 학습하는 영역은 무엇입니까?
ⓐ 청해 ⓑ 문법 ⓒ 어휘 ⓓ 독해 ⓔ 말하기 ⓕ 쓰기

5. 실질적으로 가장 많이 사용하는 영역은?
ⓐ 청해 ⓑ 문법 ⓒ 어휘 ⓓ 독해 ⓔ 말하기 ⓕ 쓰기

6. 귀하의 외국어실력 수준은?
ⓐ 매우높음 ⓑ 높음 ⓒ 보통 ⓓ 낮음 ⓔ 매우낮음

7. 현재 고사장의 만족도는?
ⓐ 매우만족 ⓑ 만족 ⓒ 약간만족 ⓓ 약간불만족 ⓔ 불만족 ⓕ 매우불만족

SNULT (중국어) 등급 분류표

등급	총점	등급별 능력검정기준
1+	91~100	모국어 화자에 버금가는 최상급의 언어능력을 보이며, 모든 분야의 전문적인 업무를 원활하게 수행할 수 있음.
1	81~90	모국어 화자에 근접하는 상급의 의사소통 능력을 보이며, 단기간의 훈련을 거치면 특정 분야의 전문적인 업무를 수행할 수 있음.
2+	71~80	중상급의 의사소통 능력을 보이며, 중장기간의 집중훈련을 거치면 일반적인 업무를 원활하게 수행할 수 있음.
2	61~70	중중급의 의사소통 능력을 보이며, 중장기간의 집중교육을 받으면 일반적인 업무를 큰 어려움 없이 수행할 수 있음.
3+	51~60	초중급 수준의 의사소통 능력을 보이며, 장기간의 집중교육을 받으면 약간의 어려움은 있지만 한정된 분야의 업무를 수행할 수 있음.
3	41~50	초급 수준의 의사소통 능력을 보이며, 장기간의 집중교육을 받으면 다소 미흡하지만 한정된 분야의 업무를 대체로 수행할 수 있음.
4	0~40	해당언어에 대한 단편적인 지식만을 갖추고 있어 의사소통에 어려움이 있으며, 장기적인 기초교육이 필요함.